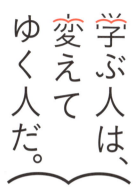

学ぶ人は、
変えて
ゆく人だ。

目の前にある問題はもちろん、
人生の問いや、
社会の課題を自ら見つけ、
挑み続けるために、人は学ぶ。
「学び」で、
少しずつ世界は変えてゆける。
いつでも、どこでも、誰でも、
学ぶことができる世の中へ。

旺文社

JN248492

大学入試

一問一答

倫理,
政治・経済

改訂版

ターゲット
3000

河合塾講師 **金城 透**

旺文社

本書の特長と使い方

本書の特長

本書は,「倫理，政治・経済」の共通テスト入試対策として必要十分な,
3,000語を収録した一問一答形式の問題集です。
共通するテーマを関連付けて覚えられる構成なので，効率的に学習できます。

人物や思想を
押さえる **1,550** 語
倫理分野

制度や条約を
押さえる **700** 語
政治分野

経済の仕組みを
押さえる **750** 語
経済分野

本書の基本的な使い方

① まずは p.4 からの「『一問一答』の最強の使い方」を確認しましょう。
　一問一答を使用して，効率的に用語を覚えるための学習法を提示しています。

② 本文は，ページの左側に問題文，右側に空欄の解答を掲載しています。
　解答は付属の赤シートで隠して確認することができます。

③ 解けなかった問題（または解けた問題）は，問題文の左端に設けたチェック
　ボックスにチェックを入れて，復習するようにしましょう。

その他の特長

入試問題を過去10年分以上分析！

問題文は，入試問題に実際に出題された文章ではなく，入試でよく使われる
用語や言い回しを使用しています。また,入試でよく出ている問題には,「頻出」
マークを入れています。

黒太字は重要用語＆ヒント！

問題文中の黒い太字は，空欄以外にも設問の対象となりうる重要用語や，解
答を導くためのヒントです。これらの用語も意識して覚えておくように心が
けましょう。

「共通テスト攻略のポイント」「入試問題でチェック！」「共通テスト問題にチャレンジ！」を掲載

入試問題で間違いやすい箇所をまとめた「共通テスト攻略のポイント」，基本的な入試の演習問題「入試問題でチェック！」，実際の共通テスト問題「共通テスト問題にチャレンジ！」を掲載しています。問題に実際に取り組み，用語の出題のされ方を理解しましょう。

インデックス＆マークで2科目の共通するテーマがわかる！

インデックスは，「倫理分野」「政治・経済分野［政治］」「政治・経済分野［経済］」のどれに関連するかがわかるようになっています。複数のテーマにまたがる場合は，複数のインデックスがついています。また，単独科目「倫理」の内容を含む場合は「倫理」，単独科目「政治・経済」の内容を含む場合は「政経」マークが，各章の最初のページについています。問題内のどれが「倫理」もしくは「政治・経済」に関連するかは，見出しや問題左横の倫理，政経マークを参考にしてください。

巻末索引も充実！

巻末索引で，どの用語がどのレベルで出題されているかがすぐにわかります。

P.4 からの「『一問一答』の最強の使い方」の動画が，特典サイトにあります。こちらもぜひ確認してください。

特典サイト **https://www.obunsha.co.jp/service/shakaitarget/**
（※特典サイトは予告なく終了することがあります）

政経分野では，毎年の重要な時事的内容をまとめた「ワンポイント時事解説」を，PDF ファイルとして下記の URL からダウンロードすることができます。（『大学入学共通テスト 政治・経済 集中講義 四訂版』特典と同じものになります。）

PDF **https://www.obunsha.co.jp/service/shuchukougi/ jijikaisetsu_seikei.pdf**

（諸注意）
※ 解答欄の〔　〕は別解，（　）は省略可を表しています。
※ 問題の解答には，主に，教科書や入試問題でよく扱われる，代表的な用語・人物・作品などの名称及び表記を掲載しています。

『一問一答』の最強の使い方

　『一問一答』は，用語を覚えているかどうか，確認するための参考書です。使い方も簡単で，左段の問題文の空欄にあてはまる用語を答えられるか，確認していくだけです。

　一方，実際の受験問題は多種多様で，単純に用語を暗記しただけでは，太刀打ちできないものが多いのも事実です。

　『一問一答』を用いて，用語をより確実に覚え，実際の試験で使える知識にするため，以下の3点を心がけるようにしましょう。

> ① 教科書や参考書を併用する
> ② スケジュールを立てる
> ③ 復習の時間を設ける

❶ 教科書や参考書を併用する

　もし，まったく学習していない内容があれば，まずは教科書や参考書などで該当する単元の内容を，確認するようにしましょう。

　『一問一答』を学習していく中で，間違えた内容，理解があやふやな内容は，教科書や参考書で，再確認しましょう。その時に自分なりに気付いたり，記憶の助けとなるポイントをこの本に追加で書き込んだりしてみてもよいでしょう。一通り覚えたらもう一度，教科書を読んでみるのもオススメです。

❷ スケジュールを立てる

　『一問一答』に限らず，参考書はやりきることが重要です。そのために，いつまでに終えるか，そのために毎日どれぐらい進めるかを，決めることが大切です。

　「本書を2ヶ月で終える」ことを目標とする場合，まず，終了までを62日と設定します。その際，「日曜は一週間分の復習の日にする」など，知識の定着のための，復習の日を設けましょう。本書の『一問一答』部分は，229ページあります。日曜が62日の中に8日あるとして，残りは54日となります。229ページを54日で割ると，1日に約4ページを進めればよいことになります。

❸ 復習の時間を設ける

知識は，アウトプット（ここでは，解答を導き出すこと）を繰り返すことでより深く定着し，すぐに思い出せるようになります。

以下のような流れで，1日，そして1週間の学習の中で，復習の時間を繰り返し設けることを心がけましょう。

1 まずは，学習する範囲を教科書などで復習する

2 『一問一答』で確認し，解けなかった問題にチェックを入れる

3 解けなかった問題の内容を，改めて教科書などで確認する

4 その日のうちに，解けなかった問題にもう一度取り組む

5 1週間に一度，復習の日を決め，週の学習内容全体をもう一度確認する

これはNG！「だめな使い方」

× 「『一問一答』だけで勉強する」

本書は入試に出た問題を分析し，そのうえで問題文を作成しています。ですが，大学入試では様々な形式の問題が出題されます。単純な用語の暗記だけに陥らないよう，前述の通り，教科書や参考書の併用を心掛けましょう。

× 「特定の単語と解答だけを覚える」

特定の用語と解答だけをセットで覚えてしまうと，同じパターンの穴埋め問題だけにしか対応できません。入試では，用語の内容を理解していないと解けない正誤判定問題や，資料・表・グラフなどを用いた問題も多く出題されます。このような問題に対応できるようになるには，問題文そのものの内容を意識することが大事です。

× 「解ける問題ばかり学習する」

間違えた問題，苦手な問題はつい後回しにしがちです。ですが，間違えた問題，解けなかった問題を，次に似たようなかたちで出題された時には絶対に間違えないようにすることが，実力を伸ばす重要なポイントです。そのためには，チェックボックスを用いて，間違えた問題を記録しておきましょう。復習の時，間違えた問題だけを重点的に学習することで，効率的な学習が可能です。

もくじ

本書の特長と使い方	2
『一問一答』の最強の使い方	4

倫理分野

第1章　青年期の課題と人間の自覚

1節　青年期と適応	10
青年期と適応	10
■共通テスト問題にチャレンジ！	16
2節　人間としての自覚──源流思想	18
古代ギリシアの思想	18
キリスト教	24
イスラーム（イスラーム教）	27
仏教	28
中国思想	32
■共通テスト問題にチャレンジ！	38
3節　日本人としての自覚──日本の思想	40
古代日本人の宗教観・倫理観	40
日本の仏教思想	41
近世日本の思想	47
近代日本の思想	53
日本の伝統と文化	58
■共通テスト問題にチャレンジ！	61

第2章　現代に生きる人間の倫理

1節　人間の尊厳	63
ルネサンス	63
宗教改革	64
モラリスト／近代哲学と科学革命	65
2節　民主社会の倫理と近代哲学の展開	69
社会契約説と啓蒙思想	69
ドイツ観念論	71
スミスと功利主義	74
実証主義と進化論	76
■共通テスト問題にチャレンジ！	77
3節　新たな人間像，社会観の模索	79
プラグマティズム	79
社会主義	80
実存主義	81
4節　現代の諸課題	84
理性への反省	84
現代社会の批判的検討	87
人間の尊厳と民主社会の構築	87

第3章　現代社会とその倫理的課題	
1節　生命倫理	91
バイオテクノロジー，出生をめぐる問題	91
生命と医療をめぐる問題	92
2節　環境と環境倫理	95
環境と人間	95
環境倫理	96
3節　家族と地域社会	98
家族の機能と形態の変化	98
新しい家族観と地域社会の課題	99
4節　情報化の進展	101
情報社会	101
5節　国際化の進展と異文化理解	104
異文化理解	104
6節　人類の福祉と平和の構築	106
人類の福祉	106

政治・経済分野	
[政治]	
第1章　現代の政治	
1節　民主政治の基本原理	110
民主政治の原理と人権保障の発展	110
世界の主な政治体制	113
2節　日本国憲法の基本原理	119
日本国憲法の制定と基本原理	119
基本的人権の保障	121
平和主義	128
3節　日本の統治機構	133
立法	133
行政	136
国会改革・行政改革	138
司法	139
地方自治	144
4節　現代の政治の特質と課題	148
政党	148
選挙	150
世論，圧力団体，市民運動	152
■共通テスト問題にチャレンジ！	155
5節　現代の国際政治	157
国際社会の成立と国際法	157
国際社会の組織化	158
第二次世界大戦後の国際政治の動向	161
国際政治の課題	163

[経済]

第2章　現代の経済

1節　資本主義経済の発展と社会主義経済の変容	169
資本主義経済の成立と発展	169
社会主義経済の変容	173
2節　現代経済の仕組み	175
経済主体と経済活動	175
市場機構	177
金融の働きと動向	180
財政の働きと日本の財政の動向	183
国民所得と経済成長	187
■共通テスト問題にチャレンジ！	192
3節　日本経済の歩みと現状	194
日本経済の発展	194
中小企業問題	199
農業・食料問題	200
国民生活をめぐる諸問題	202
公害問題，資源・エネルギー問題	203
4節　国民福祉	207
労働問題	207
社会保障問題	214
■共通テスト問題にチャレンジ！	220
5節　国際経済	222
貿易と国際収支	222
国際経済体制の成立と変容	224
地域主義・FTA の動向	227
南北問題	230
国際経済の動揺と国際協力	232
国際経済と日本	233
国際社会の課題	234
■共通テスト問題にチャレンジ！	238
索引	240

編集協力：　株式会社 SYNAPS（佐藤千晶）
装丁デザイン：　有限会社アチワデザイン室　前田由美子
本文デザイン：　牧野剛士
データベース作成協力：　株式会社友人社
校閲：　立野高史，株式会社ぶれす，桜庭しほ，株式会社東京出版サービスセンター
企画協力：　中森泰樹

倫理分野
1,550語

第1章　青年期の課題と人間の自覚
第2章　現代に生きる人間の倫理
第3章　現代社会とその倫理的課題

第1章　青年期の課題と人間の自覚　　**倫理**　　頻度 ★★

1節 青年期と適応

青年期と適応

人間の特質

☐ 01　人間の特質を指摘した人間観には以下のものがある。
　　ア．理性を有する点に着目した**リンネ**の　①
　　イ．道具を使って自然に働きかけることに着目した**ベルク
　　　ソン**の　②
　　ウ．遊びを通じて文化を形成することに着目した**ホイジン
　　　ガ**の　③
　　エ．**カッシーラー**の　④　動物
　　オ．**アリストテレス**の　⑤　動物

①ホモ・サピエンス
〔英知人〕
②ホモ・ファーベル
〔工作人〕
③ホモ・ルーデンス
〔遊戯人〕
④シンボルを操る
⑤ポリス〔社会〕的
アリストテレス▶p.21

青年期の特徴

☐ 02　伝統的社会では，元服などの　　　　　を経て子どもの世界
　　から一挙に大人の仲間入りをするなど，青年期が全く**ない**
　　かあるいはきわめて**短い**と考えられている。

通過儀礼〔イニ
シエーション〕

☐ 03　フランスの歴史学者**アリエス**によれば，今日の意味での
　　「　　　　」が誕生したのは近世から近代にかけてのことで
　　あって，中世では 7 歳ぐらいになると大人とともに仕事や
　　遊びを行う「**小さな大人**」とみなされていた。

子ども

☐ 04　　①　行事は伝統的に毎年一定の時期に行われる儀礼の
　　ことで，正月，節分，節句，春・夏の祭りなどがその例で
　　ある。一方，　②　は，人生の節目となる新たな段階に入
　　る際に行われる儀礼のことで，七五三，入学式，成人式，
　　還暦，葬式などがその例である。

①年中
②通過儀礼

☐ 05　**頻出** **レヴィン**は，青年を，子どもの集団に完全に帰属して
　　いるわけでも，大人の集団に完全に帰属しているわけでも
　　ない　　　　　（**周辺人，境界人**）と特徴づけた。

マージナル・マン

☐ 06　**頻出** **ルソー**は，著作『**エミール**』の中で，男性・女性とい
　　う性を意識し，精神的に自立する青年期を「　　　　」と呼
　　んだ。

第二の誕生
ルソー▶p.70

10　倫理分野　1,550 語

07 青年期は，身体的に大きく変化する ① が現れる時期
であるとともに，社会や親に対する反発も強まる ②
の時期でもある。

①第二次性徴
②第二反抗期

08 青年期を，**ホリングワース**は，親からの精神的自立を求め
る時期であることから ① の時期と呼び，また，**ホール**
は，理性では押さえつけられないような感情の高ぶりを覚
える時期であることから ② の時期と呼んだ。

①心理的離乳
②疾風怒濤（しっぷうどとう）

青年期の位置づけと発達課題

09 頻出 **エリクソン**は，青年期を心理・社会的 （**猶予期
間**）の時期と特徴づけた。これは，社会的に必要とされる
知識や技能を習得するために，一定の社会的責任や義務が
免除される期間を意味する。

モラトリアム

10 社会に出ることを恐れ，いつまでも学生など義務や責任を
伴わない身分にとどまろうとする人を 人間という。

モラトリアム

11 アメリカの心理学者カイリーは，いつまでも大人になりた
くないと思う青年男子の心理を と名づけた。

ピーターパン・
シンドローム

12 学校を卒業し就職もしているが，親と同居し生活費や家事
を親に依存している未婚者を という。

パラサイト・シ
ングル

13 とは，学校に通っているわけでも，仕事についてい
るわけでも，また，職業訓練を受けているわけでもない若
者をいう。

ニート
ニート▶p.211

14 職業生活を中心に，余暇など仕事以外の生活を含めて，生
涯にわたる自分の生き方を考えて人生を設計することを
開発という。

キャリア

15 大学生などが，在学中に自らの専攻や将来の進路と関連し
た就業体験をする制度のことを という。

インターンシップ

16 社会生活に必要な知識や技術が複雑化・高度化している現
代にあっては，青年期は される傾向にある。

延長

17 **エリクソン**は，人生を8つの段階に分け，それぞれの段階
に達成すべき固有の があるとした。

発達課題

18 エリクソンは，乳児期の基本的信頼と不信，青年期のアイデ
ンティティの確立とその拡散というように，人生の各発達
段階にそれぞれ克服すべき があるとした。

葛藤
〔コンフリクト〕

頻出 エリクソンによれば，青年期の重要な<u>発達課題</u>は□□□（自我同一性）の確立である。これは，一貫した自分らしさの確立であると同時に，自分の役割や存在が社会的に認知されているという意識を持てることを意味する。

アイデンティティ

20 エリクソンのほかに□□□も発達課題を研究した学者として有名である。□□□は，青年期の発達課題として，経済的自立・職業選択・結婚・家庭生活のための準備を行うことなどを挙げている。

ハヴィガースト

21 青年文化（若者文化）の特徴には，既成の文化に対抗する□①□カルチャー（対抗文化）としての側面のほか，主流のメインカルチャーとは異なる□②□カルチャー（下位文化）という特徴もある。

①カウンター
②サブ

サブカルチャーの中には，アニメのように，社会に浸透して主要な文化になる場合もある。

欲求と防衛機制

22 欲求には，生物として生命維持に欠かせない□①□欲求（生理的欲求）と，名誉欲や金銭欲など社会的に形成されてきた後天的な□②□欲求（社会的欲求）がある。

①一次的
②二次的

23 **頻出** マズローによれば，欲求は，最も低次の**生理的欲求**から，□①□の欲求，□②□の欲求，□③□の欲求，そして最も高次の□④□の欲求まで階層をなしており，人は低次の欲求が満たされるとより高次の欲求に向かおうとする。

①安全
②所属と愛情
③自尊〔承認〕
④自己実現

24 欲求と欲求の狭間にあってどれを選択したらよいかわからなくなる状況を□□□という。これには，接近・接近型（叶えたい複数の欲求が存在し，同時に叶えることが困難な場合の□□□），接近・回避型（1つの対象に実現したい欲求と避けたい欲求が併存する場合の□□□），回避・回避型（複数の避けたい欲求が存在するが，同時に避けることが困難な場合の□□□），二重接近・回避型（2つの対象のどちらにも，実現したい面と避けたい面が併存する場合の□□□）がある。

葛藤〔コンフリクト〕

25 他者と適切な距離関係を築くことが難しい状況を「□□□のジレンマ」と呼ぶ。

やまあらし

26 欲求の実現に失敗した時には□□□（欲求不満）に陥る。

フラストレーション

□ 27 **頻出** 欲求不満に陥った際の適応の仕方には，欲求の水準を引き下げるなど社会的に是認される形で解消を図る ① ，社会的に是認されない形で解消を図る**近道（短絡）反応**，欲求不満を意識的に解決しようとすることなく無意識のうちに自我の崩壊を防ごうとする ② がある。適応に失敗した場合を**失敗反応**という。

① 合理的解決
② 防衛機制
防衛機制 ▶ p.15

パーソナリティ

□ 28 精神分析の創始者**フロイト**は，人間の心は，**快楽原則**に従う本能的な ① ， ① を統御し**現実原則**に従う ② ，本能的に振る舞おうとする ① を抑圧し，また， ② を厳しく監視する ③ からなるとした。

① エス〔イド〕
② 自我〔エゴ〕
③ 超自我〔スーパーエゴ〕

□ 29 _____ は**親のしつけ**や**教育**を通じて形成された規範が内面化したものである。

超自我〔スーパーエゴ〕

□ 30 フロイトは，男子が無意識のうちに母親に愛着を持つ一方，父親には敵意を抱く心理的傾向を _____ と呼んだ。

エディプス・コンプレックス

□ 31 フロイトは，人間の根源にある生得的な性欲動という精神的活動のエネルギーを _____ と名づけた。

リビドー

□ 32 フロイトは晩年，人間の本能には，「生の本能」である ① と並んで，敵意や攻撃心など死へと向かう「死の本能」があるとし，これを ② と名づけた。

① エロス
② タナトス

□ 33 フロイトが無意識を個人的色彩の強いものと考えたのに対し，**ユング**は，無意識には個人的無意識のほかに，ある民族や時代，場合によっては全人類に共通する _____ 無意識があるとした。

集合的〔普遍的〕

□ 34 ユングは，**集合的無意識**には，イメージの源泉となる _____ があると考えた。理想の異性像であるアニマ（女性），アニムス（男性）などがその例である。

元型
〔アーキタイプ〕

□ 35 パーソナリティ（人格）は，先天的傾向を有する ① （知能や技能）， ② （感情の特性），社会的に形成される ③ （意志の特性）の3つの要素からなる。

① 能力
② 気質
③ 性格

□ 36 **クレッチマー**は**体型と気質**の間には相関関係があるとし，やせ型は ① 気質，肥満型は ② 気質，闘士（筋骨）型は ③ 気質の傾向があると指摘した。

① 分裂
② 躁鬱〔循環〕
③ 粘着

□ 37 **シュプランガー**は，人生において追求する価値を何に置くかによって人間の性格を，_____型（学者など），経済型（企業家など），審美型（芸術家など），社会型（奉仕活動家など），権力型（政治家など），宗教型（宗教家など）の6つに分類した。

理論

□ 38 ユングは性格を_____と外向型に分類した。

内向型

□ 39 オルポートは，状況に左右されることの少ない，個人の一貫した特徴を_____と呼び，これに従って性格を記述した。

特性
オルポート▶p.104

幸福と生きがい

□ 40 _____は，著作『意志と表象としての世界』の中で，生とは苦悩であり世界は苦悩に満ちているとし，その苦悩からの救済を，芸術的，道徳的，宗教的生き方に求めた。

ショーペンハウアー

□ 41 精神科医の_____は著作『生きがいについて』の中で，使命感に生きる人こそ**生きがい**を感じている人であるとし，精神的充足感の持つ意義を高く評価した。

神谷美恵子

□ 42 _____は，アウシュヴィッツ強制収容所での体験を著した『夜と霧』の中で，生きることの意味を自覚し未来への希望を持つ人は，極限状況の下でも人間の尊厳を失わなかったと述べている。

フランクル
強制収容所▶p.107

共通テスト攻略のポイント

防衛機制

無意識のうちに自我の崩壊を防ごうとする防衛機制の代表的なタイプを示しておこう。

抑圧：非倫理的・反社会的な欲求を抱いた場合，その欲求を無意識の中に閉じ込め忘れ去ること。

合理化：欲求の実現に失敗したことに関して，自己に都合の良い理屈をつけて正当化すること。

同一視のうちの摂取：他者が持つ特性を自分が持っているかのように思うこと。

同一視のうちの投射（投影）：自己のうちにある認めたくない欲求を他者に転嫁すること。

反動形成：抑圧した欲求と反対の行動・態度をとること。

退行：困難な状況を児戯的に振る舞うことで回避しようとすること。

逃避：空想の世界や病気に逃げ込み，現実の苦しみを避けること。

置き換えのうちの代償：欲求の実現に失敗したものを，それと似たものに置き換えること。

置き換えのうちの昇華：性的・暴力的衝動を社会的に価値あるものに置き換えること。

入試問題でチェック！

問　防衛機制としての逃避に当てはまる事例として最も適当なものを，次の①〜④のうちから一つ選べ。　　　　　　　　　　　（17年 センター本試）

① 本当は好意をもっているクラスメートに，わざと意地悪なことをいったり，無関心を装って冷たい態度を取ったりする。

② 溺愛していた一人息子が海外留学に出かけてしまって寂しくなった夫婦が，代わりに小犬を飼うことで心の隙間を埋めようとする。

③ 自分がいつまでもレギュラー選手になれないのは，自分のせいではなく，選手の実力を把握できていない監督のせいだと考える。

④ 部活動が苦痛になってきた生徒が，普段は何ともないのに部活動の時間が近づくと体調を崩し，このところ部活動を休んでいる。

解答 ④　苦痛となった部活動からの逃避である。① は反動形成，② は代償，③ は合理化の事例である。

共通テスト問題にチャレンジ！

問 次の文章は，青年期における様々な葛藤やストレスについての説明である。文章中の a ・ b に入る語句の組合せとして最も適当なものを，下の①〜⑥のうちから一つ選べ。

(21年 共通テスト第1日程 倫理, 政治・経済)

フロイトは， a の対立を調整しようとすると考えた。しかし，それができないことで葛藤が生じると，無意識的にバランスを取って心の安定を図る機能が働く。防衛機制の理論は，このような考え方から生み出された。

無意識の重要性を説いた精神分析に対して，意識の側に着目した昨今のストレス理論では，様々なストレスを抱えた場合の対処方法が幾つかあると言われている。「ストレスとなる問題や状況に目を向けて，それらを変える方法を模索する対処」は問題焦点型対処と呼ばれ，他方，「状況そのものを変えられない場合に，ストレスとなる状況に伴う情動を軽減することを試みる対処」は情動焦点型対処と呼ばれる。

例えば，世界史の小テストの成績が悪かった生徒が， b 場合，それは問題焦点型対処に該当する。

① a エス（イド）が自我と超自我
   b 「落ち込んでも仕方ない」と気持ちを切り替えようとする
② a エス（イド）が自我と超自我
   b 「今回は運が悪かった」と思い込もうとする
③ a エス（イド）が自我と超自我
   b 勉強不足が原因だと分析し，計画的に勉強しようとする
④ a 自我がエス（イド）と超自我
   b 「落ち込んでも仕方ない」と気持ちを切り替えようとする
⑤ a 自我がエス（イド）と超自我
   b 「今回は運が悪かった」と思い込もうとする
⑥ a 自我がエス（イド）と超自我
   b 勉強不足が原因だと分析し，計画的に勉強しようとする

解答⑥

a：「自我がエス（イド）と超自我」が入る。対立するのはエス（イド）と超自我であり，対立するこの両者の間に入って調整役の機能を担っているのが自我である。フロイトによれば，心は，**エス，自我，超自我**の3層からなる。エスは本能的な欲望のままに振る舞おうとする心の無意識の部分である。超自我は，親のしつけや学校教育などを通じて形成された規範意識が内面化された部分で，エスを抑圧しようとする。自我は，この対立するエスと超自我の間に入って，現実に適応した行動をとらせようとする調整機関であり，超自我により厳しく監視されている（▶p.13）。フロイトは，自我がエスと超自我の要請をうまく処理できないほど弱体化すると，心のバランスが崩れ神経症などの精神疾患を引き起こすと考えた。

b：「問題焦点型対処」とは，「ストレスとなる問題や状況に目を向けて，それを変える方法を模索する対処」のことである。「ストレスとなる問題や状況」とは，この場合，小テストの成績の悪さである。選択肢の文中の「勉強不足が原因だと分析し」という部分は，この「問題や状況に目を向けて」という部分を示しており，「計画的に勉強」することで成績向上を図ろうとする対処は，「それを変える方法を模索する対処」であることを示している。

以上のことから，語句の組合せとして最も適当なものは⑥となる。

①④の「気持ちを切り替えようとする」という対処も，②⑤の「思い込もうとする」という対処も，成績の改善を図る手立てを考えることなしに，成績が悪かったことによる気持ちの落ち込みの軽減を図ろうとしているので，「情動焦点型対処」である。

第1章　青年期の課題と人間の自覚　　**倫理**　頻度 ★★★

2節 人間としての自覚──源流思想

古代ギリシアの思想

哲学の成立──神話（ミュトス）から自然（ピュシス）へ

☑ 01　古代ギリシアでは，**ホメロスの『オデュッセイア』やヘシオド**　神話〔ミュトス〕
　　スの**『神統記』**に見られるように，人間の生き方や世界の
　　成り立ちを ⬜ によって説明した（神話的世界観）。

☑ 02　古代ギリシアでは，自然（ピュシス）を成り立たせている　①ロゴス
　　 ① （論理・法則）を， ② （観照・観想）を通じて，　②テオーリア
　　合理的に説明しようとする一群の哲学者が現れた。彼らを
　　自然哲学者と呼ぶ。

☑ 03　**頻出** タレスは，「万物の**根源（アルケー）**は ① である」　①水
　　とした。**アナクシマンドロス**は**無限定的なもの**（ト・アペイ　②（永遠に生き
　　ロン）を，**アナクシメネス**は**空気**を，万物の根源とした。**ヘ**　る）火
　　ラクレイトスは「**万物は流転する**」と述べ，その根源は，
　　「 ② 」であるとした。

☑ 04　⬜ は，「在るものは在り，在らぬものは在らぬ」と述べ，　パルメニデス
　　ものは「在る」か「在らぬか」のいずれかであり，生成消滅
　　という**変化や運動を否定**した。

☑ 05　**エンペドクレス**は，万物の根源は１つではなく，**土・水・火・**　四元素
　　空気の４つであるとし，⬜ 説を唱えた。

☑ 06　**頻出** **ピタゴラス**は，宇宙（コスモス）は**調和し秩序立ってい**　数
　　ると考え，その調和と秩序の根源を ⬜ であるとした。

☑ 07　ピタゴラスは，⬜ の考えを持っていて，⬜ の苦し　輪廻転生
　　みから魂を解放することを宗教的課題とした。その苦しみ
　　から解放されるためには，数学研究や音楽鑑賞を通じて**魂**
　　の浄化（カタルシス）を図る必要があると考えた。

☑ 08　**頻出** **デモクリトス**は，万物を構成している最小の単位を　アトム〔原子〕
　　⬜ であるとした。⬜ は，形や大きさには違いがあ
　　るものの質的には同一で，その組合せの仕方で物質の違い
　　が生じる。人間の生死も ⬜ の離合集散から説明でき
　　るとした。

18　倫理分野　1,550 語

□ 09 デモクリトスは，世界は**アトム**と，**アトム**が運動する場である ☐ とから成り立っていると考えた。　　　　ケノン〔空虚〕

ソフィスト——自然から人間・社会へ

□ 10 自然哲学者が自然を考察の対象としたのに対し，☐ は，人間や社会を考察の対象とした。　　　　ソフィスト

□ 11 **ソフィスト**は，金銭を取って知識や技術を教える最初の**職業教師**と呼ばれ，また，相手を説得するための ☐ を重視したことで知られる。　　　　弁論術

□ 12 頻出 **ソフィスト**の一人**プロタゴラス**は，「 ① は万物の尺度である」とし，普遍的・絶対的真理の存在を否定し，真理に関し，☐② の立場をとった。彼によれば，何を真理とするかはポリスにより，時代により異なるのである。
①人間
②相対主義

□ 13 **ソフィスト**の一人 ☐ は，「何も存在しない。もし存在するとしてもわれわれはそれを知ることができない。また仮に知ることができたとしてもわれわれの知識を他人に伝えることができない」とし，不可知論を説いた。　　　　ゴルギアス

アテネの哲学

● ソクラテス

□ 14 頻出 ソクラテスは，人間にとっての**徳（アレテー）**とは「**善く生きること**」であり，そのためには，「 ☐ 」が大切であるとした。
魂への配慮
〔魂の世話〕

□ 15 頻出 ソクラテスによると，徳を実践するためには，まず，徳とは何かを知らなければならない（ ① ）。そして，徳とは何かを完全に知ることができれば，必ず徳を実践できる（ ② ）。徳を実践できれば，幸福の境地に達する（ ③ ）。
①知徳合一
②知行合一
③福徳一致

□ 16 ソクラテスの友人は「ソクラテスに優る知者はいない」という神託を受けた（ ☐ の神託）。　　　　デルフォイ

□ 17 頻出 本当に大切なことについては何も知らないと思っているソクラテスは，神託の真意を次のように解釈した。完全な知を持っているのは神のみなのに，無知を自覚していない者が多い。本当の知者といえるのは，自分のように**無知を自覚していること**（ ☐ ）にある。　　　　無知の知

☑ 18 **頻出** ソクラテスは真理探究の方法として _____ を採用した。これは，賢いと思い込んでいる人を相手にソクラテスが議論を行い，次々と質問を発することを通じて，議論の相手が実は無知であったということを自覚せざるを得ない状況を作り，真理探究に向かうように仕向ける方法である。

問答法〔対話法，助産術，産婆術〕

☑ 19 国家公認の神を認めないなどの理由で死刑を宣告されたソクラテスは，判決に従わずに亡命すべきという友人の勧めを断り，_____ の法（国法）に従うことが市民の義務と考え，その判決を受け入れ**刑死**した。

ポリス

● **プラトン**

☑ 20 プラトンは，対話篇『_____』において，起訴されたソクラテスが法廷で自己の哲学的見解を堂々と述べている姿を描いた。

ソクラテスの弁明

☑ 21 プラトンは，アテネの郊外に _____ と呼ばれる学園を創設した。

アカデメイア

☑ 22 **頻出** プラトンは，世界は，不変の真実在である ① からなる ① 界と，① の仮象・模像にすぎない生成消滅する具体的個物からなる ② 界との 2 つの世界からなると考えた。

①イデア
②現象

☑ 23 プラトンによれば，あの犬，この犬，この二等辺三角形，あの二等辺三角形などの**具体的個物**は，見たり触れたりして**感覚的に認識**することができるが，犬そのもの，二等辺三角形そのものといった**イデア**は _____ で**のみ認識**することができる。

理性

☑ 24 プラトンは _____ の比喩を用いて，人間はイデアの仮象にすぎない具体的個物を真の実在であると思い込んでいると指摘した。

洞窟

☑ 25 現象界における太陽のように，イデア界には _____ のイデアが君臨している。_____ のイデアは，他のイデアに真理性を賦与するとともに，認識する者に認識機能を賦与するイデア中のイデアである。

善

☑ 26 プラトンは，対話篇『_____（シンポジオン）』において，善美のイデアを追い求める**エロース**の思想を展開した。

饗宴

20　倫理分野　1,550 語

□27 イデアの仮象である具体的個物，特に美しい個物を見ると，かつて住んでいたイデア界のイデアを**想起**（**アナムネーシス**），イデアに対する思いあこがれの情（恋慕の情）がわく。このイデアへの恋慕の情を ___ という。

エロース

□28 人間の知識は，かつて魂がイデア界に存在した時に知り得たイデアを ___ したものにほかならない。

想起
想起説という。

□29 **頻出** プラトンは，対話篇『国家』の中で，人間の魂を**理性**・ ___ ・**欲望**の３つに分け，**知恵**を身につけた理性が ___ に**勇気**を持たせるようにし， ___ の助けを得て欲望を抑制し，欲望が**節制**を持つようにさせれば，調和のとれた魂となり，**正義**が実現できると考えた。

気概〔意志〕

□30 **知恵・勇気・節制・** ___ の４つは，ギリシアの**四元徳**（しげんとく）といわれる。

正義

□31 **頻出** プラトンは，人間の魂の正しい在り方と同様の見方から，理想の国家の在り方を論じている。すなわち，善のイデアを知って ① を身につけた**統治者**の指導の下に，防衛者が ② を発揮し，生産者が ③ を保ちながら勤勉に働く時，**正義**が支配する**理想の国家（哲人政治）**が実現できる。

①知恵
②勇気
③節制

● **アリストテレス**

□32 アリストテレスは，アテネの郊外に ___ と呼ばれる学園を創設した。

リュケイオン

□33 プラトンは，具体的個物は仮象にすぎず，それを ① したた**イデア＝普遍**こそが真実在としたのに対し，アリストテレスは，**エイドス**（形相）**＝普遍**は具体的個物に ② しており，**具体的個物**は仮象ではなく真実在であると考えた。

①超越
②内在

□34 **頻出** アリストテレスは，著作『形而上学』において，具体的個物は ① と ② からなっており， ① に内在する ② が， ① に特定の形を与えて，現実の個物として生成し存在するようになると説いた。

①質料
〔ヒュレー〕
②形相
〔エイドス〕

□35 **頻出** アリストテレスは，著作『ニコマコス倫理学』において徳を学的知識（知恵）や**思慮**など，知的な能力にかかわる ① 的徳と，**勇気・節制・友愛**（**フィリア**）**・正義**など， ② 的徳とに分けた。

①知性
②習性〔人格，倫理〕

倫理分野

☐ 36 アリストテレスは，著作『詩学』において，悲劇には魂を浄化する作用があるとして，この浄化作用のことを ☐ と呼んだ。

カタルシス

☐ 37 習性的徳は，習慣的に繰り返すことによって身につく徳で，それは，**思慮**が命じる ☐ に従って，両極端を避け過不足のない状態を保つことで実現される。

中庸
〔メソテース〕

☐ 38 「人間は本性上 ☐ 的動物である」と考えたアリストテレスは，☐ に生きる市民にとって**友愛**と**正義**という徳を身につけることが大切であるとした。

ポリス〔社会〕

☐ 39 ☐ とは，相手が善き人になること，幸福になることを相互に願い合う市民間の同胞愛である。

友愛〔フィリア〕

☐ 40 アリストテレスによれば，正義（部分的正義）には，調整（矯正，匡正）的正義と ☐ 的正義がある。

配分

☐ 41 頻出 ☐ 的正義は，原理的に二者の間で成立する正義で，両者の利害得失の均衡を実現する正義をいう。

調整〔矯正，匡正〕

☐ 42 頻出 ☐ 的正義は，原理的に，名誉や財貨などを配分する者と，その配分先である二者という三者間で成立する正義で，二者に配分する際に，**功績**や**働き**の違いにより差を設けることが公平であるとする正義をいう。

配分

☐ 43 頻出 アリストテレスによると，人間にとっての究極的な目的（ ① ）は**幸福**である。幸福になるためには徳を身につけなければならない。アリストテレスは，知性的徳を習性的徳よりも高次の徳と位置づけ，なかでも知性的徳の知恵を身につけることが大切であるとし，知性的徳を働かせて真理を探究しようとする ② 生活を送ることのうちに最高の幸福があると説いた。

①最高善
②観想的

☐ 44 アリストテレスは，**王制・貴族制・**☐ という３つの国家体制を比較してその良し悪しを論じている。それによるとその中では ☐ が比較的安定している。しかし，☐ を含めてそれら３つの国家体制にはそれぞれ堕落した形態があり，**僭主制・寡頭制・衆愚制**に陥る危険がある。

共和制

ヘレニズムの哲学——ポリス崩壊後の哲学

☑ **45** アレクサンドロス大王により世界国家（コスモポリス）が形成され，　①　の時代となった。この時代に現れた**ストア派**や**エピクロス派**は，　②　の一員としての徳を求めたソクラテスなどの哲学とは異なり，　②　に縛られない**世界市民**（**コスモポリテース**）としての生き方を探究した。

①ヘレニズム
②ポリス

● ストア派

☑ **46** **禁欲主義**を説いたストア派は　　　　を始祖とし，**セネカ**，**エピクテトス**，**マルクス・アウレリウス**に継承された。

ゼノン

☑ **47** ストア派の生活信条は，「　　　　」であり，自然をつかさどっているロゴスに従って生きることが幸福につながるとした。

自然に従って生きよ

☑ **48** 頻出 人間には理性が宿っており，その理性を十分に働かせて，情念（パトス）を抑制した魂の状態が，ストア派にとっての理想の境地であった。情念の影響力を排除したこの魂の状態を　　　　という。

アパテイア〔不動心，無情念〕

☑ **49** ストア派は，各人は，理性を有するという点で平等であり，コスモス（宇宙，世界）の一員（　　　　）として理想の生き方を追求すべきだと考えた。

世界市民〔コスモポリテース〕

● エピクロス派

☑ **50** 頻出 **快楽主義**を説いたエピクロス派は，「　①　」を信条とし，政治的な争いごとを避け，精神的な平安を得ることが幸福につながると考えた。そして，エピクロスは，魂がかき乱されない理想の境地を　②　と呼んだ。

①隠れて生きよ
②アタラクシア〔魂の平安〕

☑ **51** エピクロスは，　　　**論**の立場に立ち，生きている間は死に出会わず，死が来た時には私たちは　　　　的要素へと分解しており，もう存在しないのだから，死を恐れる必要はないと説いた。

原子

キリスト教

ユダヤ教

☑ 01 **ユダヤ教**は世界を創造した**唯一絶対の人格神ヤハウェ（ヤーウェ）**を信仰する**イスラエル人（ユダヤ人）**の◻︎◻︎◻︎宗教である。

民族

☑ 02 エジプトで奴隷状態に陥っていたイスラエル人は，神からイスラエル人の解放を託されたモーセに先導されてエジプトを脱出し（◻︎◻︎◻︎），カナン（パレスティナ）に向かう途上，シナイ山でモーセを通じて神と契約を結んだ（**シナイ契約**）。

出エジプト
パレスティナ▶p.165

☑ 03 ユダヤ教によれば，イスラエル人は神から選ばれた民族（◻︎①◻︎思想）であり，神はイスラエル人に◻︎②◻︎を課し，それを遵守すればイスラエル人に恩恵を与え，遵守しなければ厳しく裁くと約束した。

①選民
②律法
〔トーラー〕

☑ 04 **律法**の１つに，神が**モーセ**に授けた◻︎◻︎◻︎がある。

十戒

☑ 05 キリスト教にとっての神が「◻︎◻︎◻︎」であるとともに「**愛の神**」と特徴づけられるのに対し，ユダヤ教にとっての神は「◻︎◻︎◻︎」と特徴づけられる。

裁きの神
〔義の神〕

☑ 06 イスラエル人はカナンに王国を築き，ダビデ，ソロモンの時代に繁栄した。しかしその王国も分裂し滅ぼされ，紀元前6世紀に，多くのイスラエル人が，バビロンに強制移住させられた。これを◻︎◻︎◻︎という。

バビロン捕囚

☑ 07 イスラエル人が民族的苦難に陥っていたとき，イザヤやエレミアなどの◻︎◻︎◻︎が現れた。彼らは，律法を遵守すれば，神は**救世主（メシア**‐ヘブライ語，**キリスト**‐ギリシア語）を遣わしイスラエル人を救済してくれると語った。やがてイスラエル人の間にもメシアを待望する声が高まった（**メシア待望論**）。

預言者

☑ 08 頻出 ユダヤ教の◻︎◻︎◻︎派は，律法を厳格に遵守しなければ神の救済は得られないと主張した。

パリサイ

24　倫理分野　1,550 語

キリスト教

● イエス・キリスト

☑09 イエスは「時は満ち，□□□□は近づいた。悔い改めて福音を信ぜよ」と説いた。ここには，律法を完全に遵守することができなくても，悔い改めて神に迎え入れられた時，罪は赦されるがゆえに，人々の間に□□□□が実現されつつある，とするイエスの考えが示されている。

神の国

☑10 イエスは，安息日の労働を禁ずるなどの□□□□を字義通りに遵守することを強く求めるユダヤ教のパリサイ派やサドカイ派などの□□□□主義者を批判した。大切なことは，□□□□を外面的に遵守することではなく，□□□□の本質である愛を実践することであり，また，□□□□を内面から遵守することであるとした。

律法〔トーラー〕

☑11 頻出 キリスト教における□①□（□②□）は，たとえ価値なき者に対しても**無差別平等**に降り注ぐ**無償**の愛である。

①神の愛②アガペー*順不同*

☑12 頻出 キリスト教では，律法の中で特に大切な戒めは，心を尽くして神を愛すること（**神への愛**）と，神が人間に与えてくれる**アガペー**を手本とした□□□□を実践することであるとしている。

隣人愛

☑13 『□①□』はユダヤ教，キリスト教の聖典で，主に**ヘブライ語**で書かれている。旧約とは本来，「旧い契約」という意味で，主として□②□を介して神ヤハウェとイスラエル人との間で交わした約束（シナイ契約）のことである。

①旧約聖書②モーセ

☑14 『□□□□』は『旧約聖書』と並ぶキリスト教の聖典で，**ギリシア語**で書かれている。新約とは，**イエスをキリスト（救世主）**とみなすことを通じて神と人間との間で交わされた新しい契約という意味である。イエスの言行を記した，**マタイ・マルコ・ルカ・ヨハネ**による4つの福音書や**パウロ**の「ローマの信徒への手紙」などからなる。

新約聖書

● キリスト教の展開

15 イエスの死後，イエスの弟子たち（ペテロなど）の間に，イエスこそが**神の子**であり，人々を救うために神が遣わした**救世主（メシア，キリスト）**にほかならず，贖罪を果たした後に神によりよみがえらされたという信仰が生まれた。このイエスの復活信仰を基礎に，教団が形成されるようになった。これがキリスト教の始まりである（　　　　）。キリスト教では**エルサレム**が聖地とされる。

原始キリスト教

16 パウロは，はじめパリサイ派に属しイエスを迫害する側にいたが，キリスト教に　　　　し，キリスト教をローマ世界に広めることに貢献した。

回心
悔い改め，イエスをキリストとして信仰するようになること。

17 パウロは，イエスの死を，人類の罪をあがなう　　　　の死と考えた。

贖罪

18 頻出 パウロは，原罪を負っている人間が神により義とされる（罪を赦される）のは，律法を遵守するという**行い**によってではなく，**信仰**によってのみであるという考え，すなわち，　　　　の考えを説いた。

信仰義認

19 パウロは，イエスを**信じ**，未来へと**希望**を持つ時，神の**愛**に触れることができるとし，　①　・　②　・**愛**による救いの道を説いた（**キリスト教の三元徳**）。

①信仰
②希望
＊順不同

20 **新プラトン主義**などの影響を受けてキリスト教に回心したアウグスティヌスは，キリスト教の正統な教えを伝承する　　　　の中でも最大の　　　　といわれた。アウグスティヌスが回心に至るまでの精神的遍歴をしるした著作が『**告白**』である。

教父

21 アウグスティヌスによれば，原罪を負っている人間の自由意志は悪をなす自由でしかなく，人間の側からの神への働きかけは無力である。そうした人間が救済されるのは，ひたすら神の　①　によるのであり，その救いは神の意志によってあらかじめ決められている（　②　説）。そしてその　①　は**教会**を通じてもたらされる。

①恩寵
②恩寵予定

☐ 22	[頻出] アウグスティヌスは，著作『神の国』において，歴史を，自己を愛し神を蔑む人々で構成される ① の国と，神を愛し自己を蔑む人々で構成される ② の国との抗争の過程ととらえ，歴史の終末には ② の国が実現されると説いた。	①地上 ②神
☐ 23	アウグスティヌスは，ギリシアの四元徳（ ① ・ ② ・ ③ ・ ④ ）よりも，キリスト教の三元徳（信仰・希望・愛）を上位に置いた。	①知恵 ②勇気 ③節制 ④正義 ＊順不同
☐ 24	アタナシウスやアウグスティヌスは，神は**父なる神・子なるキリスト・聖霊**という3つの在り方（位格，ペルソナ）を持つとする ▢ 説を唱えた。	三位一体
☐ 25	トマス・アクィナスは，『神学大全』などを著し，イスラーム世界経由で流入した古代ギリシア哲学，特に ▢ の哲学を用いて，キリスト教神学をいっそう精緻に体系化した。	アリストテレス アリストテレス ▶p.10, 21
☐ 26	[頻出] 最高のスコラ哲学者といわれるトマスによれば，人間の ① に基づく真理の探究の対象は，神が創造した自然の秩序にほかならない。しかし， ① で認識できる真理は不完全なものにすぎず，神の啓示への ② を通じて初めて完全な真理に近づくことができる。このような考えに立って，トマス・アクィナスは， ② の優位の下で ① と ② は調和すると主張した。	①理性 ②信仰
☐ 27	トマスは，<u>アリストテレス</u>の ▢ **論的世界観**の影響を受けて，人間を含む宇宙万物は神という究極的な ▢ の下に秩序づけられていると考えた。	目的
☐ 28	トマスによれば，神は，宇宙万物を支配する**永遠法**を定め，理性的存在者としての人間に対して，永遠法に起源を持つ ▢ を啓示した。神はこの ▢ に従うことを人間に求めているとトマスは考えたのである。	自然法

イスラーム（イスラーム教）

☐ 01	▢ は，当時メッカで広がっていた**多神教**と**偶像崇拝**を否定し，アッラーを**唯一絶対の神**とするイスラームを起こした。	ムハンマド 〔マホメット〕

☑ 02 イスラームはキリスト教，仏教と並ぶ □□□ 宗教である。　　　世界

☑ 03 **ムハンマド**は，支配層から迫害を受け □□□ からメディナ　　メッカ
に逃れ（**ヒジュラ，聖遷**），そこでイスラーム共同体（ウンマ）
を組織した。その後 □□□ を征服し，そこを聖地とした。

☑ 04 アッラーは人類を救うために，モーセの**ウンマ**にも，イエ　　　預言者
スのウンマにも啓示を与えてきたが，正しく伝わらなかっ
た。最終の □□□ としてアッラーにより遣わされた**ムハン
マド**のウンマには，啓示は正しく伝えられた。

☑ 05 **ムハンマド**に下された啓示を記録し，後に集大成されたも　　クルアーン
のが『□□□』である。　　　　　　　　　　　　　　　　　　〔コーラン〕

☑ 06 イスラームはキリスト教と同様，**終末思想**を持っており，イ　　審判
スラームでは現世が終わる終末において，**アッラー**が最後
の □□□ を行う。

☑ 07 **頻出** 最後の審判において天国に行くためには，ムスリム（イ　　①六信
スラーム教徒）は，**神・天使・啓典・預言者・来世・天命**　　②メッカ
を信じ（ ① ），アッラーへの**信仰告白・巡礼月**（イスラー　　③断食
ム暦 12 月）**に行う** ② **への巡礼**・1 日 5 回の**礼拝**・イ　　④五行
スラーム暦 9 月の ③ ・貧者救済のための**喜捨**という
義務（ ④ ）を果たさなければならない。

☑ 08 **頻出** 社会生活を規律する**イスラーム法**（ □□□ ）は**クル　　シャリーア
アーン**に根拠を持っており，イスラーム世界では，婚姻，
相続，経済活動などの**社会生活と信仰生活が分かちがたく
結びついている**。

☑ 09 アッラーの教えを広めること（ ① ）がイスラーム構成　　①ジハード〔聖戦〕
員全体の義務とされ，この思想を背景として，アッラーの　　②カリフ〔ハリー
使徒の後継者・**イスラーム国家の最高指導者**である ②　　ファ〕
が ① を行いイスラーム世界の拡大に努めてきた。

仏教

バラモン教と自由思想家

☑ 01 古代インドでは，紀元前 15 世紀頃に中央アジアから侵入して　　①アーリア
きた ① 人によって，**バラモン**教を中心とする独自の文化　　②カースト
が形成され， ② 制度と呼ばれる身分制度も確立された。

☑ 02 **カースト**制度は ☐（司祭）を頂点とし，その下にクシャ
トリア（王侯・武人），ヴァイシャ（庶民），シュードラ（隷
属民）が位置づけられる身分制度であった。

バラモン

☑ 03 **バラモン**教は，神々への讃歌や祭詞などを集めた『リグ・
☐①☐』を中心とする『☐①☐』を聖典としていた。バラ
モン教に様々な民間信仰を融合させて発展したのが今日の
☐②☐教である。

①ヴェーダ
②ヒンドゥー

☑ 04 一部の**バラモン**が思索を重ね，宇宙や真実の自己を探求し
た。彼らの思想は ☐ 哲学と呼ばれる。この思想は正統
バラモン教の教えの根幹をなしている。

ウパニシャッド

☑ 05 頻出 古代インドでは，☐ が信じられており，すべて生
あるものは死後，別の姿に生まれ変わり，それが無限に続
くと考えられていた。

輪廻転生

☑ 06 **輪廻の世界**は，**因果応報**の世界で，現世での ☐ により
来世での生まれ変わる姿が決定される，迷い・苦悩の世界
と考えられていた。

行い〔カルマ，業〕

☑ 07 頻出 **ウパニシャッド**哲学では，宇宙の根本原理である
☐①☐と，個々の人間のうちにある不変の本体である
☐②☐が，本来は全く同一のもの（☐③☐）であるという
ことを悟れば，輪廻を断ち切って，一切の苦しみから解放
される（解脱）と説かれた。

①ブラフマン〔梵〕
②アートマン〔我〕
③梵我一如

☑ 08 商工業の発達とともに**バラモン**（司祭）の権威が揺らぐよ
うになり，**バラモン**から距離を置いたり**バラモン**とは異な
る思想を提示したりする ☐ 家（シャカ〔ブッダ〕と六
師外道）が現れた。

自由思想

☑ 09 自由思想家の一人ヴァルダマーナ（マハーヴィーラ）は，
☐ 教を開き，苦しみの輪廻の世界をさまよう霊魂が安
らぎの境地に至るためには，**不殺生戒**を守り，**苦行と禁欲**
を実践することの大切さを説いた。

ジャイナ

仏教〔日本の仏教思想→p.41〕

☑ 10 仏教は**ゴータマ・シッダッタ（釈迦）**によって開かれた。人
生の苦しみを知った釈迦は出家し，瞑想の後悟りを開き
☐（悟りを開いた者）となった。

ブッダ〔仏陀〕

☐ 11 **ブッダ**は，**快楽**にも**苦行**にも偏らない ⬚ こそが悟り　　**中道**
に至る正しい修行の在り方であるとした。

☐ 12 **四苦八苦**という言葉に示されているように，ブッダは，人　　①**愛別離苦**
間世界は苦しみに満ちている（**一切皆苦**）とし，その苦し　　②**怨憎会苦**
みからの解放の道を示した。四苦八苦とは，**生老病死**の4　　③**求不得苦**
つの苦しみ（**四苦**）に，愛する人と別れなければならない　　④**五蘊盛苦**
苦しみ（ ① ），恨み憎むものと出会う苦しみ（ ② ），
求めても得られない苦しみ（ ③ ），心身を構成する五
蘊から盛んに生じる苦しみ（ ④ ）という4つを加えた
ものをいう。

☐ 13 ブッダによれば，苦しみが生じる原因は，世界を支えてい　　**無明**
る**理法**（**ダルマ，法，真理**）に対する無知，すなわち，
⬚ にある。理法を知らないことから**我執**や**煩悩**が生じ
ると考えたのである。

☐ 14 煩悩の中でも人の善心を惑わす根源的な煩悩が，**貪欲**（む　　**三毒**
さぼり），**瞋恚**（いかり），**愚癡**（おろかさ）であり，この貪・
瞋・癡の悪徳を ⬚ という。

☐ 15 [頻出] ブッダが説いた理法とは ① の法のことである。　　①**縁起**
① の法は， ② や ③ とも表現できる。 ② 　　②**諸行無常**
とは人間も含めすべて作られたものは常に変化していると　　③**諸法無我**
いう教えであり， ③ とはいかなる存在もそれ自体で孤
立して存在する実体ではないという教えのことである。

☐ 16 縁起の法を悟れば，あらゆる執着心・煩悩を滅却すること　　**涅槃寂静**
ができ，心穏やかな涅槃（ニルヴァーナ）の境地に至れる。
煩悩の火が消えたこの安らぎの境地を ⬚ という。

☐ 17 仏教を特徴づける4つの教えを**四法印**という。四法印はⅰ）　　**一切皆苦**
人間世界は苦しみに満ちているとする ⬚ ，ⅱ）**諸行無**
常，ⅲ）**諸法無我**，ⅳ）**涅槃寂静**の4つである。

☐ 18 [頻出] ブッダは，仏教の4つの根本的な真理（ ① ）には，　　①**四諦**
② （人生は苦しみに満ちているという真理）， ③ （苦　　②**苦諦**
の原因は煩悩にあるという真理）， ④ （煩悩が滅却され　　③**集諦**
た境地が悟りの境地であるという真理）， ⑤ （悟りに至　　④**滅諦**
る正しい修行は**八正道**であるという真理）があると説いた　　⑤**道諦**
といわれる。

30　倫理分野　**1,550 語**

☐ 19 八正道とは, ① (正しい見解), ② (正しい思惟), **正語** (正しい言葉), **正業** (正しい行い), **正命** (正しい生活), **正精進** (正しい努力), **正念** (正しい心の落ち着き), **正定** (正しい精神統一) をいう。

①正見
②正思

☐ 20 仏教では, 一切皆苦の世界に苦しんでいる衆生を救済する ① の大切さが説かれる。 ① にいう ② とは楽しみを与えること (**与楽**) を意味し, ③ とは苦しみを取り除くこと (**抜苦**) を意味する。

①慈悲
②慈
③悲

☐ 21 慈悲の思想は,『**旧約聖書**』や『**新約聖書**』の教えとは異なる考え方に立つ。『旧約聖書』は, 人間を神の似姿として他の生物の上に立ってそれらを**統治する者**と位置づけているが, 仏教の慈悲は, 人間に限らず, 生きとし生けるすべてのもの ( ) に向けられるものであり, 生きとし生けるものはみな自分の友であるとする考えに基づくものである。また, 慈悲も『新約聖書』にある隣人愛も, 無条件の愛であるが, 隣人愛が人間に向けられる愛であるのに対し, 慈悲は に向けられる愛である。

一切衆生

☐ 22 仏教では, 出家していない**在家の信者**に対して を守るべき戒律としている。すなわち,「殺すなかれ」「盗むなかれ」「邪淫をなすなかれ」「偽りを言うなかれ」「酒を飲むなかれ」という 5 つの戒めである。

五戒

大乗仏教の成立

☐ 23 ブッダの死後, 仏教は**大衆部**と**上座部**に分裂し, この 2 派はさらに分裂を重ねた。これらを**部派仏教**という。その後, 一部の部派と在家者の中から旧来の仏教の在り方を批判する改革運動が起こり, 仏教が成立した。

大乗

☐ 24 **部派仏教**は, 自己一身の解脱をひたすら求め (①), 悟りを開いた ② という聖者となることを理想とした。それに対し, 大乗仏教は, 出家者も在家者もともに他者の救済を第一とすべきであると説き, 他者の救済を顧みない**部派仏教**を批判を込めて**小乗仏教**と呼んだ。

①自利行
②阿羅漢

☐ 25 大乗仏教は, 生きとし生けるものすべてに仏 (悟りを開いた者) になる可能性 (仏性) を認める という考えに立っていた。

一切衆生悉有仏性

☑ 26 頻出 大乗仏教では，出家者も在家者も，自己一身の解脱（自利行）よりも，ブッダを理想として利他を第一に考え（利他行），一切衆生の救済を目指す _____ の道が理想とされた。

菩薩

☑ 27 大乗仏教では菩薩の実践すべき6つの徳目として _____（布施，持戒，忍辱，精進，禅定，智慧［般若］）が説かれた。

六波羅蜜

☑ 28 上座部系の仏教は主に東南アジアに広がり（ ① 仏教），大乗仏教はインドから中央アジアを経て，中国，朝鮮，日本へと伝わった（ ② 仏教）。

①南伝
②北伝

大乗仏教の思想家

☑ 29 竜樹（ナーガールジュナ）は，縁起の法を徹底させて，すべての事物には固定的にそれ自体で存在する本体，すなわち自性がない（無自性）と主張し，その無自性を _____ と名づけた。この _____ の思想を継承した学派は中観派と呼ばれる。

空

☑ 30 世親（ヴァスバンドゥ）と無着（アサンガ）は _____ 説を唱え，全ての事物は意識の所産にすぎないとした。

唯識

中国思想

諸子百家

☑ 01 春秋戦国の時代に先立つ周の時代には，孔子があこがれていた周公旦（周の政治家）などにより _____ 制度が整備され，秩序が維持されていた。

礼楽

☑ 02 古代中国では，宇宙を主宰する天の意志（ _____ ）に従って生きることが理想（敬天思想）とされ，君主も _____ に従って政治を行うべきだと考えられていた。

天命

☑ 03 周の時代が終わり，春秋戦国の時代に入ると，儒家，法家，墨家，道家をはじめ，戦略・戦術論を説いた孫子の兵家，陰陽五行説を説いた鄒衍の陰陽家，名家，縦横家など _____ と呼ばれる様々な思想流派が登場し，政治や人間の在り方の理想が説かれた。

諸子百家

32　倫理分野　1,550語

儒家 [日本の儒学→p.47]

● 孔子

☐ 04 **孔子**は「朝に _____ を聞かば, 夕に死すとも可なり」と述べ, **人間の在り方と政治の在り方**の理想を追究した。『論語』に「怪力乱神を語らず」とあるように, 孔子は, 死後の世界や非現実的なものについては関心を示さなかった。　**道**

☐ 05 [頻出] 孔子は, 人間が修得すべき徳として ① を挙げる。　①**仁**
① の基は, ② , すなわち, 親や祖先に対する愛情　②**孝悌**
である ③ や, 兄や年長者に対する恭順の情である　③**孝**
④ のような家族愛・自然的愛情であり, それを社会に　④**悌**
押し広げていけば, 周の時代のような平安が得られると考
えた。

☐ 06 [頻出] 『論語』には, 孔子の説く道は, ① であるとも書　①**忠恕**
かれている。 ② とは, 自分自身の心情に嘘偽りのない　②**忠**
心であり, ③ とは他者に対する思いやりの心である。　③**恕**

☐ 07 具体的な社会関係の中で<u>仁</u>を実践する時, たとえば, 親に　**礼**
対する場合と師に対する場合とでは異なるように, 接する
相手にふさわしい言葉遣いや振る舞い, 態度が求められる。
そうした社会規範が _____ である。

☐ 08 仁と _____ とは分かちがたく結びついている。「己に克ち　**礼**
て _____ に復るを仁となす」(<u>克己復礼</u>) と『論語』にある
ように, 自己の欲望に打ち勝って _____ に従って相手を
思いやるという姿勢が仁となるのである。

☐ 09 仁を実践できる人が**君子**であり, 君子の中でも最高の人格　**聖人**
を備えた人が _____ である。

☐ 10 孔子は, 法律や刑罰に頼った ① 主義を批判し, ②　①**法治**
主義を政治の理想とした。 ② 主義とは, 君主自らが徳　②**徳治**
を修得して人民に手本を示し, 徳に基づいて統治を行う (修
己治人) とするものである。

● 孟子と荀子

☐ 11 **孟子**が**性善**説を唱えたのに対し, **荀子**は _____ 説を唱えた。　**性悪**

☐ 12 荀子は生まれながらに持っている利己的な傾向を矯正する　①**礼**
ためには, ① による教化とそれを実践していこうとす　②**礼治**
る本人のたゆまぬ努力が必要であるとした (② 主義)。

☐13 荀子の弟子に**法家**の**韓非子**がいる。韓非子も**性悪説**を唱えるが，荀子のように人格の完成を目指すのではなく，褒美を与えたり刑罰を科したり（信賞必罰）して民衆を支配し，**法秩序を維持**することの大切さを説いた（☐☐主義）。

法治

☐14 孟子は，人間には誰しも4つの徳の芽生え，すなわち☐☐の心が備わっており，これをうまく育てれば，徳を身につけることができると説いた。これを☐☐説という。

四端

☐15 頻出 孟子のいう四端とは，**仁**の芽生えである☐①の心（思いやりの心），**義**の芽生えである☐②の心（自己の不善を恥じ他者の不善を憎む心），**礼**の芽生えである☐③の心（謙って他者に譲る心），**智**の芽生えである☐④の心（善悪をわきまえて判断する心）のことである。

①惻隠
②羞悪
③辞譲
④是非

☐16 孟子は，道徳的エネルギーである☐☐の気を正しく養えば，何ものにも屈しない強い勇気・精神力を持つことができるとした。☐☐の気が充満した立派な人を孟子は**大丈夫**と呼んだ。

浩然

☐17 孟子は，**力によって民衆を支配**しようとする政治を☐①政治として退け，**徳に基づいて統治**を行う☐②政治を理想とした。

①覇道
②王道

☐18 孟子は☐☐革命の思想を説いて，天命を失った君主はもはや天子とはいえないので，そのような君主を追放し，別の姓の者を天子に立てることを認めた。

易姓

☐19 孟子は**父子**には☐①あり，**君臣**には☐②あり，**夫婦**には☐③あり，**長幼**には☐④あり，**朋友**には☐⑤ありという**五倫の道**を説き，5つの人間関係においてそれぞれ守るべき道があることを示した。この五倫は，後に前漢の**董仲舒**が唱えた**五常（仁・義・礼・智・信）**とともに，儒学の基本的な徳目となった。

①親
②義
③別
④序
⑤信

● 後代の儒教——儒学の成立（朱子学と陽明学）

☐20 儒教の古典である☐①（『論語』『大学』『中庸』『孟子』）☐②（『易経』『書経』『詩経』『礼記』『春秋』）のうち，旧来の儒教が☐②の解釈に重点を置いていたのに対し，**朱子学**や**陽明学**は☐①を重視した。

①四書
②五経

34 倫理分野 1,550語

☑ 21 **朱熹（朱子）**によって大成された**朱子学**は ① 二元論を
唱え、万物は ② と ③ からなると主張する。② は宇宙の根源であり、理想の在り方を示す原理である。③ は物質形成にかかわるものである。

①理気
②理
③気

☑ 22 朱子は、人間も理と気からなると考えた。天から付与された人間の本性（ ① の性）のうちには理が宿っており、人間誰しも善なる性質をもっている（**性善説**）。すなわち、本然の性は理である（ ② ）。しかし、人間は不善をなすことがある。朱子によれば、それは、現に存在する人間の性（ ③ の性）は気質の影響を受けて、情欲に惑わされることがあるからである。

①本然
②性即理
③気質

☑ 23 頻出 朱子によれば、凡人の**気質**の性は情欲に惑わされ混濁しているため、自己の内部にある道徳の理想を示す**本然**の性を見ることができない。それゆえ、本然の性に復帰し、善性を発揮するためには、**敬み**を持って情欲を抑制し、聖人君子の書を読むなどして自己の外部に理を求め、**格物致知**、すなわち、理についての知を極めなければならない。これを ＿＿＿＿ という。

居敬窮理

☑ 24 **王陽明**が唱えた**陽明学**は、心を**本然**の性と**気質**の性とに二分した朱子学とは異なり、心は１つであり**心そのものが理である**と考える。これを ＿＿＿＿ という。

心即理

☑ 25 頻出 陽明学では、人は誰しも生まれながらに善悪を判断する能力である ① を持っている。その ① を十分に発揮（ ② ）すれば、道徳の理想を実現できるとする。

①良知
②致良知

☑ 26 陽明学では、**良知**が十分に発揮できたとき、知ることと行うことは１つになって実践できるとされ、 ＿＿＿＿ が重視された。

知行合一

墨家

☑ 27 頻出 **墨子**は、儒家の愛を、家族愛を偏重する**差別愛**であると批判し、 ① 、すなわち、分け隔てなく互いに愛し合えば（ ② ）、互いにとって利益となる（ ③ ）と説いた。

①兼愛交利
②兼愛
③交利

☑ 28 墨子は、侵略戦争を批判し、 ＿＿＿＿ を説いた。ただし、自衛のための武力を持つことは否定していない。

非攻論〔非攻説〕

☐ 29 墨子は，君主自ら質素倹約に努めるべきだとして，☐☐☐☐☐ の大切さを説いた。　　　　節用

道家

●老子

☐ 30 **老子**は，**万物の母**である**道（タオ）**は，無限のものであるから言葉で説明することはできず，その意味で☐☐☐☐であるとした。　　　　無〔無名〕

☐ 31 頻出 老子によれば，道は定義不可能・認識不可能なものであるが，道から万物は生まれたのであるから，☐☐☐☐に，すなわち，作為を働かせずあるがままに自然に振る舞えば，道にかなった生き方ができる。　　　　無為自然

☐ 32 老子は，「大道廃れて ① あり，知恵出でて ② あり」と述べ，作為や知恵を重視する儒家を批判した。　　　　①仁義　②大偽

☐ 33 頑強そうに見える堅い木が実は折れやすく，弱そうに見える柔な木は折れにくい。このように，老子は，「弱が強に勝ち，柔が剛に勝つ」として，柔和でへりくだった心をもつこと（☐☐☐☐）が大切であると説いた。　　　　柔弱謙下

☐ 34 老子は無欲にあっさりとする生き方，すなわち☐☐☐☐をよしとした。　　　　無欲恬淡

☐ 35 老子は，「上善は☐☐☐☐のごとし」と述べ，理想の生き方を☐☐☐☐にたとえた。　　　　水

☐ 36 頻出 老子は，**無為自然**の生き方が可能な国家は，☐☐☐☐，すなわち，自給自足の小規模な村落共同体のような国であるとした。　　　　小国寡民

●荘子

☐ 37 頻出 **荘子**は，善悪，是非，美醜などの差異・対立は，人間が作った価値基準から生じたものにすぎず，その物自体には何の差異や対立はないとし，☐☐☐☐説を唱えた。　　　　万物斉同

☐ 38 荘子は，人間の作った価値基準から解放され**天地自然と一体化**した自由な境地に遊ぶことを ① と呼び，そうした境地に達した理想の人を ② と呼んだ。　　　　①逍遥遊　②真人〔至人，神人〕

☐ 39 荘子は，天地自然と一体化して自由の境地に至るための精神修養の方法を☐☐☐☐と呼んだ。　　　　心斎坐忘

共通テスト攻略のポイント

●欲望と悪をめぐる古代思想家の思索

プラトンは，人間の魂を理性，気概，欲望の3つの部分に分け，情欲に走ろうとする欲望を，気概の助けを借りながら理性がうまく統御することで，調和のとれた正しい生き方ができると考えた。悪は，この3つのバランスが崩れ，欲望のうちにある悪しき部分の暴走を許してしまうことから生じると，プラトンは考えた。

ブッダは，欲望や怒りなどの煩悩が人間を悩まし苦しめ業に導くと考えた。煩悩が生じる原因は世界を貫く真理（理法）に対する無知（無明）にあり，煩悩を滅するためには八正道の実践を通じて理法を知ることにあると，ブッダは説いた。

朱熹（朱子）は，人間の心を本然の性と気質の性に分け，生まれながらの性である本然の性は，最善の在り方（理）をしている（性即理）と考えた。しかし，気質の性に起因する情欲に惑わされるため悪に走ってしまう。最善の在り方を実現するためには，情欲を抑制し（居敬），理を極める（窮理）必要があると，朱子は説いた。

🚶 入試問題でチェック！

問　次の**ア～ウ**は，人間の欲望をめぐる先哲たちの洞察についての記述である。その正誤の組合せとして正しいものを，下の**①**～**⑥**のうちから一つ選べ。

（18年 センター本試）

ア　ブッダによれば，人間が所有欲などの欲望から離れられない原因は，自己という不変の存在を正しく把握していないことにある。

イ　プラトンによれば，不正な行為が生まれる原因は，魂のうちの欲望的部分が，理性的部分と気概的部分を支配してしまうことにある。

ウ　朱熹（朱子）によれば，人間が私欲に走る原因は，先天的にそなわっている理が，気の作用によって妨げられていることにある。

① **ア** 正　**イ** 正　**ウ** 誤
② **ア** 正　**イ** 誤　**ウ** 正
③ **ア** 正　**イ** 誤　**ウ** 誤
④ **ア** 誤　**イ** 正　**ウ** 正
⑤ **ア** 誤　**イ** 正　**ウ** 誤
⑥ **ア** 誤　**イ** 誤　**ウ** 正

解答 ④　ア：ブッダは，諸法無我という考えに示されているように，不変の自己を否定し無我の立場をとった。イ：欲望的部分の暴走が悪の原因。ウ：気質の性の暴走が悪の原因。

共通テスト問題にチャレンジ！

問 次の**メモ**は，信仰を「恥」と関連付けるパウロの言葉を，高校生Xが書き出したものである。 a ～ c に入る語句の組合せとして正しいものを，下の①～④のうちから一つ選べ。

(21年 共通テスト第1日程 倫理, 政治・経済)

> **Xのメモ**
> パウロは，「わたしは a を恥としない。 a は， b ，信じる者すべてに救いをもたらす神の力だからです」と述べ，そして「人が義とされるのは c の行いによるのではなく，信仰による」と説いた。

① a 福 音
　b ギリシア人ではなく，ユダヤ人であれば
　c 律 法

② a 福 音
　b ユダヤ人をはじめ，ギリシア人にも
　c 律 法

③ a 律 法
　b ギリシア人ではなく，ユダヤ人であれば
　c 福 音

④ a 律 法
　b ユダヤ人をはじめ，ギリシア人にも
　c 福 音

解答②

a:「福音」が入る。**福音**は,もともとは喜ばしき知らせという意味であるが,『新約聖書』で用いられている福音は,**イエスが説いた神による救済**の教え,すなわち罪が赦され神の国が到来するという教え(▶p.25)を意味する。パウロは,この福音という言葉に重きを置き,律法を遵守することはできず,罪を負った人間でも神による救済が得られると説いた。

b:「ユダヤ人をはじめ,ギリシア人にも」が入る。パウロは,ユダヤ世界を超えてキリスト教を広めることに貢献した,**異邦人伝道者**として知られる。異邦人にキリスト教を伝道するということは,パウロは,ユダヤ人に限らず異邦人も神の救いの対象となると考えていたということである。

c:「律法」が入る。パウロは,律法を遵守することによって義とされるという行為義認の立場を否定し,信仰によってのみ義とされるという**信仰義認**の考え(▶p.26)を唱えた。

以上のことから正しい組合せは②となる。

共通テスト攻略のポイント

● **用語チェック**

● **パウロの信仰義認説**

パウロは,律法を遵守することによって神により義と認められるという考え(行為義認説)を退けた。パウロによれば,人間は誰しも神の戒めを守ることのできない根源的な罪(原罪)を負っている。パウロは,そうした人間が神により義と認められるのは,律法の行いによってではなく,罪をあがなってくれたイエスを信じ,神を信仰することによってのみであると考えた。この考え方は,ルターに大きな影響を与えた。

第1章　青年期の課題と人間の自覚　　倫理　政経　頻度 ★★★

3節 日本人としての自覚——日本の思想

古代日本人の宗教観・倫理観

古代日本人の宗教観

☑ 01　自然の諸物の中に霊魂（アニマ）の存在を認める古代の信仰は，一般に，□□□と呼ばれる。

アニミズム

☑ 02　□□□という言葉が示すように，古代日本人は，太陽，雷などの自然現象や動物，人々に畏怖の念を抱かせる人物を，**善悪を問わず神として祀った**。

八百万神

☑ 03　『古事記』では，神が，原初の混沌の中からおのずから次々と□□□として描かれている。丸山眞男は，この考え方に，この世界はそれ自身のうちにある勢い・働きによっておのずからなるものであるとする，「なり行き」を重視する日本人の発想の原型が見られるとした。

なる神〔成る神〕

☑ 04　日本の神話には，キリスト教やイスラームに見られるような，世界を □①□ した唯一絶対の □①□ 神は存在しないし，絶対的な頂点に立つような □②□ 神も存在しない。

①創造
②超越

たとえば，天照大神は最高神として祀られる神であるとともに，他の神を祀る神でもある。

☑ 05　人々に災厄や危害をもたらす□□□は神々の現れと考えられ，□□□神を鎮めるために祭祀が行われた。

祟り

☑ 06　古代日本人は世界を，神々が祭祀を行う場の □①□，人々が暮らす日常の世界の**葦原中国**，死後の地下の世界で，汚く穢れた世界である □②□ の３つに分けた。

①高天原
②黄泉国

☑ 07　神々を祀る□□□は，神々に豊年満作を祈願したり，収穫に感謝の意を表したりする**農耕儀礼**の色彩が濃かった。

マツリ

日本の信仰には現世を豊かにしようとする現世中心主義の傾向がある。

40　倫理分野　1,550 語

古代日本人の倫理観

- □ 08 **頻出** 古代日本人は，共同体秩序を尊重し，私心を持たず他者に対して嘘偽りのない心である ☐ を尊んだ。 — **清き明き心〔清明心〕**

- □ 09 共同体秩序を乱したり，人々に災厄をもたらしたりする行為や自然現象は ☐ であるとされ，それは穢れた心のなせる業であると考えられていた。 — **罪**

- □ 10 **罪や穢れ**は，外面に付着したものであり，☐① や ☐② で取り除くことができると考えられていた。☐① は水で穢れを除き去ることであり，☐② は物品などを献じたりして罪や穢れを取り除くことである。 — **①ミソギ〔禊〕 ②ハライ〔ハラエ，祓〕**

日本の仏教思想

聖徳太子と仏教の受容 ［仏教→p.28］

- □ 01 **聖徳太子**は『 ☐ 』を著し，大乗仏教の経典である**法華経，勝鬘経，維摩経**に**注釈**を施した。 — **三経義疏**

- □ 02 **頻出** 聖徳太子の作とされる ☐ には，「和をもつて貴しとなし……」と定められ，和の精神の大切さ，**凡夫の自覚**の大切さが説かれている。 — **十七条憲法**

- □ 03 十七条憲法には，「篤く ☐ を敬へ。☐ とは仏と法と僧なり」と定められ，太子が篤く仏教を信仰していたことが示されている。 — **三宝**

- □ 04 太子が死に臨んで述べたといわれる「 ☐① 虚仮，唯 ☐② 是真（ ☐① はむなしく偽りの世界であり，ただ ☐② のみ是れ真なり）」という言葉には，太子の仏教理解の深さが示されている。 — **①世間 ②仏**

奈良仏教

- □ 05 奈良時代には，仏教は ☐ 国家（仏法によって災厄を鎮め国家の安泰を図ること）を目的とする国家仏教として位置づけられ，**国分寺・国分尼寺，東大寺の大仏**などが建立された。 — **鎮護**

41

☐ 06 奈良時代には，□□□□と呼ばれる6つの学派が生まれた。 これらは，経典の解釈に重きを置く学問仏教という性格を 持っていた。

南都六宗

☐ 07 □□□□が渡来し，東大寺に戒壇（比丘［出家して具足戒を 受けた男性修行者］・比丘尼［出家して具足戒を受けた女 性修行者］になるための戒律を授ける場所）を作り，官僧（公 認の僧）となる資格を定める授戒（受戒）制度が確立された。

鑑真

☐ 08 朝廷の承認なしに僧となった私度僧の一人□□□□は，諸 国を旅して民衆に仏教を広めるとともに，道を開き橋を架 けるなど社会事業も行った。はじめ弾圧されたが，後に政 府（朝廷）から請われ東大寺の大仏の建立に参加した。

行基

平安仏教

● 最澄

☐ 09 最澄は比叡山に延暦寺を建立し，日本に□□□□宗を広めた。

天台

☐ 10 頻出 最澄は，□①□経を中心に学び，生きとし生けるもの は全て仏になる可能性（仏性）があり（□②□），そのこと を自覚して修行をすれば誰でも悟りに至れると説いた。こ の最澄の考えを□③□思想という。

①法華
②一切衆生悉有
仏性
③一乗

☐ 11 最澄の一乗思想は，生まれながら悟りに至れない者がいる とする□□□□仏教（法相宗）の差別的救済観を否定するも のであった。

奈良

☐ 12 最澄は，『山家学生式』を著し，全ての人の救済を目指す大 乗仏教の理想（衆生済度）の実現を求めて，小乗仏教の具 足戒を授ける従来の授戒制度を批判し，大乗仏教の□□□□ 戒によって僧となる制度を主張した。

菩薩

● 空海

☐ 13 空海は高野山に金剛峯寺を建立し，□□□□宗を開いた。

真言

☐ 14 空海は『□①□』を著し，仏教，儒教，道教の中で，仏教が 最も優れた教えであることを明らかにし，また，『□②□』 を著し，真言密教の教理を示した。

①三教指帰
②十住心論

42　倫理分野　1,550語

☑15 **頻出** 空海は，□①□（身口意）によって□②□できるとす
る。すなわち，手に印を結び，口に真言（マントラ）を唱え，
心で仏に集中しようとする（心で仏を観ずる）3つの行を
修めることにより，この身のままで□③□と一体化し，仏
となることができると説いた。

①三密
②即身成仏
③大日如来

☑16 □□□は即身成仏の境地，真言密教の説く世界を描いたも
のである。

曼荼羅

☑17 歴史的人物であるブッダの説いた教えを**顕教**というのに対
し，究極の仏である**大日如来**の深遠な秘密の教えを□□□
という。

密教

☑18 真言宗だけでなく天台宗も後に**密教**化し，また，天台宗，
真言宗のどちらも**鎮護国家**，**現世利益**の実現のために
□□□を行った。

加持祈禱

神仏習合

☑19 □□□道は，日本古来の山岳信仰と仏教（**密教**），道教など
が習合した宗教をいい，**役小角**が開いた。□□□道の行者
は□□□者（山伏）と呼ばれる。

修験

☑20 平安時代に入ると，□□□説といわれる**神仏習合**の考えが
唱えられた。これは，**仏**が衆生を救うために**神**という**仮の
姿**となって現れた（**垂迹**）のであり，神仏は同一であると
いう説である。鎌倉時代には，伊勢神道のように，神が本
地で仏が垂迹とする反□□□説を唱える一派も現れた。

本地垂迹

本地とは本当の姿と
いう意味であり，垂
迹というのは仮の姿
となって現れるとい
うことである。

鎌倉仏教

● 浄土信仰

☑21 □①□の慈悲の力によって，死後，□①□が住む極楽浄土
に生まれ変わり（**往生し**），成仏するという教えを□②□
という。日本では源信，空也，法然（浄土宗），親鸞（浄土
真宗），一遍（時宗）がその教えを広めた。

①阿弥陀仏
②浄土教
〔浄土信仰〕

☑22 **頻出** 浄土教が広まる背景には□□□思想があった。これ
は，ブッダの死後，**教（教え）・行（修行）・証（悟り）**が実
現される**正法**の後，教と行が実現される**像法**の時代とな
り，その後，**教**のみが実現される□□□の時代に入るとする
考えをいう。

末法

43

☑ 23 **源信**は『**往生要集**』を著し,「　①　」「　②　」と述べ,苦悩に満ちたこの世を捨てて,極楽浄土への往生を願い求めよと説いた。

①**厭離穢土**
②**欣求浄土**

☑ 24 極楽浄土への往生を求める念仏として,源信は,心に**阿弥陀**仏などを思い描く**観想念仏**を勧め,空也は,口に「南無阿弥陀仏」と唱える_____を民衆の間に広めた。

口称念仏
〔**称名念仏**〕

☑ 25 **空也**は南無阿弥陀仏と念仏を唱えながら諸国を遊行して,道を開き井戸を掘るなど社会事業を行い,_____(阿弥陀聖)と呼ばれた。

市聖

● **他力信仰**

☑ 26 自力の　①　門を否定し,**阿弥陀**仏の慈悲の力にすがる他力の　②　門を通じて極楽浄土に往生することを願う信仰には,**浄土宗**,**浄土真宗**,**時宗**などの宗派がある。

①**聖道**
②**浄土**

☑ 27 _____は,中国の浄土教の大成者**善導**に思想的な影響を受け,自力難行の**聖道門**の教えを捨て,他力易行の**浄土門**の教えを選び取り,日本に浄土宗を開いた。

法然

☑ 28 **頻出** **法然**は『**選択本願念仏集**』を著し,**末法**の世において,罪深い人間には,自力での修行を通じて悟りを得ることは不可能であるとし,念仏以外の全ての修行を捨てて,**阿弥陀**仏の力にすがって,**南無阿弥陀仏**という**念仏**をひたすら唱えさえすれば(_____),極楽浄土に往生できると説いた。

専修念仏

☑ 29 華厳宗の僧である_____は,法然の**専修念仏**の考えを,悟りを開こうとする菩提心を軽視するとして強く批判した。また,_____は臨済宗の栄西の影響を受け,栄西が中国から持ち帰った**茶の普及**にも努めた。

明恵

☑ 30 **頻出**『**教行信証**』を著した**親鸞**は,法然の他力信仰をさらに徹底させ(　①　),全ての衆生を救済するという本願を立てた**阿弥陀**仏を信じ,全てを**阿弥陀**仏のはからいに委ねればよい(　②　)と説き,浄土真宗を開いた。

①**絶対他力**
②**自然法爾**

☑ 31 親鸞にとって,念仏は救いのための手段・修行ではなく,阿弥陀仏の広大な慈悲に対する_____の意味で唱えるもの(**報恩**_____の念仏)である。また,念仏を唱えること自体**阿弥陀仏の働きかけ**によるものであり,自力によるものではない。

感謝

□ 32 **頻出** 非僧非俗，愚禿親鸞と自己を卑下する親鸞は，自力作善の善人よりも，自己の罪を深く自覚している悪人こそ，阿弥陀仏にすがるという思いが強く，阿弥陀仏の第一の救いの対象であるとする_____説を唱えた。

悪人正機

□ 33 親鸞の弟子の唯円が親鸞の教えを正しく伝えようとした著作といわれる『**歎異抄**』にある，「　①　なをもて往生をとぐ，いはんや　②　をや」という言葉は，親鸞の**悪人正機**の考えを表現するものとして知られている。

①善人
②悪人

□ 34 時宗を開いた**一遍**は**捨聖**，遊行上人と呼ばれ，諸国を遊行し，空也に起源を有する_____を広めた。

踊り念仏

● **自力信仰——栄西と道元**

□ 35 **臨済宗**を開いた_____は，『**興禅護国論**』を著し，禅宗が**鎮護国家**に有益であると主張した。

栄西

□ 36 **臨済宗**が，**公案**を通じて悟りを開こうとする　①　禅の伝統を継承しているのに対し，**道元**が開いた**曹洞宗**は，ひたすら坐禅によって修行する　②　禅の伝統を継承している。

①看話
②黙照

□ 37 道元は，『**正法眼蔵**』を著した。人々は本来，仏の知が備わっている（仏法の器）が，修行せずにいるからそれに気がつかないだけだとし，この世では悟りが得られないとする_____思想を否定した。

末法

□ 38 **頻出** 道元によれば，人々は本来悟りを備えた存在であるが，悟りを体得するためには，ひたすら坐禅に努めること（_____）が不可欠である。道元にとって，静坐黙想する坐禅だけでなく，日常生活の行住坐臥の一つ一つが坐禅であり修行である。

只管打坐

□ 39 道元は，坐禅を通じて，執着心の全てから解き放たれ自在の境地（_____）に達した時，世界の一切は真理の証となり，悟りが得られる，と説いた。

身心脱落（とつらく）

□ 40 道元は，坐禅は悟りの単なる手段ではなく，坐禅（修）と悟り（証）とは一体のもの（_____）であり，坐禅そのものがそのまま悟り（証）となる，と考えた。

修証一等〔修証一如，修証不二〕

□ 41 道元の弟子の懐奘は，道元の言葉を『_____』に記録した。

正法眼蔵随聞記

● 日蓮

☐ 42 日蓮宗の開祖**日蓮**は，[＿＿＿]こそが真実の教えであり，苦難に出会ったとしてもその教えを広めることが自己の使命であると考え，[＿＿＿]**の行者**としての自覚を深めていった。　法華経

☐ 43 **頻出** 日蓮は，「[＿＿＿]」という**題目**を唱えさえすれば（**唱題**），法華経の功徳が譲り与えられ，誰でも成仏できると説いた。　南無妙法蓮華経

☐ 44 日蓮は，**法華**経以外の諸経・諸宗を批判した。「**念仏無間・禅天魔・真言亡国・律国賊**」といういわゆる[＿＿＿]にそれはよく現れている。　四箇格言

☐ 45 日蓮は，『[＿＿＿]』を著し，浄土宗などの他宗派を排斥し，**法華経に帰依**すれば国土の安泰が得られると説いた。　立正安国論

☐ 46 法華経には，歴史的人物であるブッダは，実は，はるか昔から悟りを開いており，人々を救うため，その教えを説き続けていると書かれている。この考えを[＿＿＿]という。この思想によれば，肉体を持った歴史的人物としてのブッダは[＿＿＿]の仏の現れである。　久遠実成

仏教と日本文化

☐ 47 平安末期の隠遁・漂泊の歌人[＿＿＿]は仏の知を体得しようとして全国を**遊行**しながら，自然の美をうたった。その和歌は『**山家集**』に収められている。　西行

☐ 48 **吉田兼好**は，『**徒然草**』の中で，「世はさだめなきこそ[＿＿＿]けれ」と述べ，世が無常であるから，そこに「あわれ」があるのだと主張している。兼好のこうした思想や，**鴨長明**が著した『**方丈記**』に見られる**無常観**の背景には，仏教思想がある。　いみじ

☐ 49 禅僧であった**雪舟**が大成した[①]や，龍安寺の石庭など禅宗寺院に見られる[②]の庭園には，**枯淡**に美的価値を置く芸術的感性を見て取ることができる。　①水墨画　②枯山水

☐ 50 室町以降，枯淡・静寂のうちに美を見出す日本人の美意識
が広がった。たとえば，　①　が大成した**能楽**では**幽玄**が
理想とされ，　②　が大成した，**和敬清寂**を重んじ**一期一**
会を大切にする**わび茶**では簡素・質素の**わび**を重んじる精
神が尊ばれ，また，『**奥の細道**』を著した　③　の**俳諧**に
はさみしさの中に無の境地を見出す**さび**の精神が表されて
いる。

①世阿弥
②千利休
③松尾芭蕉

☐ 51 武士道を説いた『　　　　』には「武士道といふは**死ぬこと**
と見つけたり」とある。

葉隠

近世日本の思想

儒学 [儒家（中国思想）→p.33]

●朱子学

☐ 01 臨済宗の禅僧であった　　　　は「人倫を絶って仁や義を
無視する仏教の教えは誤りではないか」と，現実の社会を
重視しない仏教の**出世間的な傾向**に疑問を持ち，**還俗**し朱
子学者となった。

藤原惺窩

出世間的傾向とは，
この世界は煩悩に満
ちた，汚れた世界で
あり，それを超越し
た悟りの境地を追求
しようとする思想傾
向のこと。

☐ 02 　　　　は徳川家康から家綱に至る四代の将軍に仕え，朱子
学が幕府公認の官学となる礎を築いた。

林羅山

☐ 03 **頻出** 林羅山は『**春鑑抄**』を著し，天地自然には，天は高く
尊く地は低く卑しい，という理があるように，人間社会に
も，君主は尊く家臣は卑しい，という上下の秩序の理があ
るとし，この　　　　の理に基づき，徳川の身分秩序を正当
化した。

上下定分

☐ 04 **林羅山**は，上下身分の違いに従った振る舞いが道徳の基本
であると考え，君主と家臣，親と子などの社会関係におい
て，**敬み**をもって私利私欲を抑制し，理にかなう**礼儀法度**
に従って振る舞うこと（　　　　）を求めた。

存心持敬

☐ 05 **山崎闇斎**は，朱子学と，伊勢神道や吉田神道などの中世神
道とを結びつけ，朱子学の理と日本神話の神との一致を説
く　　　　を唱えた。

垂加神道

☑ 06 ［　　　］は，日本の神々を中心に考える**垂加神道**（すいかしんとう）の見方を偏狭（へん きょう）であると批判し，「天下の公理」に基づいて考えるべきだと説いた。

佐藤直方（なおかた）
山崎闇斎に師事したが，後に意見を異にして破門された。

☑ 07 ［　　　］は，イタリア人宣教師シドッチへの尋問記録である『**西洋紀聞**（きぶん）』において，西洋文化は科学技術面では優れているが，キリスト教は取るに足らないと低く評価した。

新井白石

☑ 08 朱子学者にはほかに，『**養生訓**（ようじょうくん）』などを著した**貝原益軒**（えきけん），木下順庵（じゅんあん），その門下生で朝鮮外交に手腕を発揮した［　　　］，同じく木下順庵の門下生室鳩巣（むろきゅうそう）らがいる。

雨森芳洲（あめのもりほうしゅう）

● **陽明学**

☑ 09 🟥頻出 **近江聖人**と呼ばれる**中江藤樹**は『**翁問答**（おきなもんどう）』を著し，［①］は，宇宙万物を貫く**普遍的原理**であるとすると同時に，万人が実践すべき**道徳の根本**で，人を愛し敬うこと（［②］）であるとした。

①**孝**
②**愛敬**（あいけい）
藤樹の言葉「身を離れて孝なし，孝を離れて身なし」

☑ 10 中江藤樹は，孝は，［　　　］，すなわち，いつ（**時**），どこで（**処**），どのような身分の人（**位**）に対して行うかを適切に考えつつ，実践されなければならないとした。

時・処・位

☑ 11 中江藤樹は，晩年，**陽明学**に共鳴し，**良知**を実践する［　　　］の大切さを説いた。

知行合一（ちこうごういつ）
知行合一▶p.35

☑ 12 陽明学者には中江藤樹のほか，熊沢蕃山（くまざわばんざん）や，飢饉（ききん）に際して救民のために決起した［　　　］がいる。

大塩平八郎

● **古学派**

☑ 13 江戸儒学の1つである**古学派**は，朱子や王陽明など，後世の儒学者の解釈によらずに，直接孔子・孟子の原典に立ち戻ってその教えの真意を追究しようとする**山鹿素行**（やまがそこう），**古義学**の［①］，**古文辞学**の［②］などの儒学の立場をいう。

①**伊藤仁斎**（じんさい）
②**荻生徂徠**（おぎゅうそらい）

☑ 14 山鹿素行は『**聖教要録**』を著し，武士は，農工商の三民の上に立つ道徳的指導者として，人々に正しい生き方を教示していかなければならないとする［　　　］を展開した。

士道

☑ 15 山鹿素行は，情念を否定的に解釈する朱子学を批判し，「已（や）むを得ざる」情念を［　　　］として肯定的にとらえた。

誠

☐ 16 **頻出** **伊藤仁斎**は『**論語古義**』,『語孟字義』を著し,『**論語**』を「最上至極,宇宙第一の書」として,『論語』・『孟子』を逐条的に解釈する ☐☐☐ 学を提唱した。

古義

☐ 17 **頻出** 伊藤仁斎は,著作『**童子問**』などにおいて,外面的な礼を重視する朱子学では人間関係の和合の理想である仁は実現できないとし, ☐☐☐ の大切さを説いた。

仁愛

☐ 18 伊藤仁斎は, <u>仁愛</u>の根底には ☐☐☐ , すなわち, 自己に対しても他者に対しても嘘偽りのない**真実無偽**の心情があるとした。

誠

☐ 19 **頻出** **荻生徂徠**は『**弁道**』を著し,『論語』以前の儒家の基本的経書であり, **礼楽刑政制度**が記されている「**六経**」を当時の中国語で読み取らなければならないとする ☐☐☐ 学を提唱した。

古文辞

☐ 20 荻生徂徠は, 学問の目的を, 礼楽刑政制度を整備し国を治め, 民衆の苦しみを救うという ☐☐☐ の道, **安天下の道**を実践した**先王の道**を明らかにすることにあるとした。この考えを継承した徂徠の弟子に太宰春台がいる。

経世済民

先王とは, 堯舜など古代中国の聖人とも呼べる王のこと。

☐ 21 古学派などの思想の影響力が拡大し, 朱子学の影響力が低下している現状を改めようとして, 幕府は, 湯島聖堂を昌平黌(幕府直轄の教育機関)と改め, そこでは朱子学以外の講義を禁止した。これを ☐☐☐ という。

寛政異学の禁

国学

● 国学

☐ 22 江戸時代中期に, 儒教や仏教などの外来思想の影響を受けた精神, すなわち, ☐☐☐ を排し, 外来思想を受け入れる以前の日本固有の道を理想とする, **国学**と呼ばれる思想運動が起こった。契沖, 賀茂真淵らの国学者は,『古事記』や『日本書紀』などの古典研究を通じて, 日本固有の道を明らかにしようとした。

漢意

☐ 23 国学の先駆者である ☐☐☐ は,『万葉集』の注釈書『万葉代匠記』を著した。

契沖

☐ 24 <u>契沖</u>の影響を受けて, ☐☐☐ は『万葉集』『日本書紀』などを古語や古代の文献解釈に基づいて解釈し,『万葉集僻案抄』などを著した。

荷田春満

● 賀茂真淵

☐ 25 **頻出** 賀茂真淵は『国意考』『歌意考』を著し, 仏教や儒学の 影響を受ける前の古代日本人の心情は, 男性的でおおらか な心情, すなわち, ① であり, それは,『万葉集』の歌 風である ② に現れているとした。

①高く直き心
②ますらをぶり

☐ 26 賀茂真淵は, **ますらをぶり** を高く評価する一方,『古今集』 以降に見られる女性的で繊細な ____ という歌風を否定 的に評価した。

たをやめぶり

● 本居宣長

☐ 27 **頻出** 本居宣長は『古事記伝』を著し,『古事記』に記されて いる古代の神々が行ってきた為政を理想であるとして, そ れを ____ という言葉で表現した。

惟神の道

☐ 28 本居宣長によれば, 日本人は「よくも悪しくも生まれつき たるままの心」である ____ を神々から受け継いでいる。 その ____ のままに, 神の意志に従って統治すれば天下 はうまく治まるとした。

真心

☐ 29 **頻出** 本居宣長は,『源氏物語玉の小櫛』において,『源氏物 語』の主題は勧善懲悪にあるのではなく,「 ____ 」にあ るとした。「 ____ 」とは, 自然や人と人との触れ合いを 通じて起こる直観的な感動のことで, 本居宣長によれば, これこそが和歌や物語の本質である。

もののあはれ

● 平田篤胤

☐ 30 平田篤胤は, 仏教や儒教の影響を受けない本来の神道の考 えを提唱し, ____ を広めた。彼の思想は, 水戸学ととも に幕末の尊王攘夷思想に影響を与えた。

復古神道

☐ 31 平田篤胤は『霊能真柱』を著し, 人は死後黄泉国へ行くと する本居宣長の説を否定し, 大国主という神の支配する幽 冥に行き, そこで魂は ____ となって子孫を見守ると説 いた。

神

50 倫理分野 1,550 語

民衆思想

● 町人文化

☐ **32** 江戸時代には，庶民の享楽の追求を肯定的に描いた浮世草子の作家 ① ，世話浄瑠璃において**義理と人情**の板挟みに苦悩する男女の姿などを描いた ② ，町人の生き方を積極的に肯定した**西川如見**など，町人の生活・活動を肯定的にとらえる町人文化・文芸・思想が現れた。

①井原西鶴
②近松門左衛門

● 仏教の新たな展開──鈴木正三

☐ **33** 江戸初期の禅僧の**鈴木正三**は，民衆に対して，**仮名草子**『 』を著し**仏教教説**を示すとともに，職業生活に励むことが仏行につながるとし，**職業倫理**を説いた。

二人比丘尼

● 学問的精神の展開

☐ **34** 大坂の町人学問所である**懐徳堂**で学んだ ① は，後代の思想は前代の思想に新たなものを付け加えることによって成立するとする**加上説**を唱え，大乗経典はブッダの説いたものではなく，歴史的進展にともなって異なった思想や学説がおこり，それが順次，前のものの上に付加されていって成立したと主張した。同じく懐徳堂で学んだ ② は**無神論**（無鬼論）を説き，また，**地動説**を認めた。

①富永仲基
②山片蟠桃

☐ **35** は，天地自然には人間の主観から独立した条理があるとし，それを探究する**条理学**を提唱した。

三浦梅園

● 石田梅岩

☐ **36** **石田梅岩**は，**神道，儒教，仏教**などの教説を踏まえた心を磨く学問，すなわち （**石門** ）を提唱した。そして，石門 は，梅岩の弟子の**手島堵庵**により継承された。

心学

☐ **37** 頻出 **石田梅岩**は，「商人の**買利**は士の**禄**に同じ」（『**都鄙問答**』）と述べ，商人の**営利活動**を肯定するとともに，士農工商という身分制度は尊卑の別をいうのではなく， の違いを示すものにすぎないとし， の**対等性**を主張した。

職分
ただし，知足安分という言葉が示しているように，身分制度自体は肯定している。

☐ **38** **石田梅岩**は，町人が守るべき道徳として公正な態度を重んじる ① と，社会の富を大切にする ② を重んじた。

①正直
②倹約

● 安藤昌益

□ 39 **安藤昌益**は『**自然真営道**』を著し，武士が支配する（封建社会の）この世を ☐ と呼び，それを不平等で搾取の世界であると批判した。

法世

□ 40 <mark>頻出</mark> 安藤昌益は，万人が農業に従事（ ① ）し，格差のない平等な社会を ② と呼び，これを理想とした。昌益は，**法世**を ② に戻さなければならないと主張した。

①万人直耕
②自然世

● 二宮尊徳

□ 41 **二宮尊徳**は，農業は自然の力（ ① ）と，勤勉と倹約などの人間の努力（ ② ）とがあいまって成り立つとした。

①天道
②人道

□ 42 二宮尊徳は，自分の資力に見合った生活を行い（ ① ），そこから生じた余剰生産物は，その一部を窮乏している他者に譲り，また，その一部を将来のために蓄える（ ② ）べきであると説いた。

①分度
②推譲

□ 43 二宮尊徳は，人が生きていくことができるのは自然の力や人々のおかげなのであるから，その恩に報いることが大切であるとし，☐ 思想を説いた。

報徳

幕末の思想

● 洋学と和魂洋才

□ 44 幕府の鎖国政策の下，西洋文化の流入はオランダを通じたものに限定され，そうした学問は ☐ と呼ばれた。☐ 者としては，飢饉から民衆を救うためにサツマイモの栽培を唱えたことでも知られる青木昆陽，オランダ語の医学書を日本に紹介した前野良沢，杉田玄白らがいる。

蘭学

幕末以降，蘭学という言葉に取って代わって洋学という言葉が用いられるようになった。

□ 45 <mark>蘭学</mark>者の一人 ☐ は，大坂に適塾を開いた。

緒方洪庵

□ 46 **前野良沢**と**杉田玄白**は，オランダ語の解剖学書を翻訳した『 ☐ 』を著した。

解体新書

□ 47 蛮社（洋学を学ぶ仲間の会）を作って洋学を学んだ ☐ と**渡辺崋山**は，幕府の鎖国政策を批判したため，処罰された（蛮社の獄）。

高野長英

52　倫理分野　1,550 語

☐ 48 佐久間象山は,「東洋 ① ,西洋 ② 」と述べた。また, ①道徳
横井小楠は,「堯舜孔子の道を明らかにし,西洋器械の術を ②芸術
尽くす」と述べた。両者とも**政治道徳は儒学**に基づきつつ,
西洋の科学技術を導入することを提唱した。

● 尊王攘夷

☐ 49 **藤田東湖**や**会沢正志斎**をはじめとする ① 学は,君臣 ①水戸
の支配服従関係を絶対視する**大義名分論**を唱え,天皇を国 ②尊王
家体制の中核に据えた ② と,夷狄を打ち払い鎖国を ③攘夷
堅持すべきという ③ を説いた。

☐ 50 **松下村塾**を開いた吉田松陰は, を唱え,藩の枠を超 一君万民論
えて国民が忠誠を尽くすべきは天皇ただ一人であるとし,
<u>尊王攘夷</u>の思想を説いた。

☐ 51 吉田松陰は,「天道も君学も一つの の字の外なし」 誠
という考えを主張し,天の理も君主がのっとるべき理も,
に支えられて明らかになるとした。

近代日本の思想

西洋思想と日本の近代化

● 啓蒙思想

☐ 01 **明六社**は, の発議により創設された啓蒙思想家の結 森有礼
社で,**福沢諭吉**はこのメンバーであった。

☐ 02 **頻出** 福沢諭吉は著作『学問のすゝめ』において「天は人の 天賦人権
上に人を造らず,人の下に人を造らずと云へり」と述べ,
論を唱えた。

☐ 03 **頻出** 福沢諭吉は,西洋と比較して東洋に欠けているものは, ①数理学
「有形に於て ① と,無形に於て ② 」であるとし, ②独立心
「人間普通日用に近き ③ 」を学ぶとともに**独立自尊の** ③実学
精神を養う必要があるとした。

☐ 04 福沢諭吉は,日本人一人一人の独立自尊なくして,日本の ①一身
独立も維持できないと考え,「 ① 独立して ② 独 ②一国
立す」と説いた。

53

☐ 05 福沢諭吉は，[____] 論を主張し，いまだ**半開**の状態にある 脱亜
日本は，野蛮未開な状態にあるアジア諸国とは関係を絶ち，
文明段階に達している欧米諸国の仲間に入ることを目指す
べきであるとした。

☐ 06 明六社には，夫婦平等の権利と義務を唱えた**森有礼**，哲学， ①西周
主観，客観などの哲学用語の訳語を案出した [①]，進化 ②加藤弘之
論の影響を受け**天賦人権論**を批判した [②]，J.S.ミルの ③中村正直
『**自由論**』を『**自由之理**』として翻訳出版した [③] らが J.S.ミル▶p.75
いる。

● 自由民権思想

☐ 07 **頻出** ルソーの『社会契約論』を翻訳（『**民約訳解**』）した**中** ①恩賜的民権
江兆民は，『**三酔人経綸問答**』の中で，為政者から恩恵とし ②恢復〔回復〕的民権
て与えられた [①] を，自らの手で獲得した [②] へと ルソー▶p.10, 70
育てていかなければならないと説いた。

☐ 08 **政経** [____] は，私擬憲法「東洋大日本国国憲按」を起草し， 植木枝盛
主権在民，**抵抗権**をその中に盛り込んだ。

● 国家主義

☐ 09 **頻出** **西村茂樹**は，『**日本道徳論**』を著し，**儒学**を基盤としつ 国民道徳
つ，そこに**西洋哲学の長所**を取り入れた [____] を提唱した。

☐ 10 **三宅雪嶺**，**志賀重昂**らは，明治政府の欧化政策を批判し， 国粋（保存）
日本の伝統的な美点・長所を保存しつつ，西洋文明を取捨
選択して受け入れ，改革を推進すべきだと説き，雑誌『日
本人』を創刊した。こうした思想傾向を [____] 主義という。

☐ 11 **陸羯南**は**国粋**（**保存**）主義の思想に共感を示し，これと同 国民
様の思想傾向を持つ [____] 主義を唱え，新聞『日本』を創
刊した。

☐ 12 **徳富蘇峰**は，明治政府の欧化政策が上流階層にとどまって 平民
いることを批判し，一般庶民の欧化の必要を説く [____]
主義を唱えた。

☐ 13 明治政府は，1890年に，儒教倫理に基づく**忠**と**孝**を国民 教育勅語
の道徳とし，天皇・国家への忠誠を説く [____] を発布した。

☑ 14 ［　　　］は，著作『東洋の理想』の中で，力を原理とする西洋文明に対し，東洋の文化は精神と美を原理としており，その点で「**アジアは一つ**」であるとした。

岡倉天心

☑ 15 明治以来の国家主義は昭和に入って，『**日本改造法案大綱**』を著した［　　　］らにより，**超国家主義**と呼ばれる極端な国家主義思想となった。

北一輝

☑ 16 天皇家の祖先神とされる天照大神（あまてらすおおみかみ）を祀（まつ）る伊勢神宮を頂点とし，全国の神社を組織化した**神社神道**（［　①　］）に対して，天理教，金光教（こんこう）など，民衆の間に起こった宗教のうち国家から宗教として公認された神道を［　②　］という。

①国家神道
②教派神道

● **キリスト教の受容**

☑ 17 [頻出] **内村鑑三**は，生涯を「**二つのＪ**」にささげるとした。1つは［　①　］であり，1つは［　②　］である。

①日本〔Japan〕
②イエス〔Jesus〕
＊順不同

☑ 18 内村鑑三は，天皇への敬を欠いたという理由で教職を追われた（［　　　］事件）。しかし，内村鑑三は天皇を神として礼拝することを拒否したのであって，天皇制自体を否定したわけではなかった。

不敬

☑ 19 [頻出] 内村鑑三は，節操と清廉を重んじる［　　　］を道徳的基盤に持つキリスト教の確立を目指した。

武士道

☑ 20 内村鑑三は，儀礼や奉仕活動に傾く教会の在り方を批判し，聖書のみに基盤を持つ［　　　］主義を唱えた。

無教会

☑ 21 内村鑑三は，日露戦争に際し，キリスト教的人道主義の観点から［　　　］論を唱えた。

非戦

☑ 22 国際連盟事務局次長として国際的に活躍した**新渡戸稲造**（にとべいなぞう）は英文で『［　　　］』を著し，日本に必要なのは［　　　］を養い育てるキリスト教であるとした。

武士道

☑ 23 ［　　　］は，プロテスタントの牧師をつとめ，「洗礼を受けたる武士道」としてのキリスト教を説いた。

植村正久（まさひさ）

☑ 24 ［　　　］は，同志社英学校を開設し，キリスト教に基づく教育を行った。

新島襄（じょう）

倫理分野
政治・経済分野〔政治〕

55

● 近代的自我

☐ 25 封建的束縛から自我を解放し，個人の自然な情念を重んじる文学運動に，**与謝野晶子**，**島崎藤村**，**北村透谷**，**国木田独歩**らの ☐☐☐ 主義がある。

ロマン
与謝野晶子 ▶ p.100

☐ 26 頻出 北村透谷は，「**内部生命**」の要求を，現実の世界である ☐①☐ にではなく，自己の内面的世界である ☐②☐ において実現しようとした。

① 実世界
② 想世界

☐ 27 **ロマン**主義歌人として出発した ☐☐☐ は，**大逆事件**を契機に『**時代閉塞の現状**』を著し，自己の内面に逃れることなく，現実を直視することの大切さを訴え，社会主義に傾斜した。

石川啄木

☐ 28 頻出 **夏目漱石**は，他者に迎合する ☐①☐ 本位の生き方を退け，自己の内面的要求に従った ☐②☐ 本位の生き方を追求した。

① 他人
② 自己

☐ 29 夏目漱石は，☐☐☐ を唱え，**他者の生き方を尊重**するとともに**自己の倫理的な生き方を追求**した。

個人主義

☐ 30 夏目漱石は，日本の文明開化を，うわべだけ西洋を模倣する ☐①☐ 開化と批判し，文明の開化は内から自然に発するような ☐②☐ 開化でなければならないと説いた。

① 外発的
② 内発的

☐ 31 頻出 自己の内面におけるエゴイズムと倫理的規範との葛藤を描いてきた夏目漱石は，晩年に，絶筆になった未完の小説『明暗』において ☐☐☐ の境地を描いた。これは，小さな私を捨て去って，私を包む天にのっとって生きていこうとする東洋的な境地であるといわれている。

則天去私

☐ 32 頻出 **森鷗外**は，自分の生き方と社会の在り方との矛盾の解決の道を，自分の置かれた運命を冷静に受け止め，引き受けようとする ☐☐☐ という境地に見出した。

諦念
〔レジグナチオン〕

☐ 33 武者小路実篤，志賀直哉らの ☐☐☐ は，個性の伸長が人類の発展につながると考え，**個人主義・人道主義**を説いた。

白樺派

☐ 34 武者小路実篤は，理想の共同体を目指し，宮崎県に「☐☐☐」を建設した。

新しき村

● 社会思想──社会主義，民主主義，女性の地位向上

☐ 35 ☐☐☐ は，中江兆民に師事したが，後に社会主義に転じ，直接行動を通じて社会主義を実現すべきであると説いた。彼は**大逆事件**で無実の罪を着せられ刑死した。

幸徳秋水

☐36 [_____] は，幸徳秋水の思想的影響を受けて**無政府主義者**（**アナキスト**）となり，政府や政党など権力を全て否定するとともに，直接行動による革命を提唱した。

大杉栄

☐37 大正デモクラシーの時代に，『**大日本主義の幻想**』などにおいて，[_____] は，対外侵略を進めようとする「**大日本主義**」を批判して，平和主義や民主主義に立脚する「**小日本主義**」を提唱した。

石橋湛山

☐38 [①] 的人道主義の立場から社会主義を唱えた思想家に，[②]，**安部磯雄**，**木下尚江**らがいる。

①キリスト教
②片山潜

☐39 [_____] は『**貧乏物語**』を著し，貧乏の克服は，制度の改革だけでは不可能で，金持ちが贅沢を自制し，利他の心を起こすようになるなど，**人心の改造**が必要と主張した。

河上肇

☐40 **頻出** **大正デモクラシー**の思想的リーダー**吉野作造**は，[_____] を唱え，**天皇主権**の下でも，**国民の福利の向上を目的**とし，民主的な手続き（**普通選挙・政党内閣**など）に従った政治運営を行うことができると主張した。

民本主義
天皇主権▶p.119

☐41 **政経** **美濃部達吉**は [_____] 説を唱え，大正デモクラシーで指導的役割を果たした。しかし，軍国主義勢力の台頭により，[_____] 説は批判され，著書が発禁処分となった（[_____] 説事件）。

天皇機関

☐42 1922 年には，被差別部落の解放を目指して**全国** [_____] が結成され，「人の世に熱あれ，人間に光あれ」と謳う [_____] **宣言**が出された。

水平社

☐43 日本の女性の解放運動は，[_____]，**岸田俊子**らが自由民権運動に加わり，男女の同権を訴えた頃から始まった。

福田〔景山〕英子

☐44 **平塚らいてう**は，雑誌『**青鞜**』を創刊し，「元始，女性は実に [_____] であった」と宣言して女性が本来持っていた自立の回復の必要性を訴えた。

太陽
平塚らいてう▶p.100

●**独創的な思想**

☐45 **頻出** **西田幾多郎**は，著作『**善の研究**』において，**主客未分**の直接経験である [_____] において真の実在に直接触れることができるとした。そして，西田幾多郎によれば，主客が未分で，なおかつ，**知情意が分化していない** [_____] において真の自己が現れている。

純粋経験

□ 46 西田幾多郎の友人 ☐ は，禅の思想を英文で世界に紹介した。　　　　　　鈴木大拙

□ 47 **頻出** **和辻哲郎**によれば，人間は，社会から切り離された単なる個人的存在でもなく，個別的存在を喪失した社会的存在であるわけでもなく，人と人との関係において生きている ☐ 存在である。　　　　　　間柄的

□ 48 和辻哲郎は，『**人間の学としての** ☐ **学**』を著し， ☐ とは，社会の中で人間が自己の在り方を見直し，社会も人間の行為によってその在り方が改善されるように，相互関係を通じてともに改善を目指す関係を支えている理法であるとした。　　　　　　倫理

日本の伝統と文化

日本人の自然観と文化伝統，思想風土

□ 01 和辻哲郎は，著作『**風土——人間学的考察**』において，自然風土とそこに暮らす人間の生活様式や考え方を ☐ ，**砂漠型，牧場型**の３つに類型化し，日本を ☐ の特殊形態であるとした。和辻によれば， ☐ では受容的・忍従的，砂漠型では対抗的・戦闘的，牧場型では自発的・合理的な人間の特性が形成される。　　　　　　モンスーン型

□ 02 日本は仏教や儒教などの様々な外来思想を受容してきたが，日本固有の伝統的な文化が滅びることなく，その両者が併存してきた。和辻哲郎は，こうした日本文化の特徴をとって，文化の ☐ と呼んだ。　　　　　　重層性

□ 03 **頻出** **柳田国男**は，日本文化の基層には，多くの名もない庶民（ ☐ ）の生活文化があるとし，その在り方を探るため，**民俗学**を創始した。　　　　　　常民

□ 04 ☐ は，著作『**先祖の話**』の中で，日本では死者の霊魂が住み慣れた**村落の周辺**にとどまり，子孫と交流を保ちつつ，子孫を守る存在として信仰の対象となっていたとした。　　　　　　柳田国男

□ 05 日本では，日常的な普段の日（ ① ）と祭りなどの特別な日（ ② ）に分け， ② の日には ② の着物をまとい， ② の食事をとり， ① の日との差別化が図られてきた。　　　　　　①ケ　②ハレ

06 **折口信夫**は，古くからある「　　　」という言葉を，海の　　まれびと〔客人〕
彼方からやって来て幸せをもたらしてくれる**来訪神**として
とらえ，人々と　　　との交流のうちに様々な芸能の起
源があるとした。

07 **柳宗悦**は，食器や家具など，無名の職人が制作した日用雑　　民芸
器に美を見出し，それら日用雑器を　　　と呼んだ。そし
て　　　を再発見しようとする　　　運動を提唱した。

08 ベネディクトは，『**菊と刀**』を著し，西洋文化を「　①　」の　　①罪
文化」，**日本文化**を「　②　」の文化」と特徴づけた。　　　　②恥

09 加藤周一は，日本文化を，伝統的な日本と西洋化された日　　雑種
本が深く絡み合う　　　文化であるとした。

文芸批評の新たな展開

10 　　　は『**様々なる意匠**』において，ただ単に新しい**意匠**　　小林秀雄
（流行の趣向）をもてあそんでいるにすぎない思想の在り
方を批判し，思想は，思想家や芸術家が生きた宿命を通し
て，**自己の宿命と向かい合うこと**から生まれると主張した。

11 『**共同幻想論**』などを著した　①　は，思想の自立性の根　　①吉本隆明
拠を　②　の生活の在り方に求めるべきであるとし，丸　　②大衆
山眞男とは異なった視点から，西洋からの借り物ではない
思想の自立性を追求した。

戦後思想

12 **丸山眞男**は日本を戦争へと駆り立てた**超国家主義**の下で，　　無責任
現実と向かい合い責任を取ろうとする者が誰一人として存
在しない「　　　の体系」が生み出されたとした。

13 丸山眞男によれば，「**無責任の体系**」が生み出される思想的　　雑種
背景には，責任を持って決断する自由な主体の形成を阻ん　　なり行きについては
できた日本の精神風土がある。それは，**なり行き**を重視す　　「なる神」を参照。
る思想傾向（**古層**）であり，多様な思想が**雑居**している精　　▶p.40
神風土である。丸山は，この状況を脱し，自由な主体を確
立するためには，思想的対決を通じて　　　という新た
な個性を生み出す必要性があると主張した。

自然との共生の思想・運動

- ☐ 14 　　　　　は，生態学の立場から神社合祀令に伴う森林破壊に反対し，鎮守の森を守ろうとした。　　南方熊楠

- ☐ 15 政経 **田中正造**は，　　　　　の鉱毒問題を帝国議会で追及するなど，　　　　　鉱毒事件の解決に尽力した。　　足尾銅山　田中正造▶p.203

- ☐ 16 　　　　　は，『**苦海浄土**』を著して**水俣病**に苦しむ人々の姿を描き，その悲惨さを世に訴えた。　　石牟礼道子　水俣病▶p.95, 203

- ☐ 17 　　　　　は法華経に説かれた菩薩を理想とし，一切の生きとし生けるものが，宇宙に広がる大いなる仏の命の中で１つにつながっていると考え，「世界がぜんたい幸福にならないうちは個人の幸福はあり得ない」と述べた。　　宮沢賢治

共通テスト攻略のポイント

● 思想的特徴を対比して押さえよう

❶理を重視する朱子学と理を批判する伊藤仁斎

林羅山らの朱子学は，道徳の理想を理としたのに対し，伊藤仁斎は，人が他者とかかわり合う姿勢の理想を仁にあるとした。そして伊藤仁斎は，その仁の道徳を理によってはとらえることができないと主張し，朱子学を批判した。

❷伊藤仁斎と荻生徂徠

	伊藤仁斎	荻生徂徠
学問方法論	古義学（『論語』重視）	古文辞学（「六経」重視）
学問の目的	人間関係の理想を追求	理想の統治を追求

古義学 伊藤仁斎	朱子学などの後代の注釈によることなく，直接『論語』『孟子』に即して本文を厳密に解釈し，その本来の意味（**古義**）をとらえなければならない。
古文辞学 荻生徂徠	**六経**（『易経』『書経』『詩経』『礼記』『春秋』『楽経』）を，中国古代の言語である**古文辞**で読むことにより，先王が作り出した**礼楽刑政**を明らかにしなければならない。

❸賀茂真淵と本居宣長

おおらかな男性的心情を重視した賀茂真淵は，『万葉集』に見られる**ますらをぶり**と呼ばれる歌風を理想とし，『古今集』に見られるような繊細で女性的な心情を示す**たをやめぶり**を否定的にとらえた。一方，本居宣長は，『古今集』に見られるような女性的で優雅な歌風を古代日本人の精神を示すものとして高く評価し，**もののあはれ**を文芸の本質であるとした。

共通テスト問題にチャレンジ！

問 次の**レポート**中の a ・ b に入る語句や記述の組合せとして正しいものを，下の①〜④のうちから一つ選べ。

(21年 共通テスト第1日程 倫理，政治・経済)

> **レポート**
> 　江戸時代に入ると，儒者たちは，現実的な人間関係を軽視するものとして仏教を盛んに批判し始めた。そうした儒者の一人であり，徳川家康ら徳川家の将軍に仕えた a は，「持敬」によって己の心を正すことを求めた儒学を講じ，b と説いた。一方，泰平の世が続き都市経済が発展するとともに，中世以来の厭世観とは異なる現世肯定の意識が町人の間に育まれていった。その過程で，武家社会と異なる様々な文化や思想が町人社会にも形成されていくこととなった。

① **a** 林羅山
　b 「理」を追求するのではなく，古代中国における言葉遣いを学び，当時の制度や風俗を踏まえて，儒学を学ぶべきである
② **a** 林羅山
　b 人間社会にも天地自然の秩序になぞらえられる身分秩序が存在し，それは法度や礼儀という形で具現化されている
③ **a** 荻生徂徠
　b 「理」を追求するのではなく，古代中国における言葉遣いを学び，当時の制度や風俗を踏まえて，儒学を学ぶべきである
④ **a** 荻生徂徠
　b 人間社会にも天地自然の秩序になぞらえられる身分秩序が存在し，それは法度や礼儀という形で具現化されている

解答②

a：「徳川家康ら徳川家の将軍に仕えた」ということから「**林羅山**」が入るとわかる。**林羅山**は、家康から家綱に至る4代の将軍に仕え、**朱子学**が幕府公認の**官学**となる礎を築いた。また、空欄の後にある「『持敬』によって己の心を正すことを求めた」という記述は、林羅山の基本的な教えである**存心持敬**（▶p.47）のことであり、この点からも林羅山が入ることが確認できる。

b：「人間社会にも天地自然の秩序になぞらえられる身分秩序が存在し……」が入る。これは、林羅山が唱えた**上下定分の理**（▶p.47）のことである。「古代中国における言葉遣いを学び、当時の制度や風俗を踏まえ」た儒学の学び方は、**荻生徂徠**が提唱した**古文辞学**（▶p.49）のことである。

以上のことから、正しい語句や記述の組合せは②となる。

共通テスト攻略のポイント

●主要な儒学者の系譜

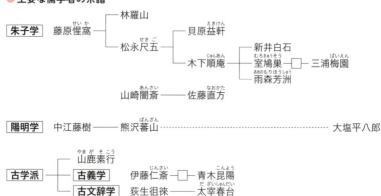

62　共通テスト問題にチャレンジ！

第2章　現代に生きる人間の倫理　**倫理**　頻度 ★★

1節 人間の尊厳

ルネサンス

ルネサンス

□01 ルネサンスは，14〜16世紀にかけて，イタリアから始まり
ヨーロッパ各地に広がった◻︎◻︎◻︎復興運動である。

文芸

□02 ルネサンスを貫く理念は，ギリシア・ローマの古典研究を通
じて強調されるようになった人間性の尊重の精神，すなわ
ち◻︎◻︎◻︎（人文主義，人間中心主義）である。

ヒューマニズム

□03 ルネサンスが理想とした人間像は，様々な分野において能
力を十分に発揮する◻︎◻︎◻︎である。

普遍人〔万能人〕

人文主義者

□04 **頻出** **ピコ・デラ・ミランドラ**は，『**人間の尊厳について**』に
おいて，人間の尊厳は自己の在り方を自由に選び取ること
のできる◻︎◻︎◻︎を有する点にあるとした。

自由意志

□05 ルネサンス期には，**レオナルド・ダ・ヴィンチ**の「**最後の晩
餐**」に見られるように，人間の視点から世界を構成する
◻︎◻︎◻︎法という技法を用いた絵画が描かれた。

遠近

□06 **頻出** **マキャヴェリ**は，政治は◻︎◻︎◻︎の影響を受けない独
立した領域であるとし，近代政治学の基礎を作った。

道徳〔宗教〕

□07 マキャヴェリは，主著『◻︎◻︎◻︎』において，君主はライオ
ンの強さとキツネの賢さを併せ持たなければならないとし
た。

君主論

□08 **頻出** ◻︎①◻︎は，『**（痴）愚神礼讃**』でカトリック教会の偽善
を風刺するとともに，信仰における人間の◻︎②◻︎を重ん
じた。

①エラスムス
②自由意志

□09 人文主義者にはそのほかに，『神曲』を著した◻︎①◻︎，『デ
カメロン』を著した◻︎②◻︎，『カンツォニエーレ』を著した
◻︎③◻︎，『ユートピア』を著した◻︎④◻︎などがいる。

①ダンテ
②ボッカチオ
③ペトラルカ
④トマス・モア

宗教改革

宗教改革

☐ 01 **ルター**は，「**95か条の意見書**」を掲げて，ローマ・カトリック教会が発行した ☐ を批判した。

贖宥状〔免罪符〕

☐ 02 **頻出** ルターは，人間の罪が赦されるのは ① によってのみであるとする ② 説を唱え，善行をいくら積んでも罪からの救済は得られないとした。

①信仰
②信仰義認

☐ 03 ルターは，信仰のよりどころは ☐ のみであるとする ☐ 中心主義を唱えた。

聖書

☐ 04 ルターは，人は聖書を通じて直接神と結びつくことができ，その意味で誰でも皆，☐ であると考え，信仰における平等を説いた（万人 ☐ 説）。

司祭

☐ 05 ルターは，職業は神から与えられた ☐ であり，そこには貴賤の差はないとする職業 ☐ 観を唱えた。

召命

☐ 06 **頻出** **カルヴァン**は，どの人間が救済されどの人間が滅びるかということは，神の絶対的意志によってあらかじめ定められており，人間にはそれを知ることも，その変更を促すこともできないとする ☐ 説を唱えた。

予定

☐ 07 **頻出** カルヴァンは，☐ 観を説くとともに，神の**召命**である職業に励み，そこから得た利得を大切にすべきであるとする**勤勉**と**禁欲**の職業倫理を説き，営利活動を肯定した。

職業召命

☐ 08 ☐ は，著作『**プロテスタンティズムの倫理と資本主義の精神**』の中で，カルヴァンが説いた職業倫理が，ルネサンスとは異なる**職業人（専門人）**という新たな人間像を作り上げ，ヨーロッパにおいて資本主義が発展する精神的原動力となったと指摘した。

マックス・ウェーバー

マックス・ウェーバー ▶p.87

☐ 09 カルヴァンは，ジュネーヴでキリスト教に基づく ☐ 政治を行った。

神政〔神権〕

対抗宗教改革（反宗教改革）

☐ 10 宗教改革に対し，カトリック教会内でも，イグナティウス・デ・ロヨラらの ☐ などによる改革運動が起きた。

イエズス会

モラリスト／近代哲学と科学革命

01 16〜18世紀のフランスで，**モンテーニュ**や**パスカル**のように，人間や社会を冷静に観察してその真の在り方を追求する ▢ と呼ばれる思想家が登場した。

モラリスト

02 『**エセー（随想録）**』を著したモンテーニュは，「 ▢ 」と自己に問いかけ，独断と偏見，傲慢を戒め，正しい生き方を追求した。

私は何を知るか〔ク・セ・ジュ〕

03 頻出 パスカルは，『**パンセ**』を著し，人間を「 ▢ 」と特徴づけた。この言葉は人間が**悲惨さ**と**偉大さ**との間を揺れ動く不安定な**中間者**であることを示している。

考える葦

04 パスカルは，人間には中間者であることから生じる**不安**から逃れようとして ▢ に走ってしまう傾向があるが，惨めさと向かい合って，**信仰**に生きるところに，人間の本来の生き方があると主張した。

気晴らし

05 パスカルは，人間の思惟の働きには，学問的真理を解き明かす理性的能力である ① の精神と，直観的能力である ② の精神の2つがあり，人間にはそのどちらの精神の働きも必要であると考えた。その点で， ① の精神の働きを重視したデカルトと異なる。

①幾何学
②繊細

科学革命

06 **コペルニクス**は， ① 説を唱え，プトレマイオスらが主張していたそれまでの ② 説を否定した。

①地動
②天動

07 ① は楕円軌道など惑星の運動法則を発見し，地動説の確立に貢献した。また， ② は天体観測を通じて<u>地動</u>説を主張した。

①ケプラー
②ガリレイ

08 ▢ は宇宙という巨大な書は，「**数学**の言葉で書かれており」とし，自然の運動法則を，**数学**的に処理できるものと考えた。

ガリレイ

ガリレイ，ニュートンらは神の存在を否定したのではない点に注意。

09 **ブルーノ**は，<u>地動説</u>や宇宙 ▢ 説（宇宙は ▢ に広がっているという説）を唱えるなど，教会とは相容れない考えを提示したために，異端者として火刑に処された。

無限

倫理分野

| 01 | 倫理 | 1,550 | 政治 | 2,250 | 経済 | 3,000 |

□ 10	古代・中世の　①　論的・**有機体論的自然観**に代わって，近代西洋では，　②　論的自然観が主流となった。	①目的 ②機械
□ 11	ニュートンは，『**プリンキピア（自然哲学の数学的原理）**』を著し，_____の発見などを通じて，**機械**論的自然観の確立に寄与した。	万有引力の法則

近代哲学の誕生

● イギリス経験論

□ 12	頻出 ベーコンは，『**ノヴム・オルガヌム（新機関）**』を著し，「_____」と唱え，学問の目的は，自然についての知識を広げ，自然に従うことによって自然を支配し，人間生活の向上に役立てることにあるとした。	知は力なり〔知識と力とは合一する〕
□ 13	頻出 ベーコンは，直接経験に基づいて集めたデータから，一般的な知識を導出する_____が正しい学問の方法であるとした。	帰納法
□ 14	ベーコンができる限り排除せよと説いた，事実を誤認させる**イドラ**には，次の４つがある。 　ア．錯覚や，自分の考えと矛盾する事実を無視しがちな傾向など，人間の本性に根ざした　①　のイドラ 　イ．境遇や教育により視野を狭める　②　のイドラ 　ウ．言葉の不適切な使用による　③　のイドラ 　エ．権威への無批判的追随から生じる　④　のイドラ	①種族 ②洞窟 ③市場 ④劇場
□ 15	**ロック**は，生得観念を否定して，_____以前の人間の心は**タブラ・ラサ（白紙）**であるとし，すべての観念は_____から生じるとした。	経験
□ 16	_____は，「**存在するとは知覚されること**」と述べ，物体がそれ自体で存在する**実体**であることを否定した。	バークリー
□ 17	**ヒューム**は，物体だけでなく，精神も実体ではないとし，精神は「_____の束」であると述べた。	知覚
□ 18	ヒュームは生得観念を否定し，人間の**観念**の起源は経験的_____にあるとした。	印象
□ 19	ヒュームは，原因と結果の必然的関係（**因果法則**）と考えられているものは，きっとそうなるに違いないという主観的_____にすぎないとし，**因果法則の成立**を否定した。	確信

● 大陸合理論

□ 20 **デカルト**は，著作『**方法序説**』において，誰にでも ▢▢▢ が備わっており，それを正しく使えば正しい認識に至ることができるとした。

良識〔理性，ボン・サンス〕

□ 21 デカルトは，『**方法序説**』において正しい認識に至るための4つの規則を示した。すなわち，▢▢▢ **の規則**（精神に明晰判明なもののみを真と認め，速断や先入見を排除すること），**分析の規則**（問題をできるだけ多くの小さい部分に分けて最も単純で認識しやすい要素を見出すこと），**総合の規則**（最も単純なものから複雑なものへと思考を順序正しく導くこと），**枚挙の規則**（見落としがないかどうか十分に再検討すること）である。

明証性〔明晰〕

□ 22 デカルトは，明晰判明な原理から理性による推論によって結論を導出する ▢①▢ が正しい学問の方法であるとし，既存の学問の中では ▢②▢ がこの方法に近いとした。

①演繹法
②幾何学

□ 23 [頻出] デカルトは，明晰判明な原理を得るために，あらゆる事柄を疑うという ▢①▢ を行い，「▢②▢」という命題は真であるという結論に達し，これを**哲学の第一原理**とした。

①方法的懐疑
②われ思う，故にわれあり〔コギト・エルゴ・スム〕

□ 24 [頻出] デカルトは，思惟を本質とする ▢①▢ と，**延長**を本質とする ▢②▢ は，相互に独立して存在する**実体**であるとし，▢③▢ 論を唱えた。そしてデカルトは，この考え方から**心身二元論**を展開した。

①精神
②物体
③物心二元

□ 25 デカルトの物心二元論は，一方で自然を単なるモノとモノとの関係としてとらえる ▢①▢ 自然観を基礎づけ，他方では自然から解き放たれた自由なる主体としての近代的 ▢②▢ を基礎づけた。

①機械論的
②自我

□ 26 デカルトは，理性的な自由意志によって情念が統御されている精神を ▢▢▢ の精神と呼び，その精神が徳を実践する上での「鍵」であるとした。

高邁

□ 27 デカルトは，日常生活において，何が正しい道徳かわからない場合には，差し当たり正しいと思われる道徳の規則に従って行動することを自己に課した。これを ▢▢▢ という。

暫定道徳

☐ 28 **頻出** ① は, ② を唯一の実体とし, 自然の諸物は ② からの流出であり, ② の現れ（様態）であると主張した。ここから一種の**汎神論**である ① の**神即自然**という考えが出てくる。

①スピノザ

②神

スピノザの主著は『エチカ』。

☐ 29 **スピノザ**は, **神**が定めた**必然性**を認識すること, すなわち, 事物を「永遠の相のもとに見る」ことにより, 情念の奴隷とはならずに自由が実現できるとし, 自由とは**神への** ＿＿＿＿ であるとした。

知的愛

☐ 30 **ライプニッツ**によれば, 全ての存在の最小要素は ① であり, 世界は無数の実体である ① によって構成されている。そして, ① 間の関係は, **神**の定めた ② の下に置かれている（予定 ② ）。

①モナド〔単子〕

②調和

68　倫理分野　1,550 語

第2章　現代に生きる人間の倫理　倫理 政経 頻度 ★★

2節 民主社会の倫理と近代哲学の展開

社会契約説と啓蒙思想

社会契約説と自然法　政経

☐ 01 社会契約説は，絶対王政の権力を正当化した ____ 説（国
王の権力は神によって授けられたとする説）を批判し，権
力の正統性を人民の同意に求めた。

王権神授
王権神授説 ▶ p.110

☐ 02 社会契約説の思想家**ホッブズ**，**ロック**，**ルソー**は，時代と
場所を超えて普遍的に通用する ____ 法の存在を認めて
いた。

自然

☐ 03 社会契約説を展開した著作は，ホッブズが『 ① 』，ロッ
クが『 ② 』，ルソーが『 ③ 』である。

①リヴァイアサン
②市民政府二論
〔統治二論〕
③社会契約論

ホッブズ　政経

☐ 04 頻出 ホッブズによれば，社会が成立する以前の**自然状態**は，
各人が自然権である ① の権利を自由に行使するため，
「万人の万人に対する ② 」状態になるとした。

ばんにん

①自己保存
②戦い

☐ 05 ホッブズは，人々は自然状態における死の恐怖を避け，平
和を回復するために社会契約を結び，一人または合議体に
自然権を a 全面, b 部分 的に委譲し，国家を設立する
とした。

a

☐ 06 ホッブズによれば，社会契約によって設立された国家は絶
対的な ① を持ち，人々はそれに対して，原則として
② できない。

①主権
②抵抗

ロック　政経

☐ 07 頻出 ロックは，各人には**生命・自由・財産に対する権利**，
すなわち ____ 権が生来備わっているとした。

所有

☐ 08 ロックの説く自然状態は、これを闘争状態ととらえたホッブズとは異なり、基本的には ① であるとする。そして、自然権の確保のために、各人は社会契約を結び、政治社会を創設し、自然法を犯した人間を処罰する権力など、自然権の ②a 全部、b 一部 を政治社会に委譲する。

①平和
②b
ロック▶p.110

☐ 09 ロックは、政治社会の統治権力を ① 権と ② 権に分け、市民の**信託**を受けた ① 部（議会）が有する ① 権が、国王が有する ② 権に優越する ① 権優位の**権力分立論**を唱えた。

①立法
②執行

☐ 10 頻出 ロックは、政府が市民の ① を裏切り、自然権を侵害する場合には、市民には政府に ② する権利（ ② 権）や政府をとりかえる権利（ ③ 権）が生じるとした。

①信託
②抵抗
③革命

☐ 11 頻出 ロックは、民主主義の形態としては、 ① 民主制（ ② 制民主主義）を支持していた。

①間接
②議会

☐ 12 ロックは、政教分離の観点から、政府による宗教への介入を戒め、政治社会に危険を及ぼすものでない限り、政府は宗教的自由を認めるべきであるとして、宗教的 ___ の大切さを訴えた。ただし、ロックは、**無神論**と**カトリック**に関しては、危険であるとして宗教的 ___ の対象外であるとした。

寛容

ルソー 政経

☐ 13 ルソーは『**人間不平等起源論**』を著し、文明社会成立以前の自然状態では、各人は**自由**かつ**平等**で、**自己愛**と**憐憫の情**を持って暮らしており、自然状態は ___ 的な状態であったとした。

理想
ルソー▶p.10

☐ 14 ルソーによれば、文明が進み ___ 制度が導入されると、人間は自由を失い、利己的な存在へと堕落した。

私的所有
〔私有財産〕

☐ 15 ルソーは、文明状態の悲惨さから逃れるために、「 ___ に帰れ」と主張したが、主著『**社会契約論**』においては、社会契約によって創設された新たな共同社会において、自由を回復する道を示した。

自然

☑ 16 **頻出** ルソーによれば，人民は，**自然的自由**を放棄し，◻︎に全面的に服従するという社会契約を締結することにより，**市民的自由**を獲得する。 　一般意志

☑ 17 ルソーの**一般意志**は，特殊意志の総和である◻︎とは異なり，**公共の利益**を求める全人民に共通する意志である。 　全体意志

☑ 18 **頻出** ルソーは，民主主義の形態としては議会制民主主義を批判し，◻︎民主制を理想とした。 　直接

☑ 19 **頻出** ルソーは，**立法権は人民**にあり，主権は人民に帰属するとする◻︎論を説いた。 　人民主権

☑ 20 ルソーは，主権は分割することはできないとし，◻︎の考えを否定した。 　権力分立

啓蒙思想

☑ 21 **頻出** **政経** **モンテスキュー**は，著作『**法の精神**』において**政治的自由を確保**するために，国家権力を**立法・行政・司法**の三権に分ける◻︎論を説いた。 　三権分立
モンテスキュー
▶ p.111, 114

☑ 22 **ヴォルテール**は，宗教的◻︎，政治的◻︎の大切さを訴えた。 　寛容

☑ 23 ディドロ，ダランベールらは，啓蒙活動の一環として，『◻︎』を編纂（へんさん）した。このことから，その編纂に携わった人々は◻︎派と呼ばれる。 　百科全書

☑ 24 **百科全書**派は，カトリック教会を ①a 擁護, b 批判 し，絶対王政を ②a 擁護, b 批判 するという考えではおおむね一致していた。また，ディドロは，**無神論・唯物論**の立場に近かった。 　①b　②b

ドイツ観念論

カント

☑ 01 **カント**の三批判書，すなわち，『**純粋理性**◻︎』『**実践理性**◻︎』『**判断力**◻︎』にいう「◻︎」とは検討を意味する。カントは，たとえば『**純粋理性**◻︎』において人間の理性の能力を検討し，その限界と知識の真理性を基礎づけようとした。 　批判

02 カントは，知識の獲得には，　①　と　②　（考える能力）の協働が必要であるとした。すなわち知識は，　①　が受容した経験的素材を，　②　が量・質・関係・様相という形式（カテゴリー）に従って整序し，秩序づけることによって獲得される。

①感性
②悟性

> 「認識が対象に従う」のではなく，対象が認識主観によって構成されると説き，これをコペルニクス的転回と呼んだ。

03 カントは，認識は**感性と悟性の協働**により成立するとしたことにより，　①　と　②　を総合した。

①経験論
②合理論
＊順不同

04 カントは，人間に認識できるのは，経験を通じて捉えることのできる現象であって，現象を引き起こす対象そのもの，すなわち，　　　　を認識することはできないとした。

物自体

05 頻出 カントは，道徳については　①　説を唱え，**道徳性**を有する行為とは，　②　法則に適合し，**純粋な　③　の念**に支えられた　①　に基づくものであるとした。

①動機
②道徳
③義務

06 頻出 カントによると，**道徳**法則に適合しない行為は，外面的に正しい行為であったとしても，　①　性を有するとはいえず，外面的に正しいその行為は　②　性を有するにすぎない。

①道徳
②適法

07 **感性的存在**であると同時に**理性的存在**である人間は，感性的存在としては**因果法則**に従わざるを得ないが，理性的存在としては自己の　①　の命令に従って自律的に自由に自己の在り方を決定できる。カントは，そうした**自律的自由の主体**を　②　と呼んだ。

①実践理性
②人格

08 頻出 カントによると，**道徳**法則は，「もし……ならば～せよ」という条件つきの命令形式，すなわち　①　命法としてではなく，「～せよ」という**無条件な命令**の形式，すなわち，　②　命法として示される。また，**道徳**法則は「汝の意志の**格率**が，常に同時に　③　の原理として妥当し得るように行為せよ」と述べているように，いつでも誰にとっても当てはまる　③　でもある。

①仮言
②定言
③普遍的立法

09 カントは，「汝の人格や他のあらゆる人の人格のうちにある人間性を，いつも同時に ① として扱い，決して単に ② としてのみ扱わないように行為せよ」と述べ，相互に人格として尊重し合う社会を理想とし，それを ③ と呼んだ。そして，その考えを国際社会にも適用し，国家が相互に尊重し，連盟することにより，永遠平和が実現すると考えた。

①目的
②手段
③目的の王国〔目的の国〕

ヘーゲル

10 **ヘーゲルは正－反－合**，すなわち，あるものの内部には相対立する正と反という矛盾があり，その矛盾を**止揚（アウフヘーベン）**する「合」という論理で存在をとらえる □ で世界の在り方を理解した。

弁証法

11 ヘーゲルは，自由を，カントが考えたような**個人の内面**の問題としてではなく，**歴史**において，あるいは**家族・市民社会・国家**のような □ において客観的に実現されるべきものと考えた。

人倫

12 ① は，**客観的な** ② と，**主観的な** ③ の矛盾を止揚した統一態（**合**）である。すなわち，外面的自由は確保されるものの内面的善は欠如しているという問題をはらむ ② と，自律的自由と普遍的善の対立をはらむ ③ との矛盾対立を止揚した統一態である。

①人倫
②法
③道徳

13 頻出 **人倫**は，**人倫**の最初の段階である ① ，「**欲望の体系**」とも呼ばれる ② ，そして**個々人の自由と普遍的意志**が統一された**最高の人倫**である ③ の三段階からなる。

①家族
②市民社会
③国家

14 頻出 ヘーゲルは，歴史を，**自由**を本質とする □ の自己展開の過程であるととらえた。

絶対精神

73

スミスと功利主義

アダム・スミス

□ 01 **頻出** **政経** **アダム・スミス**は,『**国富論 (諸国民の富)**』を著し,各人が自己の利益を追求すると,神の「＿＿＿」に誘導されるようにして,結果として社会的富が増し,調和がもたらされるとした。

見えざる手
「見えざる手」
▶p.170, 178

□ 02 アダム・スミスは『**道徳情操論**』を著し,各人に本性上備わっている「**公平な第三者**」の是認を得ようとする ＿＿＿ の原理に従って,各人が行動を自己規制するため,政府が特別に関与しなくても,社会秩序は自然と維持できるとした。

共感

功利主義

● ベンサム

□ 03 **ベンサム**は『＿＿＿』を著し,道徳的な善悪や政府の政策の良否の判断基準を**快楽**と**苦痛**に求める考えを示した。

道徳および立法の諸原理序説

□ 04 ベンサムによれば,個人の行為や政府の政策は,その影響が及ぶ人々に,**幸福の増大** (快楽の増大・苦痛の減少) をもたらすならば善なるものであり,その**幸福の減少** (快楽の減少・苦痛の増大) をもたらすならば悪しきものである。このように幸福を行為の善悪や政策の良否の判断基準とする考えを,ベンサムは ＿＿＿ の原理と呼んだ。

功利性

□ 05 **頻出** **功利性の原理**に従えば,個人の行為や政府の政策の影響を受ける人々のうちで,最大の人々に,最大の幸福をもたらすものが最善の行為であり,最良の政策である。ベンサムはそれを「＿＿＿」と呼んだ。

最大多数の最大幸福

□ 06 ベンサムは,快楽の強度・持続性などの基準で ＿＿＿ を行うことは可能であるとし,快楽の量が大きいほど幸福の度合いも大きいとした (量的功利主義)。

快楽計算

□ 07 「**最大多数の最大幸福**」という功利性の原理には,身分にかかわらず「一人を ＿＿＿ として扱い, ＿＿＿ 以上とは数えない」という民主主義的な平等の考えが示されている。

一人

74 **倫理分野 1,550 語**

☐ 08 人間は利己的傾向が強いため，私益と公益との調和を図るには，行為を規制する外的な力が必要であるとし，ベンサムは［　　　］を重視した。

外的制裁

☐ 09 <u>外的制裁</u>には，次の4つがある。
ア．快苦の源泉が世間，神，政治権力などによる意図的なものでなく，自然的なものに由来する自然的制裁
イ．世間の賞賛や非難などの道徳的制裁
ウ．神の怒りなどの宗教的制裁
エ．刑罰などの［　　　］的制裁

法律〔政治〕

☐ 10 ベンサムは，社会は実在せず名称にすぎないとし，実在するのは個々の人間のみであるとする ⟨a 原子論，b 有機体論⟩ 的社会観を唱えた。

a

● J.S. ミル

☐ 11 頻出 快楽を量的にとらえるベンサムとは異なり，**ミル**は，「満足した**豚**であるよりは不満足な**人間**である方がよく，満足した**愚か者**であるよりは不満足な ［ ① ］ である方がよい」とし，精神的快楽を重視する ［ ② ］ **功利主義**を唱えた。

①ソクラテス
②質的

☐ 12 <u>外的</u>制裁を重視したベンサムとは異なり，ミルは，良心の<ruby>咎<rt>とが</rt></ruby>めのような［　　　］制裁を重視した。

内的

☐ 13 ミルは**利他性を重視**し，著作『功利主義論』の中で，「己の欲するところを人に施し，己のごとく隣人を愛せよ」というイエスが説いた［　　　］の教え（イエスの黄金律）を**功利主義道徳の理想**であるとした。

隣人愛

☐ 14 ミルは，著作『自由論』において，個人の自由を擁護する観点から，国家が個人の自由を制約し得るのは，⟨a 他者への危害の防止，b 秩序の維持⟩ の場合に限られると主張した。とりわけ，**思想と言論の自由**は絶対的に保障されなければならないとした。

a
J.S. ミル ▶ p.54

☐ 15 ミルは，民主主義が「⟨① a 少数者，b 多数者⟩ の専制」に陥る危険があることを指摘し，⟨② a 少数者，b 多数者⟩ の意見の尊重が大切であると述べた。

①b
②a
ミルは女性に選挙権を与えるべきであるとも主張した。

実証主義と進化論

01 **コント**は，経験的事実によって**検証可能な知識**を重視する ☐ 主義を提唱した。

実証

02 コントは人間の知識は三段階を経て発展するとした。その 第一段階が ① 的段階，第二段階が ② 的段階，最 終段階が ③ **的段階**である。

①神学
②形而上学
③実証

03 コントは**知識の三段階**に見合うように，社会も**軍事的段階** から**法律的段階**を経て， ☐ **的段階**へと発展するとした。

産業

04 ダーウィンは ☐ 論を唱え，生存競争の中で環境に適 応したものが生き残る（**適者生存**）という**自然淘汰**（自然 選択）を経て，生物は ☐ 発展するとした。

進化

05 **コント**も**スペンサー**も，社会契約説や功利主義のような**原 子論的社会観**（社会は個人からなり，個人の総和であると 考える見方）とは対照的に，社会を生物有機体になぞらえ る ☐ の立場から，個人の総和には還元できないもの と考えた。

社会有機体説
〔有機体論的社
会観〕

06 スペンサーは， ① 論を唱え，生物が単純なものから複 雑なものへと進化するように，社会も軍事型社会から ② 型社会へと進化するとした。そして，そのような進 化発展を損なう国家の干渉を批判して，各人の自由な活動 を擁護した。

①社会進化
②産業

07 **ベルクソン**は，生命の進化に関して，目的論的な見方も，機 械論的な見方も退け，生命の進化は，生命が過去から蓄積 してきたエネルギーを一挙に放出する ☐ により**創造 的に進化**すると考えた。

エラン・ヴィター
ル〔生命の跳躍〕

08 ベルクソンは，生物世界では，**エラン・ヴィタール**を進化の 原動力としたが，人間世界では，エラン・ヴィタールが ☐ となり，進化を可能にすると考えた。

エラン・ダムー
ル〔愛の跳躍〕

09 ベルクソンによれば，**エラン・ダムール**を原動力として，人 間社会は，自己の利益のみを考え，他の集団に対しては閉 鎖的・排他的な「 ① 社会」から，人類愛の上に成立す る「 ② 社会」へと進化する。

①閉じた
〔閉じられた〕
②開いた
〔開かれた〕

共通テスト問題にチャレンジ！

問 ライプニッツの思想を踏まえた上で，ヴォルテールの次の詩を読み，その内容の説明として最も適当なものを，下の①～④のうちから一つ選べ。

(21年 共通テスト第2日程 倫理)

> ライプニッツは，私に何も教えてくれない。
> 様々な世界があり得る中で最善の秩序を備えているはずのこの世界に，
> なぜ，終わりのない混乱があり，無数の不幸があるのか。
> なぜ，人間の喜びは虚しく，苦痛と混ざり合ってしまうのか。
> なぜ，罪なき者と罪人が，同じ災厄を耐え忍ばなければならないのか。
> こういった現実と，世界の最善の秩序とがどう結び付いているのか，
> 私には見えない。
> どうすれば，万事うまくいっているなどと言えるのか，
> 私には分からない。
>
> (「リスボン大震災に寄せる詩」より)

① 神は無数のモナドを互いに調和するように創造したと説くライプニッツに対し，ヴォルテールは，誰もが無差別に同じ災厄に耐えなければならないという事実にこそ秩序と調和を認め得る，と考えている。

② 神は無数のモナドを互いに調和するように創造したと説くライプニッツに対し，ヴォルテールは，無数の不幸に満ちた現実世界に，予定された調和を見いだすことはできない，と考えている。

③ 無数のモナドの間に保たれている調和を，経験的事実から帰納的に見いだしたライプニッツに対し，ヴォルテールは，事実から読み取れるのはむしろ混乱である，と考えている。

④ 無数のモナドの間に保たれている調和を，経験的事実から帰納的に見いだしたライプニッツに対し，ヴォルテールは，人間が現実に感じる苦痛や喜びの虚しさも，全体的な調和の一部分にすぎない，と考えている。

解答②

　ライプニッツに関して述べた選択肢の前半部分の記述内容は，①と②が同一，③と④が同一である。ライプニッツは，**モナド**は神が定めた調和の下にあると考えていた（**予定調和説**）（▶p.68）ので，①と②が正しい。ライプニッツは，経験論ではなく**合理論**の立場をとる哲学者であるということから，③④にあるように「経験的事実から帰納的に」結論を導き出すような方法論はとらない，と推論できるであろう。

　①と②の後半の記述内容は，資料文の読み取りである。①では現実の中に秩序と調和を認めることができるとしているのに対し，②では現実世界の中には，予定調和を見いだすことができないとしている。資料文では「こういった現実と，世界の最善の秩序とがどう結びついているのか，私には見えない」とあるように，ヴォルテールは現実世界の中に理想の秩序を見いだすことができないと考えている。したがって，最も適当なものは②となる。

共通テスト攻略のポイント

● イギリス経験論と大陸合理論の主要思想家――キーワードに注意しよう

イギリス経験論	
ベーコン	帰納法，イドラの除去，「知は力なり（知識と力とは合一^{ごういつ}する）」
ロック	生得観念の否定，タブラ・ラサ（白紙）， 「あらゆる知識は究極的には経験に由来する」
バークリー	物体の実体性否定，「存在するとは知覚されること」
ヒューム	物体だけでなく精神の実体性も否定， 精神は「知覚の束」である，因果法則の否定

大陸合理論	
デカルト	演繹法，物心二元論，心身二元論，高邁^{こうまい}の精神 「良識はこの世で最も平等に配分されている」「われ思う，故にわれあり」
スピノザ	神即自然（汎神論^{はんしんろん}），神への知的愛としての自由 事物を「永遠の相のもとに見る」
ライプニッツ	モナド（単子）論，予定調和説 宇宙は最小の単位である「モナド」で構成され，予定調和の下にある

第2章　現代に生きる人間の倫理　　倫理　政経　頻度 ★★

3節 新たな人間像，社会観の模索

プラグマティズム

プラグマティズム

☐ 01 プラグマティズムといわれる思想がアメリカで誕生した背景には，環境への適応を重視する**ダーウィンの進化論**の思想的影響，現実の生活や行動に有用な知識や科学的思考を重視する傾向に加え，イギリスから新天地に移住したピューリタンたちの□□□精神（開拓者精神）があった。

フロンティア

☐ 02 プラグマティズムの思想家は□□□の**実際的効果**を重視する。

行動

☐ 03 プラグマティズムの創始者**パース**は，□□□の内容は，<u>行動</u>の結果であり，<u>行動</u>によって確かめられないものは無意味であるとした。

観念

☐ 04 **ジェームズ**によれば，善悪の基準・真偽の基準は，□□□性にある。ジェームズは，この観点から科学と宗教との対立を融和へと導いた。

有用

☐ 05 ジェームズは，思想や知識が真理であるかどうかは，それがその時々の状況に対して有効な解決の力を持つかどうか（有用であるかどうか）によって決まるとした。すなわちジェームズは，絶対的な価値や真理を否定し，その時々の効果に照らして判断する一種の□□□主義の立場に立つ。

相対

☐ 06 頻出 『**哲学の改造**』，『**民主主義と教育**』などを著した**デューイ**は，人間の知性は環境に適応したり，環境に生じた問題を改善したりするための□□□であるとする□□□主義を唱えた。

道具

☐ 07 デューイにとって□□□主義とは，人々が社会に生じた問題への関心を共有し，道具としての**創造的知性**を働かせながら社会を改善していこうとする**共同生活の一様式**である。

民主

79

☐ 08 デューイは，　①　を小型の社会であると考え，　②　中心的な教育を唱えた。

①学校
②問題発見
〔問題解決〕

社会主義

空想的社会主義

☐ 01 **マルクス**に先立つ社会主義の思想家，**サン−シモン**，**フーリエ**，**オーウェン**の考えは，マルクス，**エンゲルス**によって　　　　と呼ばれた。

空想的社会主義

☐ 02 サン−シモンは，**資本家**，**労働者**，**科学者**などの産業者が中心となる　①　の構築を，また，フーリエは，　②　と呼ばれる農業共同体の建設を目指した。

①産業社会
〔産業体制〕
②ファランジュ

☐ 03 オーウェンは，自らが経営する工場の**労働条件の改善**を図った。また，アメリカに　　　　と名づけられた共同社会の建設を試みた。

ニューハーモニー村

マルクス

☐ 04 頻出 マルクスは，人間にとって本質的な活動は**労働**であるが，資本主義においては，労働は　　　　されているとした。

疎外

☐ 05 マルクスは，疎外を次の４つの局面に分ける。
ア．労働生産物が労働者の物とならない**生産物からの疎外**
イ．労働が苦役と化す**労働からの疎外**
ウ．労働が社会性を失う　　　　からの疎外
エ．人間性を失う**人間の人間からの疎外**

類的存在

☐ 06 政経 マルクスは，疎外の解消には，生産手段の　　　　**制度**を廃棄し**社会主義**を実現しなければならないと説いた。

私的所有

☐ 07 頻出 マルクスは，国家，法律などの　①　構造は，**経済的土台**（　②　構造）によって規定されているとした。

①上部
②下部

☐ 08 頻出 マルクスは，　①　が増大すると，新たな生産関係が生み出されるとする歴史観，すなわち，　②　を説いた。

①生産力
②唯物史観
〔史的唯物論〕

☐ 09 マルクスの革命思想を継承したのが，ロシア革命を指導した　①　，中国を社会主義に導いた　②　である。

①レーニン
②毛沢東

社会民主主義とフェビアン社会主義

☐ 10 **ベルンシュタイン**らの唱える ① は, ② による**漸進的改革**を通じて社会主義の実現を求めた。

①社会民主主義
②議会

☐ 11 ウェッブ夫妻など ① に集まった社会主義者は, ② において重要産業の国有化を行うなどの**漸進的改革**を推進して, 平等な社会を実現することを目指した。

①フェビアン協会
②議会

実存主義

実存主義

☐ 01 実存主義は, 現代社会の中で, 本来の自己の在り方を見失い, 人間 ____ に陥っている状況に警告を発し, **主体性の回復**を求めた。

疎外

実存主義の先駆者

☐ 02 実存主義の先駆者キルケゴールは, 『**死にいたる病**』を著し, この私にとっての真理, すなわち ____ を追求した。

主体的真理

☐ 03 [頻出] キルケゴールは, 主体的真理に至る生き方を,「あれも, これも」と享楽を追求する ① 実存,「あれか, これか」の１つを選択し ② 義務を果たそうとする ② 実存, そして, 神の前に一人立つ ③ として生きる ④ 実存の３つの段階に分けた。前二者の生き方に対する ⑤ を経て至る第三段階の ④ 実存を主体的真理, すなわち, 正しい生き方であるとした。

①美的
②倫理的
③単独者
④宗教的
⑤絶望

☐ 04 **ニーチェ**は, 同時代の人々が生きる意味や価値を喪失した ① に陥っている背景には, 現実の世界を否定的にとらえ, 神の国という理想を掲げる ② 道徳があるとする。

①ニヒリズム
②キリスト教

☐ 05 ニーチェによれば, **キリスト教**道徳は, 弱者の ____ に源を持つ**奴隷道徳**である。

怨恨感情〔ルサンチマン〕

☐ 06 [頻出] ニーチェは, 『**ツァラトゥストラはこう語った**』において「**神は死んだ**」と述べ, 意味も目的もなく同じことが反復する ① の世界を運命として肯定的に引き受け (**運命愛**), その中で生を支える**力への意志**を持って, ② のごとく生きよと説いた。

①永劫回帰〔永遠回帰〕
②超人

倫理分野

政治・経済分野〔経済〕

20世紀の実存主義者

☐ 07 **頻出** **ヤスパース**によれば，人は，争い・苦悩・死などの乗り越え不可能な ① に遭遇して**挫折**を経験する時，自己を支えてくれる ② の存在に気づき実存に目覚める。

①限界状況
②超越者
〔包括者〕

☐ 08 ヤスパースによれば，本来の自己，すなわち，実存に至るためには，同じく実存を追求する他者との ＿＿＿ が必要となる。その ＿＿＿ には，闘いが避けがたいが，それは他者を排撃するものではなく，ともに実存に至ろうとするための「**愛しながらの闘い**」なのである。

実存的交わり

☐ 09 **ハイデガー**は主著『 ① 』の中で，「存在とは何か」を問うために，自己の存在の意味を自覚的に問うことのできる人間，すなわち， ② に注目した。

①存在と時間
②現存在

☐ 10 ハイデガーによれば，**現存在**は，世界に投げ込まれ世界によって規定されている（**被投性**）とともに，世界の中で決断し自己のあり方を決定できる（**企投性**）＿＿＿＿である。

世界-内-存在

☐ 11 ハイデガーによれば，**現存在**としての人間は，死という**不安**から逃れようとして，**非本来的**な「＿＿＿＿」という在り方に頹落(たいらく)している。

世人(せじん)〔ひと，ダス・マン〕

☐ 12 **頻出** ハイデガーによれば，非本来的自己から**本来的自己**へと向かう契機となるのは，「＿＿＿＿」であることの自覚である。

死にいたる存在
〔死への存在，
死に臨む存在〕

☐ 13 後期になるとハイデガーは，自然を支配するための道具と化した近代の技術や，手段的な存在となった人間の在り方を批判し，こうした技術万能で，存在の真理を問うことを忘れた現代の状況を「＿＿＿＿」と呼んだ。

存在忘却

☐ 14 **頻出** **サルトル**は，「 ① は ② に先立つ」と述べ，作られる存在であるモノと異なり，人間は，自らを作る存在，自由に自己の在り方を決定できる存在であるとした。

①実存
②本質
「人間は自由の刑に処せられている。」

☐ 15 サルトルによれば，他者との関係の中で暮らしている限り，各人が行使する自由は，**自己**に対してだけでなく ＿＿＿＿ に対しても責任を負わねばならない。

全人類

☑ 16 サルトルは，人間は**被投企的存在**として社会によって作られる存在であると同時に，**投企的存在**として社会を作る存在でもあるのだから，全人類に対する責任を自覚して，積極的に**社会状況へのかかわり**を持つべきだとし，⬚⬚⬚の大切さを説いた。

アンガージュマン〔社会にかかわり合いを持つこと，社会参加〕

倫理分野

第2章 現代に生きる人間の倫理　　**倫理**　　頻度 ★ ★

4節 現代の諸課題

理性への反省

近代理性・人間中心主義への懐疑

☐ 01 **頻出** **フランクフルト学派**を創始したアドルノとホルクハイマーは，共著『**啓蒙の弁証法**』の中で，自然の呪術性・暴力性から人間を解放するはずの理性は，自然だけでなく人間をも支配しようとする**野蛮**に転化したとし，こうした近代の理性を ☐☐☐ と呼んで批判した。

道具的理性

☐ 02 言語学の**ソシュール**や文化人類学の**レヴィ–ストロース**は，人間の言語活動・思想・行動の根底には**無意識的**で社会的・普遍的な ☐☐☐ があるとし，☐☐☐ 主義の立場をとった。

構造
レヴィ–ストロース ▶p.104

☐ 03 言語学者**ソシュール**は，人間の言語活動は，☐①☐ の**構造**によって規定されると考えた。たとえば，ある対象を見て，「これは池ではなく湖である」とする ☐②☐ は，池と湖を区別する ☐①☐ の存在が前提となっている。このように，個々の ☐②☐ はその ☐①☐ により規定されており，さらに，認識の在り方・世界の見え方も，☐①☐ によって規定されている。

①言語体系〔ラング〕
②発話〔パロール〕

☐ 04 『☐☐☐ の歴史』などを著した**フーコー**は，近代的理性は，「正常」からはずれたものを ☐☐☐ ・非理性とみなし，自己から分離し排除してきたとし，近代理性にはこうした**暴力性・権力性**があることを指摘した。

狂気

☐ 05 **フーコー**によれば，近代社会は，学校による生徒の監視・しつけのような，自己管理する「良い子」を作り上げる装置を通じて，行動の在り方を自己制御する人間を作り出してきた。本人は自発的に ☐①☐ に振る舞っているつもりでも，実際には，そのように仕立てられたものであり，権力に対する ☐②☐ にほかならない。

①主体的
②服従

☐ 06 **レヴィナス**は，『☐☐☐ と無限』を著し，「私」から出発して全てを説明しようとする近代哲学は，他者を自己に同化させようとする「☐☐☐」の思想であると批判した。

全体性

84　倫理分野　1,550語

☐ 07 レヴィナスによれば，他者は「私」によって同化されること　　顔
を拒み，「私」に対して「□□□□」として迫り応答を求める。
「私」はそれに**応答する責任**を負い，絶対的な**他性**を持つ存
在であると知ることから，自己中心的な全体性の立場を脱
して**倫理的生き方**を始めることができる。

ポスト構造主義

☐ 08 **デリダ**は，構造主義を含めこれまでの西洋哲学の伝統的思　　脱構築
考が，真理と虚偽，精神と身体，善と悪，理性と狂気など
のような**二項対立**に縛られていると批判した。デリダはこ
の二項対立を問い直す試みを□□□□と呼んで，硬直化し
た見方や秩序を解きほぐそうとした。

☐ 09 **ドゥルーズ**は，著作『□□□□と反復』などにおいて，ギリ　　差異
シア以来の西洋哲学を，排除・暴力の論理である「同一性」
の哲学であると批判し，同一性に立脚する従来の西洋哲学
を乗り越え，「□□□□」の復権を図ろうとした。

☐ 10 **ドゥルーズ**と**ガタリ**は，一切の事象は，本来，何らの目的　　欲望
も持たず多様な方向に向かう□□□□によって生成変化し
ていくものであるとし，そうした新たなものを創出する働
きを持つ□□□□を規制しようとする国家や家族といった
制度を批判した。

分析哲学と現象学

☐ 11 **分析哲学**の哲学者**ウィトゲンシュタイン**は，**知識の対象**と　　①語り得ること
なるのは言語によって記述できる**検証可能な事実**であり，　　②語り得ないこと
語り得ないものは知識の対象とならないとし，□①□を明
瞭（めい）に語り，「□②□については沈黙しなければならない」
と述べた。

☐ 12 後期の**ウィトゲンシュタイン**は，言語を，日常生活において，　　言語ゲーム
それが使用される文脈・状況の中で理解される言語活動
（□□□□）であるとし，人は，他者との会話に参加しながら，
適切な使用のルールをしだいに身につけると考えるように
なった。

☐ **13** 分析哲学の哲学者**クワイン**は，科学的知識に関する様々な命題は，それぞれ単独でその真偽を確定することはできず，相互に結びついた命題の集合体全体として，その真偽を確定することができるとする「知の_____」を唱えた。

全体論〔ホーリズム〕

☐ **14** 科学史家**クーン**は，著作『科学革命の構造』の中で，科学の研究活動は，_____の中ではじめて可能になり，その枠組みは時に革命的に変化するとした。

パラダイム〔理論の枠組み〕

☐ **15** **現象学**を唱えた**フッサール**は，直観に直接与えられる事象を学問的に厳格にとらえるために，世界が実在しているという日常的意識（自然的態度）をいったん括弧（かっこ）に入れて（_____），**事象そのもの**に向かわなければならないとした。

エポケー〔判断停止，判断中止〕

☐ **16** フッサールの後期の思想の影響を受けたフランスの哲学者_____は，著作『知覚の現象学』において，人間は世界の中に投げ込まれている**世界内存在**であり，そして**身体**を持つことによって世界と結びついている実存であると考えた。そして彼は，その実存の在り方を現象学的にありのままに記述し，了解することを通じて，「生きられる世界」（生活世界）の在りようを明らかにしようとした。

メルロ-ポンティ

☐ **17** **メルロ-ポンティ**は，人間の意識は_____を通じて世界と結びついており，意識と_____とは不可分であるという考えから，デカルト的な心身二元論を乗り越えようとした。

身体

🏃入試問題でチェック！

問 フッサールの思想の記述として最も適当なものを，次の ① 〜 ④ のうちから一つ選べ。 （12年 センター本試）

① 人間は自己の在り方を自由に選択するため，実存が本質に先立つ。

② 事物は知覚と独立には存在せず，存在するとは知覚されることである。

③ 言語の限界を超える語り得ぬものについては，沈黙せねばならない。

④ 自然的態度を変更し，判断中止を行うことが必要である。

解答 ④ ④「判断中止」（判断停止，エポケー）に着目。① は「実存が本質に先立つ」という語句からサルトル，② は「存在するとは知覚されること」という語句からバークリー，③ は「語り得ぬものについては，沈黙せねばならない」という語句からウィトゲンシュタインの思想についての記述とわかる。

86 倫理分野 1,550語

現代社会の批判的検討

大衆社会・消費社会と官僚制

01 大衆社会は，大量生産方式の導入による**大衆消費社会**という面を持ち，また，□□□□**選挙制度**の導入により政治的平等が実現した**大衆民主主義社会**という面を持つが，その一方で，大衆社会化の進展は人間存在の**原子化，画一化**をもたらした。

普通

02 **リースマン**は，著作『**孤独な群衆**』の中で，現代人は不安感から過剰に他者に同調しようとする□□□□型の**社会的性格**を有すると指摘した。

他人指向〔志向〕

03 **オルテガ**は，『□□□□』を著し，大衆が表舞台に立った大衆社会を否定的に分析し，**エリート主義**の観点から，「**大衆人**」の出現と，それがもたらす危険について警告した。

大衆の反逆

04 □□□□は，現代の消費社会では，財やサービスの購入者は，それを**使用価値**としてではなく，自己の地位を示すことを通じて他者との**差異**を示す記号として利用すると指摘した。

ボードリヤール

05 **マックス・ウェーバー**は，**官僚制**の特徴として，**上意下達**の命令，□①□による事務処理，□②□による権限の配分，**資格・能力による採用・昇進**を挙げた。

①文書
②規則

06 マックス・ウェーバーは，徹底的に合理化された□□□□制の仕組みを**鉄の檻**と形容し，その中で人間は管理され人間性を欠く存在と化す危険を指摘した。

官僚
マックス・ウェーバー▶p.64

人間の尊厳と民主社会の構築

現代のヒューマニズム

01 頻出 インドを独立に導いた**ガンディー**は，**サティヤーグラハ（真理把持）**を貫き，生きとし生けるものに対する博愛につながる□□□□と，肉体的禁欲，感情・言葉・食の抑制を目指す**ブラフマチャリヤー（自己浄化）**の実践を目指した。

アヒンサー〔非暴力，不殺生〕

☐ 02 **頻出** アフリカで伝道と医療活動に従事した**シュヴァイ
ツァー**は，全ての生命あるものの生きようとする意志を尊
重すべきであるとする「　　　　」という思想を自己の信念
とした。

生命への畏敬（いけい）

☐ 03 ロマン・ロランは，第一次世界大戦の際には，真理と正義
と愛の名において**反戦・平和**を説き，第二次世界大戦期に
は反戦・反　　　　の立場に立った。

ファシズム

☐ 04 **頻出** アメリカの**キング牧師**は，ガンディーの　①　・
　②　**の抵抗**に影響を受け，バス・ボイコット運動などを
通じて黒人の地位の向上に努めた。

①非暴力〔アヒ
ンサー〕
②不服従

☐ 05 **頻出** カトリックの修道女　　　　は，カルカッタ（コルカタ）
に「**死を待つ人の家**」を開設し，社会的弱者の救済に献身
した。

マザー・テレサ

全体主義との対決

☐ 06 **フロム**は，著作『　　　　』の中で，近代以降，人々は手に
した自由がもたらす不安と孤独に耐えきれなくなり，自由
を手放し，ナチスのように権威を持った者に無批判に追
随してしまったと指摘した。

自由からの逃走
ナチス▶p.92, 112

☐ 07 フロムやアドルノは，強き者には媚びへつらうように服従
し，弱き者には攻撃的に振る舞う社会的性格を　　　　と
呼び，ナチスを支持したドイツ国民の心情にこの性格が見
られるとした。

権威主義的パー
ソナリティ〔権威
主義的性格〕

☐ 08 　　　　は，ナチズムなどの**全体主義**を批判し，公共的空間
では**真理の複数性**が認められなければならないとした。

ハンナ・アーレント
ナチス▶p.92, 112

☐ 09 **頻出** **ハンナ・アーレント**によれば，**政治**は私的な利益を求
める「**労働**」「**仕事**」から解放された，世界への関心，自由
の実現という公共的関心に基づく「　　　　」を通じて**公共
圏を形成する営み**である。

活動

民主社会の構築と福祉政策

☐ 10 **ハーバーマス**は，　①　合理性の下にあるはずの生活世界
が，　②　合理性に侵略されているとし，そうした事態を
生活世界の植民地化と呼んだ。

①コミュニケー
ション的
②システム

☐ 11 頻出 ハーバーマスによれば，市民が主体となる，あるべき **公共社会**は，市民相互間の ① 理性に基づく討議を経て形成された ② を基盤に統合された社会である。

① 対話的
② 合意

☐ 12 ロールズは，著作『正義論』において，**社会契約説**の影響を受け，**無知のヴェール**に包まれた**原初状態**を想定して， を主張した。

公正としての正義
社会契約説 ▶p.69

☐ 13 頻出 **ロールズ**は，**正義**を自由・機会・富などの「社会的基本財」の の問題だと考えた。 が**公正**なものであるためには，次のような原理を受け入れる必要がある。すなわち，第一に，各人が等しく自由を持つこと，第二に，不平等が許容されるのは，それが**機会の平等**が保障された下で生じたものであること，そして，**不遇な人の境遇の改善**につながるものであること，である。

分配

☐ 14 頻出 **アマーティア・セン**は，公共政策や開発政策の目標は，各人がよき生活（well-being/福祉，幸福な生活）を送ることができるように，主体的に選択できる「 」を開発することにあると主張した。
政経 **難民条約**→p.113, 166
政経 **国連難民高等弁務官事務所（UNHCR）**→p.166
政経 **南北問題**→p.230

生き方の幅
〔ケイパビリティ，
潜在能力〕

☐ 15 自由とともに平等・公正を重んじるロールズに代表される ① を批判する現代の思想潮流に，**ノージック**に代表される ② がある。

① リベラリズム
〔自由主義〕
② リバタリアニズム
〔自由至上主義〕

☐ 16 ノージックは，強制的な課税や格差是正を図る所得の再分配政策をはじめとする福祉国家的な政策は，個人の自由，財産権を不当に侵害するものであると批判し，あるべき国家は，夜警国家的な「 」であると主張している。

最小国家

☐ 17 **リベラリズム**や**リバタリアニズム**を批判する現代思想の潮流に，**サンデル**や**マッキンタイア**に代表される がある。

コミュニタリアニズム〔共同体主義〕

☐ 18 リベラリズムやリバタリアニズムが個人を社会から切り離された存在と想定しているのに対し，コミュニタリアニズムは，個人を，共同体に帰属し，共同体が育んできた の実現を目指す存在であるとした。

共通善

入試問題でチェック！

問　現代において正義に関する理論を提唱した人物に，ロールズとセンがいる。二人の正義論についての記述として最も適当なものを，次の ① 〜 ⑥ のうちからそれぞれ一つずつ選べ。

(06年 センター本試)

① 各人に対し，自ら価値があると認めるような諸目的を追求する自由，すなわち潜在能力を等しく保障することが重要であると指摘した。

② 各人には過剰な利己心を抑制する共感の能力が備わっており，めいめいが自己の利益を追求しても社会全体の福祉は向上すると考えた。

③ 自由や富など，各人がそれぞれに望む生を実現するために必要な基本財を分配する正義の原理を，社会契約説の理論に基づき探究した。

④ 相互不信に満ちた自然状態から脱することを望む各人が，自らの自然権を互いに放棄し合う，という形で社会や国家の成立を説明した。

⑤ 侵すことのできない権利をもつ各人から構成されるものとして，国家は国民のそうした権利を保護する最小限の役割のみを担うとした。

⑥ 自然法を人間理性の法則として捉えて国家のあり方を論じるとともに，諸国家もまた同じく普遍的な国際法に従うべきであると説いた。

解答　ロールズは ③，センは ①
　　　③「分配する正義の原理」と「社会契約説の理論に基づき」に着目。①「潜在能力」(ケイパビリティ)に着目。② はアダム・スミスの共感の原理がベース。④ はホッブズの社会契約説がベース。⑤ はアダム・スミスの「安価な政府」やラッサールが皮肉を込めて命名した「夜警国家」についての考えがベース。⑥ はグロティウスがベース。

90　**倫理分野　1,550 語**

第3章　現代社会とその倫理的課題　**倫理**　頻度 ★

1節 生命倫理

バイオテクノロジー，出生をめぐる問題

バイオテクノロジー

☐ 01 人間の全遺伝情報を解析しようとする ☐☐☐☐ 計画を推進
してきた日米英仏独中からなる国際チームが，2003 年に
その解読の終了宣言を行った。

ヒトゲノム

☐ 02 日本では，一定の食品に関し，遺伝子を操作した ☐☐☐☐ を
原材料として使用した場合には，その表示が法律で義務づ
けられている。

遺伝子組み換え
作物

☐ 03 有性生殖によらずに作られた同じ遺伝情報を持つ生物個体
（群）・細胞群である ☐①☐ に関しては，日本では，☐②☐
技術規制法により，☐①☐ 人間の作成が**禁止**されている。

①クローン
②ヒトクローン

☐ 04 **頻出** 様々な臓器へと分化する能力を持つ**万能細胞**である
☐①☐（胚性幹細胞），☐②☐（人工多能性幹細胞）の研究
が進められ，**再生医療**への適用が期待されている。なお，
☐①☐ は受精卵を用いて作られるため，倫理上の問題が指
摘されている。

①ES 細胞
②iPS 細胞

出生をめぐる諸問題

☐ 05 体外受精など人工授精の技術は進歩したが，不妊症の女性
に代わって，妊娠・出産を他の女性が行う ☐☐☐☐ の場合，
親権をめぐる争いが生じるおそれがある。

代理出産

☐ 06 **頻出** 遺伝子診断技術が進歩し，妊娠したときに胎児の異常
の有無を調べる ☐①☐ **前診断**や，受精卵を検査し遺伝子
に異常がないかを診断する ☐②☐ **前診断**も行われるよう
になったが，その診断に基づいて妊娠中絶が行われると，
生命の選別，**優生思想**の肯定につながる危険がある。

①出生
②着床

☐ 07 遺伝子診断技術が進歩し，患者の遺伝子に適合した，いわ
ゆる「☐☐☐☐」の薬物治療や医療が可能となってきた。

テーラーメイド

- [ ] 08 **男女の産み分け**や**遺伝子診断**で受精卵の選別を行うなどして，親の望む子を産むという ◻︎◻︎◻︎ も可能となってきた。

  デザイナー・チャイルド〔デザイナー・ベビー〕

- [ ] 09 ◻︎◻︎◻︎ 思想とは，優れた遺伝的資質を持つ人口を増やそうとする思想をいう。ナチスはこの政策を推進した。

  優生
  ナチス▶p.88, 112

生命と医療をめぐる問題

終末医療

● 安楽死

- [ ] 01 終末期の患者に対して苦痛からの解放のため死に至らせる ◻︎◻︎◻︎ には，延命措置を行わないという消極的 ◻︎◻︎◻︎ と，薬物の投与などによって死に至らせるという積極的 ◻︎◻︎◻︎ がある。

  安楽死

- [ ] 02 **日本**には安楽死を認める法律は ｜ a ある，b ない ｜。ただし，裁判所が，一定の条件を満たせば，安楽死に至らせる行為の違法性は阻却されると判断した例がある。

  b
  オランダなど世界には安楽死を法的に認める国もある。

● 尊厳死と生命の質

- [ ] 03 頻出 尊厳を持って自然な死を迎えるために，無意味な延命治療を拒否することを内容とする**リヴィング・ウィル**を残す人が増えるなど，◻︎◻︎◻︎ を望む声もある。

  尊厳死

- [ ] 04 頻出 精神的・肉体的に満足できる生活の実現を重んじる ◻︎◻︎◻︎（QOL）という考え方が広がってきた。**尊厳死**を望む声の増加はその現れである。

  生命の質〔生活の質，クオリティー・オブ・ライフ〕

- [ ] 05 ◻︎◻︎◻︎（SOL）という考え方は，生命の存続に絶対的な価値を置くもので，この考えは**延命治療**の肯定につながる。

  生命の尊厳

● ターミナル・ケア（終末医療）

- [ ] 06 終末期の患者に対するケア（**ターミナル・ケア**）の一環として，人生の残された期間を有意義に過ごせるように配慮する ◻︎◻︎◻︎・ケアの重要性が指摘され，日本でもそうしたケアを実施する施設が増えている。

  ホスピス

臓器移植をめぐる諸問題

● 脳死と心臓死

□07 ［　　　］は，一般に**心臓の停止，呼吸の停止，瞳孔の散大**という 3 つの徴候により死と判定するものをいう。　　心臓死

□08 日本では，1997 年に制定された**臓器移植法**により，一定の条件の下で，［　　　］を人の死とすることができるようになった。　　脳死

□09 脳死は，**脳幹を含む全脳の機能の不可逆的な停止**を意味し，脳幹の機能が失われておらず自発的な呼吸も可能な「［　　　］」とは区別される。　　植物状態

● 臓器移植法

□10 日本では，生前に［　①　］が臓器提供の意思を書面に表示し，かつ家族が臓器摘出を拒まないか家族がいない場合，あるいは，［　①　］の意思が不明な場合でも［　②　］が書面で承諾の意思を示している場合，脳死者からの臓器移植が可能となる。　　①本人　②家族

□11 2009 年の臓器移植法改正により，［　　　］未満の脳死者についても，家族が書面で承諾した場合，臓器提供を行うことができるようになった。　　15 歳

□12 臓器移植法は，［　　　］に対し臓器を優先的に提供することの意思を書面に表示することができると規定している。　　親族

□13 臓器移植法では，［　　　］は禁止されている。　　臓器売買

生命と医療をめぐるその他の倫理問題

□14 父親的な立場から弱者を保護しようとする温情主義を［　　　］という。たとえば，医療の現場において，医者が父親のような立場から，患者の治療方針を一方的に決めるということが行われるとすれば，それは［　　　］に該当する。　　パターナリズム

□15 頻出 **患者の自己決定権**が重んじられるようになり，医者は患者に対して治療などについて十分に説明し，患者の同意を得て医療行為を行うべきだとする［　　　］の考えが広がっている。　　インフォームド・コンセント

入試問題でチェック！

問 生殖技術をめぐる状況の記述として最も適当なものを，次の ① 〜 ④ のうちから一つ選べ。 (19年 センター本試)

① 着床前診断を用いることにより，受精卵が胎児に成長した段階で，胎児の遺伝子や染色体に異常がないかどうかを検査することができるが，親が望まない子の出産を控えるなど，命の選別をもたらす，という批判がある。

② 親の望む遺伝子を組み込んだデザイナー・ベビーをもうけることが日本でも法的に認められ，実際にそうした子どもが誕生しているが，子どもを親の願望を実現するための道具にしてよいのか，という批判がある。

③ 代理出産 (代理懐胎) には複数の方法があるが，どの方法を用いても，代理母が生まれてくる子どもの遺伝上の母親となるため，代理出産を依頼した夫婦との間で子どもの親権をめぐる争いが発生する場合がある。

④ 第三者の男性が提供した精子を用いて人工授精を行うことにより，女性が単独で子どもをもうけることも可能となっているが，将来子どもに，遺伝上の父親についての情報を知らせるかどうかが問題となる場合がある。

解答 ④ 子どもの親を知る権利と精子提供者のプライバシーの権利が衝突する場合があり得る。① 着床前診断は，体外で受精させた胚の染色体や遺伝子を，移植する前に検査するというものなので，「胎児に成長した段階で…検査する」とする記述は誤り。② ゲノム編集で遺伝子を改変した受精卵を人の胎内に戻すことを認める法制度は日本に存在しない。③ 代理出産〔代理懐胎〕でも，「妻」の卵子と夫の精子を体外受精させたものを第三者〔代理母〕の子宮に移植して行うという方法の場合，生まれてくる子どもの遺伝上の母は，「代理母」ではなく，「妻」である。

第3章 現代社会とその倫理的課題　倫理 政経 頻度 ★

2節 環境と環境倫理

環境と人間

生態系（エコシステム）

☐ 01 　①　は，空気・土壌などの一定の**非生物的要素**と，生産者である植物，　②　である動物，　③　であるバクテリアなどの微生物という**生物的要素**が織りなす機能的な関係をいう。

①生態系〔エコシステム〕
②消費者
③分解者〔還元者〕

☐ 02 　　　とは，動植物間の食うものと食われるものとの関係のことで，生産者である植物，第一次消費者である草食動物，第二次消費者である（小型）肉食動物，さらに大型肉食動物へと続く連鎖のことをいう。

食物連鎖

☐ 03 政経 **水俣病**では　①　が，**イタイイタイ病**では　②　が，食物連鎖の過程を経て生物の体内で濃縮されるという　③　により，食物連鎖の頂点に立つ人間に大きな被害をもたらした。

①有機水銀
②カドミウム
③生物〔生体〕濃縮
水俣病▶p.60, 203
イタイイタイ病▶p.203

☐ 04 地球環境問題では，人間は被害者であると同時に加害者でもある。そのため，「　①　で考え，　②　から行動を」といわれるように，一人一人の人間が**地球市民**という立場から**ライフスタイル**を見直すことも必要である。

①地球規模
②足元

☐ 05 　　　は，民間からの寄付金を元手に土地を買い取るなどして，自然環境や歴史的環境を保全することを目的にイギリスで生まれた民間組織のことである。この理念は各国に広がり，各地で　　　運動が展開されている。

ナショナル・トラスト

☐ 06 環境への影響を重視して消費活動を行う消費者のことを　　　という。

グリーンコンシューマー

☐ 07 経済学者のシューマッハーは，著作『　　　』の中で，物質至上主義を批判し，人間中心の経済の在り方を追求した。

スモール・イズ・ビューティフル

☐ 08 　　　とは，水や空気などの自然や街並みなどを含む環境全体の快適さを示すもので，　　　の高い生活空間づくりが課題となっている。

アメニティ

環境倫理

環境破壊への警告 政経

☐ 01 アメリカの経済学者**ボールディング**が提唱したことで知られる ◻ という言葉は，宇宙船と同様，地球も一つの閉鎖系で，無限の貯蔵庫を持たないため，**資源の有効利用**と**環境保全**が必要であることを訴えるものである。

宇宙船地球号

☐ 02 頻出 ◻ は，著作『**沈黙の春**』の中で，農薬による**生態系の破壊**を警告した。

レイチェル・カーソン

☐ 03 コルボーンらが著した『**奪われし未来**』は，生物の体内でホルモンの正常な作用を阻害する ◻ の被害の広がりを警告した。

内分泌かく乱物質〔環境ホルモン〕

☐ 04 政経 1972 年にローマクラブは『 ◻ 』を公表し，人口増加と経済成長が従来通り続けば，資源は枯渇し環境は破壊され，地球は重大な危機に直面することを警告した。

成長の限界

環境倫理の思想

☐ 05 レオポルドは，「 ◻ 」を提唱した。「土地」とは，人間や他の動物・植物・土壌・水などからなる生態系全体のことである。レオポルドによれば，「土地」は一つの共同体であり，人間はその一員にすぎない。この観点から，レオポルドは，成員が互いに尊重し合い自制的に行動すべきとする人間社会の倫理を「土地」にまで拡張し，共同体の一員として，人間は，共同体を構成する動物・植物・土壌・水など他のメンバーを尊重しながら，共同体の維持存続のために自制的に行動すべきであると説いた。

土地倫理

☐ 06 ◻ は，人間は，地球や人間を含む生物を滅ぼすことのできる**技術**を手にし，またそのことに気づいているのだから，現代に生きる私たちには，技術のもたらす結果が，**未来の世代の人々に対して**悪影響を引き起こさないよう行為する**責任**（世代間倫理）があると説いた。

ハンス・ヨナス

☐ 07 ギャレット・ハーディンは，「 ◻ 」の中で，有限な環境のもとで，各自が自己の利益のみの最大化を追求すると，環境が破壊され，結果としてすべての人に破滅がおとずれると警告した。

共有地の悲劇

環境倫理の3つの視点

☐ 08 **地球の** [____] **とは**，地球は閉じた有限な空間である以上，そこで行われる活動は，生態系への影響を及ぼすことにつながるので，**倫理的規制**が必要であるという考えをいう。「宇宙船地球号」はこの考えに基づく。

有限性

☐ 09 頻出 [____] **とは**，現在世代の活動は将来世代の生存を左右する影響力を持つため，現在世代は将来世代の生存の条件に対する責任を負っているという考えをいう。

世代間倫理
持続可能な開発
▶ p.235

☐ 10 **自然の** [____] **とは**，[____] は人間に対してだけではなく，生態系を構成している他の動植物や，生態系そのものに対しても保障されなくてはならないという考えをいう。この考えに基づいて，動物を原告とする**自然の権利訴訟**が起こされたことがある。

生存権

地球環境問題と国際的取り組み　政経

環境問題のための条約などについて→p.234

第3章　現代社会とその倫理的課題　　倫理　政経　頻度 ★

3節 家族と地域社会

家族の機能と形態の変化

社会集団

☐ 01 社会集団には，家族，村落共同体のように地縁・血縁など
自然的に結びついた　①　集団と，企業，学校，病院のよ
うに特定の機能を実現するために人為的に組織された
　②　集団がある。

①基礎的〔第一次〕
②機能（的）〔第
二次〕

☐ 02 明治憲法下では，戸主の権限が強大で，個人の尊厳よりも
家（イエ）を重んじる制度（　　　　）が法制度として採用
されていた。

家制度

家族の形態変化

☐ 03 家族形態には，一組の親と未婚の子（一組の夫婦を含む）
からなる　　　　，祖父母・親・子が同居する**直系家族**，直
系家族におじ・おばも含む**複合家族**などがある。

核家族

☐ 04 日本では，高度経済成長期以降，　①　化が進行してきた
が，近年は高齢者などの，　②　が増える傾向にある。

①核家族
②一人暮らし世
帯〔単独世帯〕

家族の機能変化

☐ 05 日本では，核家族化の進行とともに職住が分離され，家族
は　①　の機能を失い，主に　②　の場となってきた。

①生産
②消費

☐ 06 日本では，核家族化の進行とともに**家族の機能の**　　　　
化が進み，娯楽，教育，看護など家族や地域が担ってきた
機能が，外部の機能（的）（第二次）集団に委ねられるよう
になってきた。

外部

98　倫理分野　1,550 語

新しい家族観と地域社会の課題

家族の動向

☐ 01 _____ とは，再婚や事実婚などにより成立した，血縁関係のない親子関係・兄弟姉妹関係を含む家族のことをいう。

ステップ・ファミリー

☐ 02 共働きで子どもを持たない主義の夫婦を ① と呼び，共働きで子どものいる夫婦を ② と呼ぶ。

①ディンクス〔DINKS〕
②デュークス〔DEWKS〕

☐ 03 家庭内暴力をめぐる法制度として，日本では，親による子どもへの家庭内暴力を防止するために ① 法が，原則として夫婦間の暴力を防止するために ② 法が制定されている。

①児童虐待防止
②DV防止

☐ 04 戦争や犯罪，虐待など，生命が危険にさらされるような体験による恐怖から，_____ が発症することがある。

PTSD〔心的外傷後ストレス障害〕

☐ 05 日本の少子化の要因として，初婚年齢が上昇する ① 化が進行していることや，未婚率が上昇する ② 化が進行していることが指摘されている。

①晩婚
②非婚

政経 高齢社会→p.216
政経 バリアフリー→p.218
政経 ユニバーサル・デザイン→p.218
政経 育児・介護休業法→p.218
政経 男女雇用機会均等法→p.113, 212

性別役割分業の見直し

☐ 06 **頻出** セックスが生物学的な性差を示すのに対し，_____ は社会的，歴史的，文化的に作られた性差を意味する。

ジェンダー

☐ 07 男女の性差に起因する差別や偏見を除去し，男女平等な社会の構築を目指す運動や思想を _____ という。

フェミニズム

☐ 08 _____ は，著作『**第二の性**』において，女性という性は男性に従属する性として人為的に作られたものだということを明らかにし，「人は女に生まれない，女になるのだ」と述べ，**フェミニズム**の立場から男女の平等を主張した。

ボーヴォワール

□ 09 日本では1918年頃に □ 論争が行われた。この論争では、出産・育児などの母性を女の天職とする説を批判し、男女の平等・経済的自立を主張する**与謝野晶子**と、出産・育児の社会的意義を説き、それに対する国家保護の必要を訴える**平塚らいてう**が対立した。

母性保護

与謝野晶子▶p.56
平塚らいてう▶p.57

□ 10 政経 1994年に開かれた**国際人口開発会議**や、1995年に開かれた**世界女性会議**において、性と生殖に関する女性の自己決定権を重んじる □① という考えや、女性の権限の強化を図る □② という考えの重要性が確認された。

①リプロダクティブ・ヘルス／ライツ
②エンパワーメント

国際人口開発会議
▶p.236

□ 11 政経 日本では、民法で夫婦は同一の姓とすることが定められているが、今日、選択的 □ 制度の導入を求める声が上がっている。

夫婦別姓

□ 12 政経 1999年には、男女が人権を尊重し責任を分かち合い、対等な構成員として社会参画する基本理念を定めた □ 法が制定された。

男女共同参画社会基本

□ 13 日本政府は、□ という理念を掲げ、国民一人一人が充実感を持ちつつ働くとともに、家庭や地域生活などにおいても、人生の各段階に応じて多様な生き方が選択・実現できる社会を目指している。

ワーク・ライフ・バランス〔仕事と生活の調和〕

□ 14 政経 日本では、□① 条約批准に伴う国内法整備の一環として**国籍法**が改正され（1984年）、出生時の国籍取得では、父親が日本国籍を有することが条件であった**父系優先血統主義**が改められ、父母のいずれかが日本国籍を有すればよいとする □② **主義**に変更された。

①女性差別撤廃
②父母両系血統

女性差別撤廃条約
▶p.113, 212

地域社会の課題

□ 15 大衆社会の出現や**都市化**の進行とともに、人間関係が〔 a 濃密、b 希薄 〕となってきたため、地域の絆づくりが課題となってきた。

b

100　倫理分野　1,550語

第3章 現代社会とその倫理的課題　倫理　政経　頻度 ★

4節 情報化の進展

情報社会

情報社会をめぐる思想

- □ 01 　　　　　は，メディアの形態の変化・発展が，人間の思考様式に与える影響を指摘し，**活版印刷**の発明以来の**活字メディア**の普及が**抽象的思考**を発達させたのに対し，20世紀の**映像メディア**の普及は，世界に対して抱く人間の**感覚的イメージ**の形成に大きな影響を与えていると指摘した。　マクルーハン

- □ 02 　①　は，『**脱工業化社会の到来**』を著し，工業化社会の次に来る社会は，　②　であると指摘した。　①ダニエル・ベル　②情報社会

- □ 03 頻出 **リップマン**によれば，人間は，自己と異なる社会集団やそこに属している人を　　　　化された観念（対象の持つ多様性をに目を向けることなく，過度に単純化し，しばしば偏見を伴っている観念）でとらえる傾向にある。　ステレオタイプ

- □ 04 リップマンによれば，人間は，行動や態度を決定する際に，現実の環境ではなく，マスメディアなどの外部から得た情報に基づいて形成されたイメージからなる　　　　環境に大きな影響を受ける。　疑似

- □ 05 ブーアスティンは，現代では，マスメディアが現実の事件や出来事を報道するというよりも，マスメディアが事件や出来事を本当らしく構成するようになったと指摘し，マスメディアが創り出す本当らしさを　　　　と呼んだ。　疑似イベント

情報社会の進展　政経

- □ 06 複数の情報機器が相互に接続され，リアルタイムで情報が交換できるようなシステムを　　　　という。　（コンピュータ）ネットワークシステム

101

07 □ **_____** とは，インターネットを利用して誰でも情報を発信
し，相互のやりとりができる**双方向のメディア**のことであ
り，その例として，フェイスブックなどの**SNS**（ソーシャ
ル・ネットワーキング・サービス），ユーチューブなどの動
画共有サイト，ラインなどのメッセージングアプリがある。

ソーシャル・メ
ディア

08 □ **_____** 革命とは，インターネットを中心とする **_____** の
革新が産業や社会の在り方を大きく変えるようになった事
態をいう。

IT〔ICT，情報通
信技術〕

09 □ 日本では，**IT基本法**が制定され，電子政府の推進，いつで
もどこでも**コンピュータ・ネットワーク**に接続できる
_____・ネットワーク社会の推進が目指されている。

ユビキタス

10 □ 頻出 **_____** とは，コンピュータなどのICT端末をはじめ，
家電製品などあらゆるものをインターネットに接続させ，
相互に通信させることを通じて，自動認識や自動制御，遠
隔計測や遠隔操作などを行うビジネスモデルやサービス，あ
るいはその技術をいう。

IoT〔モノのイン
ターネット〕

11 □ インターネットには，情報を受け取るだけでなく情報を発
信できる **_____** 性がある。

双方向

12 □ 消費者間，企業間，消費者と企業間などにおいて，インター
ネットを介して売買などを行う **_____** が拡大している。

電子商取引〔eコ
マース，EC〕

情報社会の課題 政経

13 □ コンピュータウィルスなどを用いて，不正に他人のコン
ピュータに侵入し，データを盗んだり改ざんしたりする犯
罪を行うハッカーへの対策として，日本では，**_____** が制
定されている。

不正アクセス禁
止法

14 □ 頻出 特許権，著作権などの **_____** の保護が，国際的にも
国内的にも課題となっている。

知的財産権
知的財産権
▶ p.143, 227

15 □ 市民が，自己の主張を人々に訴えて共同行動を起こすため
に，メディアを活用する **_____** の動きが広がってきた。

パブリック・ア
クセス

16 □ 国民の知る権利の保障の一環として，政府には国民に対し
て政策などについて説明する責任があると考えられている。
こうした説明責任を **_____** という。

アカウンタビリ
ティ

☐ 17 **頻出** デジタル機器を使いこなし，必要な情報を入手したり，その真偽を判別したりする能力のことを ☐ といい，その育成が課題となっている。

情報〔メディア，コンピュータ〕リテラシー

☐ 18 **頻出** パソコンなどの情報機器を利用できる環境にあるかどうか，また，それを使いこなせる能力があるかどうかということから生じる社会的・経済的格差を ☐ という。

デジタル・デバイド〔情報格差〕

☐ 19 電子メールや電子掲示板などで，ネットワークの利用者が守るべきエチケットは ☐ と呼ばれることがある。

ネチケット

第3章　現代社会とその倫理的課題　**倫理** **政経** 頻度 ★

5節 国際化の進展と異文化理解

異文化理解

異文化理解をめぐる思想

□ 01 自己が属する民族や文化をすぐれたものとみなす一方，他民族やその文化を否定的に評価し，抑圧的な態度で接する思想を [____] という。

エスノセントリズム〔自民族中心主義，自文化中心主義〕

□ 02 それぞれの文化には固有の価値があり，文化相互間には価値の優劣の差は存在しないとする考えを [____] という。

文化相対主義

□ 03 社会心理学者オルポートは，個人的な問題にすぎない事柄を，その個人が属する集団全体の問題とみなし，集団全体を否定的に評価することを**過度の** [____] と呼んだ。

一般化
オルポート▶p.14

□ 04 **頻出** レヴィ＝ストロースは『 [①] 』を著し，未開社会を野蛮な社会であるとみなす近代西洋の文明観を批判し，未開社会の「 [①] 」と，近代西洋の「 [②] 」との間には，思考のタイプの違いはあるものの価値的な優劣の差はないとした。

①野生の思考
②科学的思考
〔栽培の思考〕
レヴィ＝ストロース
▶p.84

□ 05 **頻出** サイードによれば，西洋は，東洋を後進的・神秘的といったイメージでとらえることにより，先進的で文明化された西洋という「自己」像を作り上げた。こうした**西洋の東洋に対する支配の様式**，すなわち [____] が人種差別主義や植民地主義につながったとした。

オリエンタリズム

□ 06 政治学者ハンチントンは著作『 [____] の衝突』の中で，冷戦終結後には，それまでの東西間のイデオロギー対立に代わって， [____] 間の対立が深刻化すると指摘した。

文明

異文化接触，多文化主義

□ 07 グローバル化の進展により，異文化接触の機会も増えた。それに伴って，文化相互の交流が円滑に進まず文化 [____] が生じる危険も増えた。

摩擦

08 異文化と接した際に生じる精神的衝撃，心理的葛藤を□□□という。

カルチャーショック

09 **少数民族（マイノリティ）**の文化も否定されることなく，それぞれの民族，文化が持つ固有の価値を尊重し合い，多元的な文化の共存を目指す考えを□□□という。カナダやオーストラリアでは国の政策として推進されてきた。

多文化主義〔マルチカルチュラリズム〕

10 近代の国民国家は一般に多民族国家であり，一つの国家の中に複数の民族集団が存在する。そうした民族集団が有する「我々意識」という帰属意識や文化的特性を□□□と呼ぶ。

エスニシティ

11 政経 主に北海道に先住していたアイヌ民族のように，現在住んでいる人に先立って住んでいた民族を□□□と呼ぶ。国際連合（国連）でも，先住民族の権利に関する宣言が採択された（2007年）。

先住民（族）
アイヌ施策推進法
▶p.122

12 頻出 差別的な状況を改善するために，女性や少数民族など差別的な取り扱いを受けてきた人に対し優遇措置を講じること，または，その措置を□□□という。

アファーマティブ・アクション〔ポジティブ・アクション，積極的差別是正措置〕
クオータ制度▶p.122

13 国民主義，民族主義あるいは国粋主義とも訳される□□□は，19世紀の欧州で見られたような**国民国家**形成や，また，第二次世界大戦後のアジア・アフリカ諸国で見られたような植民地支配からの脱却などの精神的原動力となる一方，過度にそれが強調されると**排外的な思想**と結びつく危険がある。

ナショナリズム
第三世界▶p.162

第3章　現代社会とその倫理的課題　　倫理 政経 頻度 ★

6節 人類の福祉と平和の構築

人類の福祉

人類の福祉

☐ 01　生まれたての乳児が平均して何年生きられるかという □□□□ を見ると，日本は男女とも世界の上位に位置している。
平均余命〔平均寿命〕

☐ 02　在宅介護の一環として，□□□□ と呼ばれるものがある。これは，病気や障害のある人が少人数でグループを作り，専門の介護スタッフの支援を受けながら共同生活を行うというものである。
グループホーム

政経 **介護福祉サービス**→p.216
政経 **合計特殊出生率，少子高齢化の進展**→p.216
政経 **介護保険**→p.216
政経 **ノーマライゼーション**→p.218
政経 **ユニバーサル・デザイン**→p.218
政経 **育児・介護休業法**→p.218

☐ 03　生涯にわたって主体的に学習し自己啓発できるように，□□□□ の環境整備が求められている。
生涯学習

☐ 04　1995年の**阪神・淡路大震災**を契機に □□□□ の意識が高まり，この年を □□□□ 元年と呼ぶ人もいる。
ボランティア

☐ 05　政経 1998年には，民間の非営利団体に法人格の取得を認めるなどして，市民活動を促進することを目的とする □□□□ が制定された。
NPO法〔特定非営利活動促進法〕
NPO法 ▶ p.153

☐ 06　政経 今日の国際社会では，主権国家以外にも，**国境なき医師団**や**アムネスティ・インターナショナル**のような □□□□ が人権の向上などのために活動している。
非政府組織〔NGO〕
非政府組織 ▶ p.113, 164, 234

人権保障 政経

☐ 07 ⬚⬚⬚⬚（1966年採択）など，国連を中心に国際人権条約が採択され，人権の国際的保障が目指されている。

国際人権規約
国際人権規約
▶p.113

国際平和の維持と確立 政経

● 国際平和に向けて

☐ 08 ⬚⬚⬚⬚は，「戦争は人の心の中で生まれるものであるから，人の心の中に平和のとりでを築かなければならない」と謳っている。

ユネスコ憲章
〔国際連合教育科学文化機関憲章〕

☐ 09 ドイツの大統領⬚⬚⬚⬚は，「過去に目をとざす者は，結局現在にも目を開かなくなる」と述べ，強制収容所で行われたユダヤ人に対するホロコーストなど，過去の罪と向かい合うことの大切さを強調した。

ヴァイツゼッカー
強制収容所▶p.14

☐ 10 核兵器廃絶に向けて科学者が立ち上がり，1955年に⬚①⬚宣言を発表した。この精神はその後，⬚②⬚会議に継承された。

①ラッセル・アインシュタイン
②パグウォッシュ

● 軍縮への取り組み，日本の国際貢献 政経

軍縮条約→p.167
PKO→p.129, 160
ODA→p.230, 233

107

01　　　　倫理　　　　1,550　政治　2,250　経済　3,000

入試問題でチェック！

問 情報社会や消費社会をめぐる問題についての説明として最も適当なものを，次の ① ～ ④ のうちから一つ選べ。 　　　　　(17年 センター本試)

① ボードリヤールによれば，消費社会のなかで人々は，メディアから提供される情報を手がかりにしながら，もっぱら有用性の観点から商品を購入し，ただ大量に消費することそれ自体を目的としている。

② リップマンによれば，人々はメディアの情報から一定のイメージを思い浮かべ，それに従って現実を理解しているので，メディアによって情報が意図的に操作されると，世論が操作される危険がある。

③ ブーアスティンによれば，現代のメディアが提供しているのは，物語としての迫真性をそなえた「本当らしい」出来事にすぎず，視聴者の側はメディアから流される情報に関心をもたなくなっている。

④ マクルーハンによれば，近代社会では活字メディアが支配的だったが，20世紀に入って映画やテレビのようなメディアがそれに取って代わった結果，人間の感覚や想像力は貧困なものになっている。

解答 ② 　② リップマンは新聞などのメディアが世論形成に大きな影響力を持っていることや，メディアが意図的に情報を操作し世論を一定方向に誘導する危険性を持つことを指摘した。①「もっぱら有用性の観点から商品を購入」が不適当。ボードリヤールは，今日の消費社会では，財やサービスの購入者は，それを有用性〔使用価値〕としてではなく，自己の地位を示すことを通じて他者との差異を示す記号として利用すると指摘した。③「視聴者の側はメディアから流される情報に関心をもたなくなっている」が不適当。ブーアスティンは，現代人は，社会の現実を，テレビなどを通じて，マスメディアが創り出す「『本当らしい』出来事」〔疑似イベント〕としてみるほかないとしている。④「人間の感覚や想像力は貧困なものになっている」が不適当。マクルーハンは，20世紀の映像メディアの普及は，世界に対して抱く人間の感覚的イメージの形成に大きな影響を与えていると指摘した。

共通テスト攻略のポイント

● 倫理分野と政治・経済分野で共通する学習テーマの攻略

　環境倫理や高齢化社会など，倫理分野と政治・経済分野の重なる領域に関しては，政治・経済を中心とした学習対策で対処できる問題が多い。というのも，倫理では，たとえば，定義問題（たとえば，ノーマライゼーションの定義）や，最も重要なキーワード（たとえば，国連人間環境会議のスローガンである「かけがえのない地球」）を軸にした問題が目立つのに対して，政治・経済では，細かな事項にまで立ち入る問題が目立つからである。

政治・経済分野
1,450語

［政治］第 1 章　現代の政治
［経済］第 2 章　現代の経済

第1章　現代の政治　　倫理 政経 頻度 ★ ★

1節 民主政治の基本原理

民主政治の原理と人権保障の発展

法と政治

□ 01 ドイツの社会学者**マックス・ウェーバー**は，権力の正当性を，支配が法に適っていること（　①　），伝統や慣習に基づいていること（　②　），支配者の持つ非凡な資質に対する畏敬の念に基づいていること（　③　）の三類型に分けた。

①合法的支配
②伝統的支配
③カリスマ的支配

□ 02 法は，自然法と，　①　と　②　からなる実定法に分類できる。

①制定法
②慣習法
＊順不同

□ 03 制定法は，国家の仕組みや国家と個人の関係を定める　①　，私人間の関係を定める　②　，経済的・社会的弱者の保護を目的とする　③　に分類できる。

①公法
②私法
③社会法

□ 04 法は，国家による物理的強制力に裏づけられた規範という点で，　　　　や慣習などの社会規範と異なる。

道徳

絶対王政と市民革命 倫理

□ 05 ヨーロッパで成立した絶対王政を擁護した　　　　説の思想家は，国王の権力は絶対的であるとし，国王は**神以外の何ものにも従う必要はない**と主張した。

王権神授
王権神授説 ▶ p.69

□ 06 近代的な主権概念を初めて提示したのは，16世紀のフランスの政治学者　　　　である。彼は，国王が持つ主権は，議会が制定した**法律にも拘束されない最高の権力**であるとし，絶対王政を擁護した。

ボーダン

□ 07 頻出 ロック，ルソーらの　　　　説は，市民革命や近代民主政治の原理の形成に思想的な影響を与えた。

社会契約
社会契約説 ▶ p.69

□ 08 ピューリタン（清教徒）革命・　①　・アメリカ独立革命・フランス革命などの　②　を通じて，国民主権・基本的人権の保障・権力分立・法の支配・代議政治を基本原理とする近代民主主義が成立した。

①名誉革命
②市民革命

110　政治・経済分野［政治］　700語

□ 09 **自然権**の理念を盛り込んだ初の人権宣言は，アメリカ独立革命期に採択された◯◯◯（1776年）である。

ヴァージニア権利章典

□ 10 ◯◯◯は，「**権利の保障**が確保されず，**権力の分立**が定められていないすべての社会は，憲法を持つものではない」と謳い，近代立憲主義の考えを示した。

フランス人権宣言

権力分立

□ 11 **倫理** ロックは統治権を ① と ② とに分け，① の ② に対する優越を説いた。

①立法権
②執行権

□ 12 **頻出** **倫理** ① は『**法の精神**』を著し，自由を確保するためには，国家権力を**立法・行政・司法**の三権に分け，三権相互間の ② を図る必要があると説いた。

①モンテスキュー
②抑制と均衡

モンテスキュー
▶p.71, 114

法の支配

□ 13 **法の支配**の起源といわれるイギリスの◯◯◯（1215年）は，貴族が旧来の身分制的権利＝**特権**の確認を国王に求めた文書である。

マグナ・カルタ〔大憲章〕

□ 14 **頻出** 17世紀のイギリスの裁判官 ① は，13世紀の法学者 ② の「国王といえども**神と法の下にある**」という言葉を援用して，国王の専制的支配をいさめた。

①コーク〔クック〕
②ブラクトン

□ 15 19世紀にドイツで発達した◯◯◯が**法律に基づく行政**という形式を重視するのに対し，**法の支配**は，**国民の自由と権利の擁護**を目的とし，法の内容を重視する。

法治主義

民主政治の展開

□ 16 アメリカでは，一部の州で建国期以来，◯◯◯という一種の直接民主制的な制度が採用されている。

タウンミーティング

□ 17 **頻出** 日本国憲法には，ア.**最高裁判所裁判官**の ① ，イ.**地方特別法**の ② ，ウ.**憲法改正**の ③ という3つの直接民主制的な制度が採用されている。

①国民審査
②住民投票
③国民投票

□ 18 1830年代のイギリスで始まった◯◯◯などを経て，選挙権が拡大し，20世紀に入ると全ての成人に選挙権を認める普通選挙制度が広がった。

チャーティスト運動

チャーティスト運動
▶p.150, 156

☐19 20世紀に入ると，**普通選挙制度**が普及し，大衆の動向が政治に大きな影響力を持つ □□□□ の時代に入った。　大衆民主主義

☐20 第一次世界大戦後のドイツやイタリアで，大衆民主主義の中から，議会主義を否定し**一党独裁制**を敷く**ファシズム国家**が成立した。ドイツの □□□□ は，選挙を通じて議会第一党となり，その後，政権を掌握した。　ナチス

☐21 ヨーロッパなどにおいて，既成の体制やエリートを批判し，大衆に迎合する政治勢力，すなわち □□□□ の台頭が指摘されている。　ポピュリズム〔大衆迎合主義〕

☐22 民主主義のモデルには，議会で多数の議席を占めた政党が政治的意思決定を行う □①□ 型と，多様な少数派をそれぞれ代表する多数の政党間の合意に基づいて政治的意思決定を行う □②□ 型がある。　①多数派支配 ②合意形成

☐23 頻出 多数派支配型民主主義とつながりの深い政党制，選挙制度は □①□ 制，□②□ 制であり，合意形成型民主主義とつながりの深い政党制，選挙制度は □③□ 制，□④□ 制である。　①二大政党 ②小選挙区 ③多党 ④比例代表

人権の歴史的展開

☐24 憲法で保障される基本的人権は，時代とともに拡張されてきた。18世紀には「□□□□」と特徴づけられる**自由権**が主な保障の対象であった。　国家からの自由

☐25 資本主義の発達に伴って生じてきた貧富の格差などの社会問題を背景に，「**人間に値する生活**」の保障を国家に求める声が高まり，20世紀に入ると □□□□ が憲法で保障されるようになった。　社会権 生存権▶p.125

☐26 頻出 生存権を中心とする社会権を初めて憲法上で保障した**ワイマール憲法**は，所有権に □□□□ による制約を課した。　公共の福祉

人権保障の国際化　倫理

☐27 第二次世界大戦後，人権保障の国際化が進んだ。1948年に国連総会は □□□□ を採択した。　世界人権宣言 この宣言には法的拘束力がない。

☐ 28 国連総会は，1966 年に世界人権宣言の精神を継承した
　　　 ① を採択した。 ① は，**締約国を法的に拘束する条約**であり，**経済的・社会的及び文化的権利に関する国際規約**（ ② ）と**市民的及び政治的権利に関する国際規約**（ ③ ）を主な柱としている。

①国際人権規約
②社会権規約〔A規約〕
③自由権規約〔B規約〕

国際人権規約のA規約およびB規約の第1条はいずれも民族自決権を規定している。

☐ 29 日本は，<u>国際人権規約</u>のA規約およびB規約を，**一部を留保**したうえで 1979 年に批准した。ただし，B規約の第一選択議定書，第二選択議定書（ 　 条約のこと）のどちらも，日本は批准していない。

死刑廃止

☐ 30 [倫理] 日本が批准している主な人権条約には，**難民条約**（1981 年批准），**男女雇用機会均等法**の制定につながった ① （1985 年批准）， ② 歳未満の子どもを対象とする**子どもの権利条約**（1994 年批准），**人種差別撤廃条約**（1995 年批准），**障害者権利条約**（2014 年批准）などがある。

①女性差別撤廃条約
②18

ほかに拷問等禁止条約（1999 年批准）など。
女性差別撤廃条約
▶ p.100, 212
難民条約▶ p.166

☐ 31 人権侵害の被害を 　 が国際機関や国際裁判所に訴えることを認めている人権条約の例がある。

被害者本人〔個人〕

ヨーロッパ人権条約ではヨーロッパ人権裁判所への個人の訴えを認めている。

☐ 32 　 は，死刑の廃止や，不当に投獄されている「良心の囚人」の救援など，**人権擁護**のために国際的に活動している**非政府組織（NGO）**である。

アムネスティ・インターナショナル

NGO ▶ p.106, 164, 234

世界の主な政治体制

議院内閣制

☐ 01 [頻出] イギリスで発達した議院内閣制は，内閣は議会の ① に基づいて存立し，議会に対して ② を負うとする政治制度である。

①信任
②連帯責任

□ 02 【頻出】議院内閣制では，議会の第一院（イギリスでは下院，日本では衆議院）に ① 権を与える。 ① が成立すると，一般に内閣は ② をするか，または議会の第一院を ③ するかのいずれかを選択することになる。

①内閣不信任決議
②総辞職
③解散

□ 03 イギリスの憲法は，次の 2 つの特徴を持つ。ア．まとまった憲法典がない ① である。イ．憲法改正がその他の法律と同様の手続きで行える ② である。

①不文憲法
②軟性憲法

□ 04 イギリスでは， ① 制で選出される任期 5 年の議員で構成される庶民院（ ② ）と，非選挙で主に終身の議員で構成される貴族院（ ③ ）の二院制が採用されている。法案の議決などに関して ② が ③ に優越する。

①小選挙区
②下院
③上院

□ 05 イギリスでは， □ が国王により首相に任命され，首相は閣僚全員を**議会の議員の中から任命**する。

下院第一党の党首

□ 06 イギリスでは，野党第一党が政権交代に備えて □ を組織する。

影の内閣
〔シャドー・キャビネット〕

□ 07 イギリスは， ① と ② の二大政党を中心に政治が運営されてきたが，2010 年には，下院第一党の ① と下院第三党の自由民主党との間で**連立**が組まれた。

①保守党
②労働党

アメリカの政治体制

□ 08 【頻出】アメリカでは，**モンテスキュー**の権力分立論にならって，厳格な □ 制が採用されている。

三権分立
モンテスキュー
▶p.71, 111

□ 09 連邦議会には大統領に対する ① 権がなく，アメリカ大統領には議会 ② 権がない。

①不信任決議
②解散

□ 10 連邦議会は，大統領に非行があった場合，大統領を □ することができる。その場合，**下院**が訴追し，**上院**が □ 裁判を行う。

弾劾

□ 11 大統領には ① 権はないが，連邦議会に法律の制定などを要請する ② を送付する権限はある。

①法案提出
②教書

□ 12 【頻出】大統領には，連邦議会が可決した法案を ① する権限がある。 ① 権が行使されても，上下各院が ② 以上で再可決すると，その法案は成立する。

①拒否
② 3 分の 2

114 政治・経済分野［政治］ **700 語**

☐ 13 大統領は，☐☐☐で選出される。つまり，国民は**大統領選挙人**を選出し，大統領選挙人が大統領を選出する。

間接選挙

☐ 14 **大統領および各省長官**（閣僚）は☐☐☐を兼職することはできない。これは，立法権と行政権が厳格に分立しているアメリカ大統領制の特徴の1つである。

議員
厳格な三権分立制 ▶p.114

☐ 15 アメリカでは，大統領と連邦議会の議員が別々の選挙で選出されるため，連邦議会の多数党と大統領の所属する政党（**与党**）が a 同じ，b 異なる 政党となり，立法府と行政府の対立が激しくなることがある。

b

☐ 16 大統領は，その任期が ① 年で，② 選が禁止されている。

① 4
② 三

☐ 17 上院は，各州から ① 名ずつ，国民により直接選出された議員で構成される。その定数は100名。上院議員の任期は ② 年で，**2年ごと**に3分の1ずつ改選される。

① 2
② 6

☐ 18 下院は，① で各州に議席が配分され，小選挙区選挙で国民により直接選出された議員で構成される。その定数は435名。下院議員の任期は ② 年である。

① 人口比例
② 2

☐ 19 上院は，大統領が行った**条約締結**に対する☐☐☐や，各省長官・連邦裁判所裁判官・外交官などの**政府高官任命**に対する☐☐☐を持っている。

同意権

☐ 20 頻出 連邦裁判所は，連邦議会の制定した法律が憲法に適合しているかどうかを審査する☐☐☐を持つ。この権限は**判例により確立**された。

違憲立法審査権
違憲立法審査権 ▶p.141

☐ 21 アメリカは，① と ② の二大政党制の国である。

① 共和党
② 民主党
＊順不同

社会主義の政治体制

☐ 22 社会主義諸国は，一般に，権力分立制を否定して☐☐☐を採用し，共産党など事実上の**一党支配**の形態をとっている。

民主的権力集中制〔民主集中制〕

☐ 23 頻出 中国では，**一院制**の ① が憲法上の最高権力機関で，この下に，行政を担当する ② と司法を担当する**最高人民法院**が置かれている。

① 全国人民代表大会〔全人代〕
② 国務院

☐ 24 中国では，_____（国家元首）や国務院総理（首相に相当）は全国人民代表大会によって選出される。

国家主席

民主化の波

☐ 25 1960年代後半頃から，アジアやラテンアメリカなどで，**政治的自由を弾圧**しつつ，外国資本（外資）を積極的に導入するなどして**経済開発を重視**する政権が誕生した。こうした政治体制を_____という。

開発独裁

☐ 26 開発独裁体制を敷いた国々でも，経済発展とともに中間層が増え，それに伴って_____を求める声が高まり，1980年代以降，こうした体制は**しだいに崩壊**していった。

民主化

☐ 27 2010年から北アフリカ・中東のアラブ諸国において，「_____」と呼ばれる民主化を求める動きが生じ，チュニジア・エジプト・リビアなどで長期政権が倒れた。

アラブの春
「アラブの春」
▶p.152

共通テスト攻略のポイント

●イギリス議院内閣制とアメリカ大統領制

	イギリス	アメリカ
不信任決議権	下院にあり	議会になし
議会解散権	内閣にあり	大統領になし
法案提出権	議員・内閣にあり	大統領になし
教書送付権	なし	大統領にあり
法案拒否権・再可決権	なし	大統領に拒否権あり 議会に再可決権あり
行政府の長の選出	下院第一党の党首が国王により首相に任命される	国民により選出された大統領選挙人により大統領が選出される
行政府の長・閣僚	首相も閣僚も全員が議員	大統領も各省長官も非議員
上院	非民選 任期：終身	民選 任期：6年
下院	民選。小選挙区制で選出 任期：5年	民選。小選挙区制で選出 任期：2年
違憲審査制度	なし	あり
政党政治	保守党と労働党が有力政党	民主党と共和党が有力政党

入試問題でチェック！

問1 法の支配に関連する記述として最も適当なものを，次の ① ～ ④ のうちから一つ選べ。 (07年 センター本試)

① コーク（クック）は，コモン・ローの伝統を重視し，国王といえども法に従わなくてはならないと主張した。

② ボーダンは，国王の絶対的支配を否定し，権力分立に基づく国家権力の抑制の必要を説いた。

③ マグナ・カルタは，国民の平等な権利を認め，統治者が法に拘束される法の支配の思想を示した。

④ 英米における法の支配は，ドイツで発達した法治主義と比べ，成文法重視の思想であった。

問2 各国の政治制度についての記述として最も適当なものを，次の ① ～ ④ のうちから一つ選べ。 (19年 センター追試)

① 議院内閣制をとっている日本では，通常，国会の多数派が内閣を組織し，行政に責任を負う。

② 大統領制をとっているアメリカでは，大統領が拒否権を行使した法案は直ちに廃案となる。

③ 中華人民共和国では，行政府の長である国務院総理が国家主席を指名している。

④ イギリスでは，下院は比例代表制によって，上院は小選挙区制によって，議員が選出される。

解答　問1　①　② ボーダンは国王の絶対的支配を肯定した。権力分立の必要を説いた代表的思想家はモンテスキュー。③ マグナ・カルタは国民の平等な権利ではなく，貴族らの特権の確認を求めた文書。④「英米における法の支配」と「ドイツで発達した法治主義」を入れ替えれば正しい文になる。

　　　問2　①　議院内閣制では，通常，議会多数派が内閣を組織し与党となる。そのため，議会多数派は立法権を実質的に掌握するだけでなく，行政権も掌握する。② 大統領が拒否権を行使した法案でも，上下両院において 3 分の 2 以上で再可決すれば法律として成立する。③ 国家主席を選出するのは全国人民代表大会である。④ イギリスの下院議員は小選挙区制で選出され，上院議員は非民選である。

第1章　現代の政治　　政経　頻度 ★★

2節 日本国憲法の基本原理

日本国憲法の制定と基本原理

大日本帝国（明治）憲法の制定とその基本的性格

☐ 01 明治憲法は，君主に強大な権限を認める ① を模範とし，天皇の意思に基づいて制定された ② である。

①プロイセン憲法〔プロシア憲法〕
②欽定憲法

☐ 02 倫理 明治憲法の制定に先立って，民間から，**植木枝盛**の**東洋大日本国国憲按**をはじめとする，数多くの憲法草案が作られた。これらの民間による憲法構想を ☐ と呼ぶ。

私擬憲法

☐ 03 天皇主権を採用した明治憲法では，天皇は，統治権の ☐ 者として，立法・行政・司法の統治権を一手に握っていた。

総攬
天皇主権▶p.57

☐ 04 帝国議会は，民選の ① と皇族・華族・勅任議員からなる非民選の ② の二院制であった。

①衆議院
②貴族院

☐ 05 明治憲法では，軍隊の指揮監督権を意味する ① や，緊急勅令・独立命令を発する権限など，議会の協賛を経ずに行使できる天皇の権限，すなわち ② が広範に認められていた。なお， ① は議会の協賛だけでなく，国務各大臣の ③ も不要であった（ ① の独立）。

①統帥権
②天皇大権
③輔弼

☐ 06 頻出 明治憲法上の臣民の権利は，「 ☐ の範囲内」という制限つきの権利，すなわち ☐ の留保を伴う権利であった。

法律
臣民の権利は，天皇により恩恵として与えられた権利とされ，自然権とはみなされていなかった。

☐ 07 明治憲法では，精神の自由のうち，**表現の自由**や**信教の自由**は不十分ながらも保障されていたが， ① の自由， ② の自由は保障されていなかった。

①学問
②思想・良心
＊順不同
また，社会権の規定もなかった。

☐ 08 明治憲法下で政党や議会政治を抑制する働きを持った国家機関に，**天皇の最高諮問機関**である ☐☐☐☐ がある。これは，元老や官僚で構成され，国政の重要事項の決定に大きな影響力を持っていた。

枢密院
すうみついん

☐ 09 **頻出** 男子の ☐☐☐☐ が法制化された 1925 年に，**治安維持法**も制定され，同法により，社会主義運動・労働運動が弾圧された。

普通選挙制度

☐ 10 1931 年に起きた**満州事変**，翌年の ☐☐☐☐ 事件を経て，**政党内閣**は途絶え，軍部の独裁と軍国主義の政治体制が敷かれるようになった。

五・一五

日本国憲法の制定と基本原理

☐ 11 1945 年に ① を受諾し終戦を迎えた日本は，**GHQ（連合国軍総司令部）**に憲法改正の必要性を示唆されて，② を設置し，憲法改正の作業に着手した。

①ポツダム宣言
②憲法問題調査委員会

☐ 12 GHQ は，日本政府が提出した憲法改正案（ ☐☐☐☐ ）を承認せず，代わりに **GHQ 草案（マッカーサー草案）**を日本政府に示した。日本政府はこれを基にした政府案を帝国議会に提出した。

松本案

☐ 13 日本国憲法は 1946 年 11 月 3 日に ① され，翌 47 年 5 月 3 日に ② された。

①公布
②施行
男女の普通選挙制度は憲法公布前に法制化された。

☐ 14 日本国憲法の三大原理は，① 主権，② の尊重，③ 主義である。

①国民
②基本的人権
③（恒久）平和

☐ 15 天皇は，日本国および日本国民の統合の ① となり，憲法に規定される ② のみを行い，国政に関する権能を有しないものとされた。

①象徴
②国事行為
国事行為
▶p.134，147

☐ 16 国事行為は，① を必要とする。国事行為には，**内閣総理大臣**および**最高裁判所長官**の**任命**のほか，憲法改正・法律などの公布，国会の ② ，③ の解散，恩赦の ④ などがある。

①内閣の助言と承認
②召集
③衆議院
④認証

憲法の最高法規性と憲法の改正

□ 17 日本国憲法は，憲法を国の □□□□ として位置づけ，その条規に反する法律や命令を無効であるとし，天皇・摂政，国務大臣をはじめとする公務員に**憲法尊重擁護義務**を課している。

最高法規

これらの規定は，日本国憲法が法の支配を採用していることを示すものである。

□ 18 日本国憲法は，改正手続きに関し，通常の法律よりも厳しい条件を課している。こうした憲法を □□□□ という。

硬性憲法

□ 19 日本国憲法の改正の手続きは次の通りである。憲法改正の原案を国会に提出できるのは，国会議員（衆議院議員の場合 100 人以上，参議院議員の場合 50 人以上の賛成が必要）と □①□ である。国会に提出された憲法改正原案は，□①□ の審査を経て，衆参各議院でその □②□ 以上の賛成が得られれば，憲法改正案として，国会が国民にこれを発議する。発議を受けて □③□ が行われ，その過半数の賛成が得られれば憲法の改正が成立する。

①憲法審査会
②総議員の3分の2
③国民投票

□ 20 日本国憲法の改正案を国会が発議する場合には，国会において □□□□ 会の審査を必要とする。

憲法審査

基本的人権の保障

平等権

□ 01 日本国憲法は，人種，信条，性別，社会的身分または門地によって，政治的，経済的または社会的関係において差別されないとする，□①□ を規定している。ただし，□②□ がある場合には，異なった取り扱いを行うことができると解釈されている。

①法の下の平等
②合理的理由

未成年に対する喫煙・飲酒の禁止や参政権を成年者に限定するなどはその例。

□ 02 平等の考え方には次の2つがある。
　ア．□①□ 平等。これは，財産，性別，出身などにより差別することなく，各人を「人一般」として一律に取り扱い，平等に機会を保障するという考え方に立脚する。
　イ．□②□ 平等。これは，貧困や障害などのため，機会の平等が □①□ な保障にとどまっている現実があることを踏まえ，社会的・経済的弱者を積極的に支援してその格差を是正し，機会の平等を □②□ に保障しようとする考え方に立脚する。

①形式的
②実質的

03 〔倫理〕実質的平等の実現に向けて，社会的・経済的弱者を対象とする奨学金制度を設けるなど，積極的な施策を通じて格差是正を図る措置のことを □□□ と呼ぶ。

> アファーマティブ・アクション〔ポジティブ・アクション，積極的差別是正措置〕

04 **アファーマティブ・アクション**（**ポジティブ・アクション，積極的差別是正措置**）の１つに，国家や地方議会の議員，企業の管理職などにおいて，女性に一定割合の議席や人数を割り当て，女性の割合を高めようとする □□□ がある。日本ではこの □□□ は導入されていないが，国政選挙・地方議会選挙で男女の候補者数を「できる限り均等」にするよう政党に努力義務を課す，政治分野における**男女共同参画推進法**（**候補者男女均等法**）は制定されている（2018年制定）。

> クオータ制度〔割当制〕
> アファーマティブ・アクション▶p.105

05 憲法が規定する平等権には**法の下の平等**のほか，家族生活における両性の本質的平等，□□□ の平等，教育の機会均等がある。

> 参政権〔選挙権・被選挙権〕

06 〔倫理〕日本が □①□ 条約を批准（1995年）したのを機に，1997年に □②□ 法が制定されたが，2019年にこれに代わる法律として □③□ 法が制定された。同法ではアイヌ民族が先住民族であることが明記されている。

> ①人種差別撤廃
> ②アイヌ文化振興
> ③アイヌ施策推進〔アイヌ民族支援〕
> アイヌ民族▶p.105

07 〔倫理〕部落差別の解消を求める動きは，1922年に □①□ が結成されるなど，当初，大衆運動として展開された。第二次世界大戦後は，1965年に □②□ の答申を受けて**同和対策事業特別措置法**が制定され，さらに，2016年には**部落差別解消推進法**が制定されるなど，国として改善に向けた取り組みが行われるようになった。

> ①全国水平社
> ②同和対策審議会
> 全国水平社▶p.57

08 〔倫理〕女性差別の解消に向けて，1985年に**女性差別撤廃条約**の批准に伴う国内法の整備として，雇用面での平等を目指す □□□ が制定され，その後，1999年には**男女共同参画社会基本法**が制定された。

> 男女雇用機会均等法

09 障害者差別問題をめぐっては，国・地方自治体や民間企業に職員・従業員の一定割合の障害者雇用を義務づける**障害者雇用促進法**や，障害を理由とする差別の解消を目的とする □□□ が制定されている。

> 障害者差別解消法

☐ 10 日本に居住する外国出身者やその子孫を地域社会から排除することを煽動する，不当な差別的言動の解消に向けた取り組みを推進することなどを定めた，□□□□が制定されている。ただし，同法には禁止規定や罰則規定が存在しない。

ヘイトスピーチ解消法〔ヘイトスピーチ対策法〕

☐ 11 <u>頻出</u> 外国人にも，□□□□選挙権など日本人固有の権利を除いて，憲法上の権利が保障される。

国政

☐ 12 地方自治体の中には公務員採用の受験資格から□□□□を撤廃し，外国人に地方公務員就任の門戸を開いたところがある。

国籍条項

自由権

☐ 13 自由権は□□□□，**人身（身体）の自由**，**経済の自由**に大別できる。

精神の自由

☐ 14 <u>精神の自由</u>のうち，思想・良心の自由のような□□□□の自由は，それが□□□□にとどまっている限り，絶対的なものであり，**いかなる制約も受けない**。

内心

☐ 15 思想および良心の自由にかかわる判例に，□□□□訴訟がある。最高裁判所は，この裁判で，憲法が規定する思想および良心の自由は，**私人と私人の間の関係には直接適用されない**という考えを示した。

三菱樹脂

☐ 16 <u>頻出</u> 憲法は，**国およびその機関の宗教活動**を禁止したり，宗教団体への**公の財産の供与や公金の支出**を禁止したりするなど，□□□□の原則を定めている。

政教分離

☐ 17 憲法が保障する表現の自由には，**言論・出版の自由**だけでなく，□□□□の自由も含まれる。

集会・結社

☐ 18 憲法は，表現の自由の保障の一環として，思想内容・表現内容に関する公権力による事前審査である□□□□を禁止している。

検閲

☐ 19 憲法は，□□□□の秘密を保障している。ただし，□□□□傍受法は，組織的殺人，薬物・銃器犯罪など**特定の犯罪捜査**のために，□□□□の傍受を認めている。

通信

☐ 20 最高裁判所は『**石に泳ぐ魚**』**事件**において，原告のプライバシーを保護する観点から，小説出版の□□□□を認めた。

差し止め

公共の福祉による制約の例。
公共の福祉
▶p.124, 126

☐ 21 **頻出** 何を犯罪とし，その犯罪に対してどのような刑罰を 　　　**罪刑法定主義**
科すかはあらかじめ法律で定めておかなければならないと
する原則，すなわち ☐ を憲法は採用している。

☐ 22 憲法は， ☐ の禁止を定め，**実行の時に適法**であった行 　　　**遡及処罰**
為については，後にそれを犯罪とし刑罰を科すことを定め
る法律ができても，**刑事上の責任を問われることはない**と
定めている。

☐ 23 憲法は， ☐ が確定した行為について**再び刑事上の責任** 　　　**無罪**
が問われることはなく，また，**同一の犯罪で二度処罰され**
ることもないと定めている。

☐ 24 **頻出** ① を除いて，**逮捕**する場合には， ② の発す 　　　①**現行犯**
る令状が必要である。　　　　　　　　　　　　　　　　　　②**裁判官**

☐ 25 被疑者・刑事被告人には，自己に不利益な供述を強要され 　　　**黙秘**
ない ☐ 権や**弁護人依頼権**が保障されている。

☐ 26 **国選弁護人制度**は，**刑事被告人**だけでなく，勾留されてい 　　　**被疑者**
る ☐ にも適用される。

☐ 27 被告人にとって不利益な証拠が**自白しかない場合**には，裁 　　　①**有罪**
判で ① とすることはできず，したがって ② を科 　　　②**刑罰**
すことはできない。

☐ 28 裁判員裁判対象事件などで，取り調べの全過程を録音・録 　　　**可視化**
画する取り調べの ☐ が行われている。

☐ 29 刑事裁判の鉄則の1つに ① の推定がある。これは，刑 　　　①**無罪**
事被告人は裁判で ② が確定されるまでは， ① と 　　　②**有罪**
推定されるという考えをいう。

☐ 30 確定判決に重大な疑いがある場合には， ☐ の請求を行 　　　**再審**
うことができる。免田事件，財田川事件など，死刑囚が
☐ で無罪となった例がある。

> 最高裁は「疑わしき
> は被告人の利益に」
> という刑事裁判の鉄
> 則を再審にも適用す
> べきだとした。

☐ 31 憲法が規定する経済の自由には，**居住・移転および** ① 　　　①**職業選択の自由**
と， ② がある。この両規定には， ③ による制約が 　　　②**財産権の保障**
許される旨が定められている。　　　　　　　　　　　　　③**公共の福祉**

> 公共の福祉
> ▶p.123, 126

124　**政治・経済分野 [政治] 700語**

☐ 32 土地などの**私有財産**は，☐☐☐ の下に，公共のために用いることができる。公共のために強制的に土地を収用することも可能である。　　　正当な補償

社会権

☐ 33 日本国憲法が保障する社会権には**生存権**，☐①☐ **を受ける権利**，☐②☐，**労働三権**がある。
①教育
②勤労権

☐ 34 憲法は，健康で文化的な最低限度の生活を営む権利，すなわち，☐☐☐ を国民の権利として保障し，国に対して**社会福祉・社会保障・公衆衛生**の向上・増進に努める義務を課している。
生存権
生存権，日本の社会保障制度 ▶ p.215

☐ 35 頻出 最高裁判所は，☐①☐ および**堀木訴訟**で，憲法が保障する<u>生存権</u>は，個々の国民に直接**具体的権利**を賦与した規定ではなく，国家に対して**目標**を示した規定，すなわち，☐②☐ 規定であるという考えを示した。
①朝日訴訟
②プログラム

☐ 36 憲法が保障する**教育を受ける権利**の基礎には，人には教育を受け学習し成長する固有の権利，すなわち，☐☐☐ があるとする理念がある。
学習権

☐ 37 憲法は，教育を受ける権利の最低限の保障として ☐☐☐ の**無償化**を定めている。
義務教育

☐ 38 憲法上の ☐①☐ の保障の施策に，**公共職業安定所（ハローワーク）**による職業紹介事業や，☐②☐ **促進法**に基づく ☐②☐ の促進事業がある。
①勤労の権利
②障害者雇用

☐ 39 賃金・労働時間などの ☐☐☐ の基準の詳細は，憲法ではなく，**労働基準法・最低賃金法**などで定められている。
労働条件

☐ 40 頻出 失業者を含む勤労者には，**団結権**・☐☐☐・**団体行動権（争議権）**の**労働三権**が保障されている。
団体交渉権
労働三法 ▶ p.208

☐ 41 全ての公務員は，法律により ☐①☐ が禁止されている。また，**警察・消防・刑務所・海上保安庁の職員**，自衛隊員には ☐②☐ の**全て**が認められていない。
①争議行為
②労働三権

☐ 42 **公務員**に対する労働基本権制約の代償措置として，国家公務員には ☐①☐，地方公務員には ☐②☐ の**勧告制度**が設けられている。
①人事院
②人事委員会

基本的人権を確保するための権利

☐ **43** 憲法は，国民に**公務員**の選定・_____権を保障している。　罷免

☐ **44** 頻出 憲法が採用している直接民主制的な制度には次の3
つがある。
　ア．___①___ の**国民審査**
　イ．地方 ___②___ の**住民投票**
　ウ．___③___ の**国民投票**

①最高裁判所裁判官
②特別法
③憲法改正

これら3つの投票権は国民の権利であって，外国人には保障されていない。
▶p.121, 133, 139

☐ **45** 憲法上の請求権には，**請願権**，_____ を受ける権利，**国家賠償請求権**，**損失補償請求権**，**刑事補償請求権**がある。

裁判

請願権は参政権に分類することもある。

☐ **46** 刑事補償請求権は，抑留・拘禁された後に，裁判で ___①___
が確定した場合，国に対してその ___②___ を求めることが
できる権利をいう。

①無罪
②補償

国民の義務と公共の福祉

☐ **47** 日本国憲法は，国民の義務として，**子女に普通教育を受け
させる義務**，**勤労の義務**，_____ の義務を課している。

納税

☐ **48** 日本国憲法は，基本的人権を**侵すことのできない永久の権
利**とする一方で，権利の濫用を戒め，権利の行使が_____
に適合することを求めている。

公共の福祉

公共の福祉
▶p.123, 124

新しい人権

☐ **49** 憲法に規定のない新しい人権には，**環境権**，**知る権利**，**プ
ライバシーの権利**，_____（反論権），自己決定権などがある。

アクセス権

プライバシーの権利
▶p.123, 127

☐ **50** 環境権は憲法上の_____，**生存権**を根拠に主張されている。　幸福追求権

☐ **51** 最高裁判所は，環境権を国民の権利として認めたことが
　a ある，b ない 。

b

☐ **52** _____ 制度は，開発による環境への悪影響を防止するため，
開発に先立って開発が環境に与える影響の調査・予測・評
価を行い，その結果の公表を**開発事業者**に義務づける制度
である。

環境アセスメント
〔環境影響評価〕

126 **政治・経済分野〔政治〕 700語**

☐ 53 **頻出** 環境アセスメント制度は，川崎市が 1976 年に条例化したのを皮切りに，条例化を行う自治体が増えた。国レベルでは 1997 年に ☐☐☐☐☐ が制定された。

環境アセスメント〔環境影響評価〕法

☐ 54 プライバシーの権利は，☐☐☐☐☐ を憲法上の根拠として主張されている。

幸福追求権

☐ 55 **頻出** プライバシーの権利は，以前は，**みだりに私生活を公開されない権利**としてとらえられていたが，情報化の進展とともに，自己情報をみだりに利用されないようにそれを管理・コントロールする権利（☐☐☐☐☐）として，より積極的な意味でも理解されるようになってきた。

自己情報コントロール権〔自己情報管理権〕

☐ 56 裁判所は，☐☐☐☐☐ で，初めてプライバシーの権利を法的権利として認めた。

『宴のあと』事件

☐ 57 ☐☐☐☐☐ 関連法により，**公的機関**や**民間事業者**は，個人情報の適切な取り扱いを義務づけられている。

個人情報保護

ただし，報道機関が報道のために用いる場合など，その義務づけの適用除外の例がある。

☐ 58 知る権利は，政府が保有する情報を入手する権利を意味し，主として ☐☐☐☐☐ を憲法上の根拠として主張されている。

表現の自由

☐ 59 知る権利を確保するためには，☐①☐ 制度を整備するとともに，マスメディアなどの取材の自由・☐②☐ の自由を保障することも大切である。

①情報公開
②報道

☐ 60 **頻出** **情報公開法**（1999 年制定）は，個人が特定される情報など一部の例外を除き，外国人を含め**誰でも** ☐☐☐☐☐ の保有する行政文書の公開を求めることができる。

中央省庁

情報公開法には知る権利は明記されていない。

☐ 61 情報公開法に基づいて行われた開示請求に対し不開示の決定が行われた場合，開示請求者は，不服があれば，その決定の是非を ☐☐☐☐☐ で争うことができる。

裁判

☐ 62 住民一人ひとりに番号を付すことで社会保障や税等に関する情報を管理し，行政運営の効率化を図る仕組みとして ☐☐☐☐☐ 制度が導入されている。

マイナンバー

☐ 63 マスメディアに接近し，それを利用して意見を表明したり反論したりする ☐☐☐☐☐ 権を，最高裁判所が法的権利として認めたことはない。

アクセス〔反論〕

□ 64 **倫理** **私事**に関し，公権力による介入や干渉を受けずに自 ら決定できる権利を□□と呼ぶ。**尊厳死**や**インフォーム ド・コンセント**もこの権利と深くかかわる。 — 自己決定権

平和主義

憲法第9条と自衛隊

□ 01 日本国憲法は（恒久）平和主義を基本原理の1つとし，第 9条で，**戦争放棄**，□①□の不保持，□②□の否認を明記 している。 — ①戦力 ②交戦権

□ 02 1950年に始まった**朝鮮戦争**を契機に，□①□が創設され， 1952年にそれが□②□に改組され，1954年に<u>自衛隊</u>が 設立された。 — ①警察予備隊 ②保安隊

□ 03 **頻出** **長沼ナイキ基地訴訟**で，第一審の地方裁判所は， □①□は戦力にあたり**違憲**であるという判断を示した。し かし，第二審の高等裁判所は，□②□を用いて，□①□に 関する憲法判断は行わなかった。 — ①自衛隊 ②統治行為論 統治行為論▶p.141

□ 04 **頻出** **砂川事件**で，第一審の地方裁判所は，□①□は，戦力 にあたり違憲であるという判断を示した。しかし，最高裁 判所は□①□を合憲とし，また，<u>日米安全保障条約（安保 条約）</u>については，□②□を用いて憲法判断を行わなかった。 — ①駐留米軍 ②統治行為論 統治行為論▶p.141

日米安全保障条約（安保条約）

□ 05 日本は，1951年に**サンフランシスコ平和条約**と同時に， □□に調印し，米軍に基地を提供することになった。 — 日米安全保障条約〔安保条約〕

□ 06 1960年に安保条約が改定され，日米□□義務が新たに 規定され，安保条約の交換公文で<u>事前協議</u>制が導入された。 — 共同防衛 事前協議は一度も行われたことがない。

□ 07 現在のところ，日本における在日米軍施設・区域のうち面 積にして約□□％が**沖縄**に置かれている。 — 70

□ 08 アメリカ側の要請により，日本は米軍の駐留経費の一部を 負担している。これを「□□」という。 — 思いやり予算

128 政治・経済分野［政治］ 700語

日本の安全保障政策の原則

☑09 核兵器を「持たず, 作らず, 持ち込ませず」という ◻ が, 1971 年に**国会**で決議された。

非核三原則

☑10 防衛費の増大を抑制するために, 1976 年に一般会計予算に占める防衛関係費を, GNP (国民総生産) の ◻ ％以内とすることが**閣議決定**された。現在でも, 防衛関係費はおおむねこの水準で推移している。

1

☑11 2014 年に ◻ が閣議決定された。これは武器輸出を原則として禁じてきた**武器輸出三原則**に代わる新たな原則で, 日本の安全保障に役立つなどの条件を満たせば武器輸出を認めるというものである。

防衛装備移転三原則

☑12 頻出 自衛隊に対する ◻① (**シビリアン・コントロール**) の一環として, 自衛隊の**最高指揮権**は**文民**である ◻② が有し, **自衛隊の隊務を直接統括**する権限は**文民**である ◻③ が有する。

①文民統制
②内閣総理大臣
③防衛大臣
文民▶p.136

☑13 日本の安全保障に関する重要事項を審議する機関として, ◻ が**内閣**に設置されている。その構成員は, 文民である**内閣総理大臣および国務大臣**である。

国家安全保障会議

冷戦終結後の安全保障政策と安保の再定義

☑14 1992 年には ◻ 法が制定され, 自衛隊がPKOに参加することができるようになった。

PKO〔国連平和維持活動〕協力

☑15 1997 年に「**日米防衛協力のための指針 (ガイドライン)**」の見直しが行われ, 日本有事に加え**周辺有事**の際の防衛協力について定められた。これを新ガイドラインと呼ぶ。これを受けて, 1999 年に**ガイドライン関連法**の1つとして ◻ が制定された。

周辺事態法

☑16 1997 年策定の ◻ の見直しが 2015 年に行われ, 日米防衛協力の範囲が「アジア太平洋地域およびこれを越えた地域」へと拡大されるなど, 日米同盟が強化された。

新ガイドライン

☑17 2003 年には**武力攻撃事態対処法**などの ◻ 法制関連三法, 2004 年には**国民保護法**などの ◻ 法制関連七法が制定され, ◻ 法制が整備された。

有事

☑ 18 2001年の**アメリカ同時多発テロ**を受けて制定された
□□□法に基づいて，対テロ報復戦争を行う米軍を後方支
援するために，自衛艦がインド洋に派遣された。

テロ対策特別措置

☑ 19 2003年に勃発した**イラク戦争**終結後のイラク復興のため
に，自衛隊は□□□法に基づいてイラクに派遣された。

イラク復興支援特別措置

☑ 20 ソマリア沖で多発していた海賊被害への対処のために，当
初は自衛隊法に基づいて，□□□法制定（2009年）後は
同法に基づいて，自衛艦が派遣された。

海賊対処

☑ 21 政府は，2014年に，□□□自衛権の行使は憲法上禁止さ
れているとする従来の**解釈を変更**し，一定の条件の下でそ
の行使が可能であるとする閣議決定を行った。

集団的

☑ 22 頻出 2015年に成立した改正**武力攻撃事態法**には，□①□
事態において**個別的自衛権**の行使が，□②□事態において
集団的自衛権の行使が可能であると定められている。

①武力攻撃
②存立危機

☑ 23 2015年に周辺事態法の改正法として成立した**重要影響事
態法**には，重要影響事態において，軍事行動を行っている
他国の軍隊への□□□が行えると定められている。

後方支援

☑ 24 2015年に成立した改正PKO（国連平和維持活動）協力法
では，自衛隊による□□□を可能とする規定が設けられた。

駆けつけ警護

共通テスト攻略のポイント

● 2010年以降の安全保障政策の変化の整理
○武器輸出三原則→防衛装備移転三原則（2014年閣議決定）
○安全保障会議→国家安全保障会議（2013年設置）
○集団的自衛権行使憲法上禁止→一定の条件の下で集団的自衛権行使可能に（2014年閣議決定）
○安全保障関連法の制定（2015年）

武力攻撃事態法	武力攻撃事態において，個別的自衛権が行使できるだけでなく，存立危機事態において，集団的自衛権行使が可能となった。
重要影響事態法	重要影響事態において，軍事行動を行っている他国の軍隊に対して，地理的限定なしに自衛隊による後方支援が可能となった。
国際平和支援法	国際平和共同対処事態において，自衛隊が他国の軍隊の後方支援を行うことが可能となった。
PKO協力法	離れた場所にいる他国の軍人や民間人が武装勢力などに襲撃された場合に，助けに向かう「駆けつけ警護」が可能となった。

● 安全保障関連法上の用語整理
○**武力攻撃事態**…日本が武力攻撃を受けた事態またはその明白な危険が切迫している事態のこと。
○**存立危機事態**…日本は武力攻撃を受けていないが，日本と密接な関係にある他国に対する武力攻撃が発生し，これにより日本の存立が脅かされ，国民の生命，自由および幸福追求の権利が根底から覆される明白な危険がある事態のこと。
○**重要影響事態**…日本の平和および安全に重要な影響を与える事態のこと。
○**国際平和共同対処事態**…日本の安全には直接影響がないが，国際社会の平和と安全を脅かすような事態であって，国際社会が共同して対処する必要のあるもののこと。

入試問題でチェック！

問　日本の安全保障をめぐる法制度や政策についての記述として正しいものを，次の ① ～ ④ のうちから一つ選べ。　　　　　　　（18年 センター本試）

① 2014年に政府が決定した防衛装備移転三原則によれば，武器や関連技術の輸出は全面的に禁止されている。

② 自衛隊の最高指揮監督権は，防衛大臣が有している。

③ 2015年に成立した安全保障関連法によれば，日本と密接な関係にある他国に対する攻撃によって日本の存立が脅かされ，国民の権利が根底から覆される明白な危険がある場合でも，武力行使は禁止されている。

④ 安全保障に関する重要事項を審議する機関として，国家安全保障会議を内閣に設置している。

解答　④　2013年に設置された。① 日本の安全保障に資する場合などでは「武器や関連技術の輸出」が認められている。②「防衛大臣」が不適当。正しくは内閣総理大臣。③ 日本が武力攻撃を受けた場合〔武力攻撃事態〕や，または，日本が攻撃を受けておらず，「日本と密接な関係にある他国に対する攻撃によって日本の存立が脅かされ，国民の権利が根底から覆される明白な危険がある場合」〔存立危機事態〕において，日本は自衛権を発動し武力行使を行うことができる。

132　　政治・経済分野［政治］　700語

第1章　現代の政治

政経　頻度 ★ ★ ★

3節 日本の統治機構

立法

国会の地位

☐ 01 憲法は, 国会を「国権の ⬚ 」と位置づけている。これは, 国会が国民の意思を直接代表するからである。

最高機関

☐ 02 頻出 憲法は, 国会を国の唯一の ① としている。ただし, 憲法が国会以外に立法権を認めている例として, 次の4つがある。
　ア. 国会の各議院の議院規則の制定権
　イ. 内閣の ② 制定権
　ウ. 最高裁判所の規則制定権
　エ. 地方自治体の条例制定権

①立法機関
②政令

☐ 03 頻出 特定の地方自治体のみに適用される地方 ① 法の制定には, 国会の議決に加え, その地方自治体の ② においてその**過半数の同意**を得る必要がある。

①特別
②住民投票
地方特別法の住民投票▶p.126, 153

国会の種類

☐ 04 国会の会議には, 毎年1月に召集される ① , 衆議院の**解散**による総選挙後に召集される ② , 内閣の要求やいずれかの議院の総議員の4分の1以上の要求がある場合などに召集される ③ のほか, **衆議院の解散中**に内閣の要求によって開かれる ④ がある。

①常会〔通常国会〕
②特別会〔特別国会〕
③臨時会〔臨時国会〕
④参議院の緊急集会

国会の運営

☐ 05 **頻出** 国会における議決の方式には，原則として，出席議員の過半数の賛成で成立する方式が採用されているが，**憲法改正の発議**は ① の賛成，また，次の４つに関しては，**出席議員の３分の２以上の賛成**を必要とする特別多数決の方式が採用されている。
ア．衆議院における ② 案の再議決
イ． ③ の決定
ウ．議員懲罰による ④ の議決
エ． ⑤ における資格のはく奪

①総議員の３分の２以上
②法律
③秘密会
④除名
⑤資格争訟

☐ 06 国会の各議院の本会議で審議・議決を行うためには，それぞれ総議員の ____ 以上の出席が必要である。

3分の1

この最低出席者数を定足数という。

☐ 07 本会議は ____ を原則とする。ただし，**出席議員の３分の２以上の賛成**で，秘密会とすることができる。

公開

☐ 08 **頻出** 審議の中心は，本会議ではなく ① である。 ① は，利害関係者や学識関係者から意見を聞くために， ② を開くことができる。

①委員会
②公聴会

☐ 09 日本の国会の議事運営が，公式の議院運営委員会ではなく，非公式の場において与野党の国会対策担当者間の折衝で決められる現状は「 ____ 」と呼ばれ，不透明であるとする指摘がある。

国対政治

☐ 10 国会での議案の議決に当たって，政党が所属国会議員に対して党の決定に従った投票行動を求める ____ をかける例がしばしば見られる。

党議拘束

☐ 11 衆議院の解散は，天皇の ① として行われるが，実質的には内閣が決定する。内閣は，内閣不信任決議がなされた場合（69条解散）だけでなく，内閣の判断で衆議院を解散（7条解散）できる。衆議院が**解散**されると ② 日以内に**総選挙**が行われ， ③ 日以内に**特別**会が召集され，新たな**内閣総理大臣**が指名される。

①国事行為
②40
③30

国事行為
▶p.120, 147

☐ 12 衆議院が解散されると，全ての衆議院議員はその資格を失うが，内閣は，新たな ____ が任命されるまで引き続きその地位にとどまり職務を遂行する。

内閣総理大臣

国会議員

☐ **13** 被選挙権年齢は，衆議院議員については満 ① 歳以上，参議院議員については満 ② 歳以上である。

① 25
② 30

☐ **14** 国会議員は，憲法上，相当額の ① を受け取る権利が認められているが，裁判官とは異なりその ② が禁止されているわけではない。

① 歳費
② 減額
歳費特権と呼ばれる。

☐ **15** [頻出] 国会議員は，法律の定める場合を除いて， は逮捕されない。

会期中
不逮捕特権と呼ばれる。

☐ **16** [頻出] 国会議員は， ① で行った発言，表決などに関し， ② で法的責任を問われることはない。

① 院内
② 院外
免責特権と呼ばれる。

国会の権限と議院の権限

☐ **17** 国会には，憲法上，憲法改正の<u>発議</u>，法律の議決，条約の ① ，内閣総理大臣の ② ， ③ の議決，<u>弾劾裁判所</u>の設置などの権限がある。

① 承認
② 指名
③ 予算

☐ **18** [頻出] 条約の 権は内閣にあるが，内閣は**事前**あるいは**事後に国会の承認**を得る必要がある。

締結

☐ **19** 予算については衆議院に 権がある。

先議

☐ **20** 国の収入支出の決算は， ① がこれを検査し，内閣は，次の年度に，その検査報告とともに，これを ② に提出しなければならない。

① 会計検査院
② 国会

☐ **21** [頻出] 内閣に対する 決議権は衆議院にのみ認められている権限である。

不信任

☐ **22** 国会は，非行を行うなど適格性に欠ける裁判官を，**弾劾裁判**により罷免することができる。その手続きは，両議院から選出された国会議員で構成される 委員会が裁判官の を行い，両議院から選出された国会議員で構成される**弾劾裁判所**が罷免するかどうかの決定を行う。

訴追
弾劾裁判 ▶ p.139

☐ **23** 国会の各議院には， ① 調査権，議院 ② の制定権，資格争訟の裁判権，議員懲罰権が認められており，議院はそれぞれ**独自に**その権限を行使できる。

① 国政
② 規則
国政調査権 ▶ p.139

☐ 24 国会の各議院は，裁判内容の当否については，国政調査権　　**司法権の独立**
を行使できないと考えられている。なぜなら 　　　 を侵
すことにつながるおそれがあるからである。

衆議院の優越

☐ 25 **頻出** 衆議院で可決された法律案は，参議院がその受け取　　①60
り後，国会休会中の期間を除き， ① 日以内に議決しな　　②**出席議員の**
いか，否決した場合，衆議院が ② 以上の賛成で再可決　　**3分の2**
すれば，成立する。　　**憲法が採用する特別**
　　多数決 ▶ p.134

☐ 26 **頻出** **予算の議決**，**条約の承認**，**内閣総理大臣**の**指名**に関し　　**両院協議会**
ては，衆議院と参議院で異なる議決となった場合， 　　　
を開かなければならない。これらの場合， 　　　 で意見の
一致が見られなければ，衆議院の議決が国会の議決となる。

行政

国会と内閣との関係，内閣の組織

☐ 01 内閣は，**行政権の行使**に関し， 　　　 に対して連帯して責　　**国会**
任を負う。

☐ 02 **頻出** 衆議院が**内閣不信任決議**を成立させると，内閣は，　　①10
　① 日以内に衆議院を ② しない限り，**総辞職**しな　　②**解散**
ければならない。

☐ 03 内閣総理大臣は，国会議員の中から ① によって　　①**国会**
　② され，天皇によって任命される。　　②**指名**

☐ 04 内閣総理大臣は国務大臣を ① し，任意に ② でき　　①**任命**
る。これに関して，国会の同意は不要である。　　②**罷免**

☐ 05 内閣総理大臣も国務大臣も，全員 　　　 でなければなら　　**文民**
ない。　　**文民 ▶ p.129**

☐ 06 国務大臣の数は，法律により上限が定められており，また，　　**過半数**
その 　　　 は**国会議員**でなければならない。

136　政治・経済分野［政治］ **700語**

□ 07 内閣が総辞職しなければならない憲法上の事由は次の4つ。　①特別会
　　ア．内閣不信任決議が成立し10日以内に衆議院を解散し　〔特別国会〕
　　　　ないとき　②臨時会
　　イ．衆議院の解散による総選挙後に ① が開かれたとき　〔臨時国会〕
　　ウ．衆議院議員の任期満了に伴う総選挙後に ② が開　③内閣総理大臣
　　　　かれたとき
　　エ． ③ が欠けたとき

内閣・内閣総理大臣の権限

□ 08 内閣の権限には，法律の執行・国務の総理，外交関係の処理，　①締結
　　条約の ① ，予算の作成と国会への提出， ② の制定，　②政令
　　恩赦の ③ ，天皇の国事行為への助言と承認，国会への　③決定
　　法律案の提出，最高裁判所長官の**指名**とその他の裁判官の
　　任命などがある。

□ 09 [　　] があれば，政令に罰則を設けることができる。　法律の委任

□ 10 内閣総理大臣は，憲法上，国務大臣の任免権，行政各部の　閣議
　　指揮・監督権などのほか，法律上でも，[　　] の主宰，自
　　衛隊の防衛出動・治安出動の命令権などを持つ。

□ 11 在任中の国務大臣の訴追には [　　] の同意が必要である。　内閣総理大臣

行政権の肥大化

□ 12 政府の役割の増大に伴って，行政機関が政策決定に大きな　①議員
　　影響力を持つようになった（**行政権の肥大化**）。行政権の肥　②内閣
　　大化の現れとしては次の4つが重要。　③委任立法
　　ア．成立率で見ると， ① 提出法案に比べ ② 提出
　　　　法案の方が高い
　　イ．法律の委任に基づいて行政機関が立法を行う ③
　　　　が多く見られる
　　ウ．行政指導や行政裁量が多く見られる
　　エ．行政機関が多くの許認可権を持つ

□ 13 **行政指導**など行政運営の公正の確保と透明化の向上を図る　①行政手続
　　ために，1993年に ① 法が制定された。また，行政機　②情報公開
　　関の説明責任を果たす一環として，1999年に中央省庁の
　　行政文書を対象とする ② 法が制定された。

□14 [頻出] 住民の声を行政に反映させるために，一部の地方自治体では，_____制度（行政監察官制度）が導入されている。

オンブズマン〔オンブズパーソン〕

国レベルではこの制度は導入されていない。

□15 中立で公正な行政運営を図ることなどを目的として，国および地方自治体に，一般の行政機関からある程度独立している合議制の_____が設置されている。

行政委員会

行政委員会▶p.144

国会改革・行政改革

□01 国会審議の活性化を図るために，大臣に代わって官僚が国会で答弁する_____は廃止され，大臣の下に**副大臣・大臣政務官**が設置された。

政府委員制度

□02 国会で内閣総理大臣と野党の党首が直接討論する_____制が，イギリスのクエスチョン・タイムを手本として導入された。

党首討論

□03 2001年に中央省庁の再編が行われ，1府22省庁制から1府12省庁制となった。その改革で，_____府が新設されたり，環境庁が**環境省**へと格上げされたりした。

内閣

2007年に防衛庁が防衛省に格上げされた。

□04 1980年代に三公社（電電公社，専売公社，国鉄）の① 化が行われた。その後，1990年代後半から2000年代にかけて，**特殊法人の統廃合**，**道路公団**や**郵政**の ① 化，中央省庁の事務のうち国立病院などの実施部門や特殊法人の ② 化が行われ，行政のスリム化が図られた。

①民営

②独立行政法人

行政改革には，PFI（プライベート・ファイナンス・イニシアティブ）の推進などもある。

□05 地域を限定して国の規制を緩和する取り組みには，2002年に創設が決まった ① 特区や，2013年に創設が決まった ② 特区がある。前者は地域経済の活性化を目指すもので，後者は，産業の国際競争力の強化や国際的な経済活動の拠点形成を目指すものである。

①構造改革

②国家戦略

□06 公務に対する国民の信頼を確保することを目的に，公務員の職務倫理の保持を図る_____が制定されている。

国家公務員倫理法

□07 国家公務員の幹部職員の人事を一元的に管理する_____が設置されている。

内閣人事局

司法

裁判所の構成

☐ 01 司法権は**最高裁判所**および**下級裁判所（高等裁判所・地方裁判所・家庭裁判所・簡易裁判所）**に属し，**行政裁判所**などの＿＿＿を設置することはできない。

特別裁判所

☐ 02 海難審判所などの**行政機関**は，前審として裁判を行うことができるが，＿＿＿として裁判を行うことはできない。

終審

行政機関の審判の結果に不服がある場合，その取り消しを求めて通常の司法裁判所に訴えを起こすことができる。

司法権の独立

☐ 03 頻出 裁判が公正に行われるようにするため，＿＿＿が確保される必要がある。日本国憲法も**裁判官職権の独立**を定めるなど，＿＿＿を制度的に保障している。

司法権の独立

☐ 04 司法権の独立の侵犯が問題となった事件には，以下の例がある。
　　ア．行政機関からの裁判干渉事件：明治憲法下の ①
　　イ．立法機関からの裁判干渉事件：参議院が ② を行使して裁判に干渉した浦和事件
　　ウ．司法機関内部の裁判干渉事件：平賀書簡事件

①大津事件
②国政調査権
国政調査権▶p.135

☐ 05 頻出 司法権の独立を確保するため，憲法は裁判官の身分を手厚く保障している。裁判官が意に反して罷免されるのは，憲法上，次の2つ。最高裁判所裁判官はこれらに加え，国民審査による罷免の制度がある。
　　ア．裁判により ① のため職務遂行が不可能であると判断されたとき
　　イ．国会の ② で罷免の決定がなされたとき

①心身の故障
②弾劾裁判
アとイのほか，最高裁判所裁判官は，国民審査で投票者の過半数が罷免を可としたとき罷免される。
弾劾裁判所▶p.135

☐ 06 最高裁裁判所裁判官についての国民審査は，最高裁判所裁判官に任命された後最初の ① の際に行われ，その後10年を経過するごとに行われる。国民審査で ② の過半数が罷免を可としたとき，その裁判官は罷免される。

①衆議院議員総選挙
②投票者
憲法が採用する直接民主制的な制度▶p.126

☐ 07 頻出 法務大臣などの＿＿＿は裁判官の**懲戒処分**を行うことはできない。

行政機関

政治・経済分野［政治］

139

☑ 08 憲法上，□□□の報酬の減額はできない。　　　　　　　　　　裁判官

☑ 09 最高裁判所には裁判所内の□□□を制定する権限が認め　　　規則
られている。

☑ 10 頻出 裁判は□□□を原則とする。**判決**と，**政治犯罪，出**　　公開
版に関する犯罪，憲法が保障する**国民の権利が問題となっ**
ている事件の対審は，**必ず**□□□**法廷**で行われる。

☑ 11 10で述べた以外の**対審**を非公開とするには，裁判官　　　全員一致
□□□の賛成が必要である。

裁判制度

☑ 12 頻出 最高裁判所長官は，□①□の**指名**に基づいて**天皇**が　　①内閣
任命する。最高裁判所のその他の裁判官は，□①□が**任命**　②最高裁判所
する。下級裁判所の裁判官は，□②□の**指名**した者の名簿
に基づいて□①□が任命する。

☑ 13 憲法は，下級裁判所の裁判官の**任期**を□□□年と定め，再　　10
任されることができると規定している。

☑ 14 審理の慎重を期して□□□制が採用されている。第一審　　三審
は，原則として，事件に応じて，地方裁判所，家庭裁判所，
簡易裁判所のいずれかが担当する。

☑ 15 裁判には，私人間の権利義務関係の争いなどの事件を裁　　①民事裁判
する□①□，刑罰を科すかどうかが問題となる事件を裁　②刑事裁判
判する□②□，国や地方自治体の処分・決定に対する国　③行政裁判
民の異議申し立てなどの事件を裁判する□③□がある。

☑ 16 刑事裁判に関して，公訴を提起（起訴）できるのは，原則と　　検察官
して□□□のみである。

☑ 17 頻出 **検察官**が□①□**処分**にした事件について，有権者の　①不起訴
中から無作為に選出された委員で構成される□②□は，　②検察審査会
その処分の当否について審査することができる。

☑ 18 検察審査会が起訴相当の議決を行った事件に関し，検察官　　弁護士
が<u>不起訴処分</u>を維持し，再度，検察審査会が起訴すべき旨
の議決（起訴議決）を行った場合，裁判所が指定した
□□□が検察官の役割を担い，被疑者を起訴し刑事裁判が
開始される制度が導入されている（起訴議決制度）。

□19 原則として，**誰でも**裁判を傍聴できる。傍聴の際に，
　　　① を取ることはできるが，② はできない。

①メモ
②録音・撮影

□20 刑事裁判に関し，　　　　　およびその親族が優先的に傍聴で
　　きる制度が導入されている。

犯罪被害者

□21 　　　　参加制度が導入され，犯罪 　　　　が裁判で被告人
　　に質問したり証人に尋問したりすることができるように
　　なった。

被害者

□22 **民事紛争**の解決の仕方には，裁判所に訴訟を提起し裁判所
　　が行う**判決**によって解決を図る**民事訴訟**以外にも，次のよ
　　うな方法がある。
　　ア．紛争当事者が互いに譲歩し合って争いをやめる ① 。
　　　この ① には，裁判所において行われるものと，裁判
　　　所外で行われる，いわゆる示談と呼ばれるものがある。
　　イ．司法機関，行政機関，民間機関などの第三者が紛争当
　　　事者の間に入って紛争の解決を図る**あっせん，調停，仲裁**。
　　アやイのように裁判以外の形で行われる紛争解決の手続き
　　を，一般に，「 ② 」と呼び，それを促進するための法律
　　も制定されている。

①和解
②裁判外紛争解
決手続〔ADR〕

違憲立法審査制度

□23 **違憲立法審査権**は最高裁判所だけでなく　　　　　にもある。

下級裁判所
違憲立法審査権
▶p.115

□24 日本ではアメリカと同様，付随的違憲審査制度が導入され
　　ており，裁判所は，　　　　　を解決するのに必要な限りで法
　　令の違憲審査を行うことができる。

具体的(訴訟)事件

□25 裁判所により違憲とされた法令は，その事件についてのみ
　　　① となる。その法令を削除し将来にわたって ①
　　とするためには，国会などその法令について ② を有
　　する機関がその規定を改正・廃止する必要がある。

①無効
②立法権

□26 最高裁判所は，　　　　　の立場から，条約を違憲審査の対象
　　外としたことがある。

統治行為論
砂川事件▶p.128

最高裁判所の違憲判決

☐ **27** 頻出 違憲立法審査権を行使し，法律の規定が憲法の保障する**平等権**の規定に違反するとした最高裁判所の判例には，以下のものがある。

① 衆議院
② 民法
③ 女性

ア．**尊属殺人重罰規定違憲判決**…刑法の尊属殺人重罰規定が憲法第14条1項（法の下の平等）に違反

イ．**① 議員定数不均衡違憲判決**…公職選挙法の定数配分規定が，憲法第14条1項（法の下の平等）に違反

ウ．**国籍法婚外子差別規定違憲判決**…国籍取得の要件に関し婚外子（非嫡出子）と婚内子（嫡出子）とで異なる取り扱いを定めた国籍法の規定が，憲法第14条1項（法の下の平等）に違反

エ．**婚外子法定相続分規定違憲決定**…法定相続分に関し婚外子（非嫡出子）と婚内子（嫡出子）とで異なる取り扱いを定めた **②** の規定が，憲法第14条1項（法の下の平等）に違反

オ．**再婚禁止期間違憲判決**… **③** に6か月の再婚禁止期間を定めた民法の規定のうち，100日を超える部分が，憲法第14条1項（法の下の平等）および第24条2項（両性の本質的平等）に違反

☐ **28** 頻出 違憲立法審査権を行使し，法律の規定が憲法の保障する**経済の自由**の規定に違反するとした最高裁判所の判例には，以下のものがある。

職業選択の自由

ア．**薬事法違憲判決**…薬事法の薬局距離制限規定が，憲法第22条1項（_____）に違反

イ．**森林法違憲判決**…森林法の共有林分割制限規定が，憲法第29条2項（財産権に対する公共の福祉による制約）に違反

☐ **29** 頻出 違憲立法審査権を行使し，法律の規定が憲法の保障する**請求権**の規定に違反するとした最高裁判所の判例には，以下のものがある。

国家賠償請求権

・**郵便法違憲判決**…郵便法の免責規定が憲法第17条（_____）に違反

☑ 30 頻出 違憲立法審査権を行使し，法律の規定が憲法の定める**参政権**の規定に違反するとした最高裁判所の判例には，以下のものがある。

　・**在外邦人選挙権制限違憲判決**…在外投票制度を ☐ 制に限るとする公職選挙法の規定が，憲法の保障する選挙権の規定（第 15，43，44 条）に違反

比例代表

☑ 31 頻出 憲法が定める**政教分離の原則**に違反するとした最高裁判所の判例には，以下のものがある。

　ア．**愛媛玉串料訴訟**… ☐ 等の奉納にかかる費用を公金から支出した県の行為

　イ．**砂川政教分離訴訟**…神社に市有地を無償提供する市の行為

　ウ．**那覇市孔子廟違憲訴訟**…儒教施設（孔子廟）に公有地を無償提供する市の行為

玉串料

司法制度改革

☑ 32 特許権など ☐ 権をめぐる訴訟を専門に取り扱う ☐ 高等裁判所が設置されている。

知的財産

知的財産権
▶ p.102, 227

☑ 33 頻出 重大な ① 事件の第一審に ② 制度が導入されている。これは，有権者の中から無作為に選出された ② と職業裁判官が合議体を形成し，有罪・無罪の事実認定と，有罪の場合の量刑を行うというものである。

①刑事
②裁判員

☑ 34 **裁判員裁判**は，原則として，裁判官 3 名と裁判員 6 名で構成される。有罪・無罪の評決や量刑は，全員一致の結論が得られない場合，裁判官・裁判員の双方の意見を含む ① の意見による。たとえば，有罪とするためには，裁判官 1 人を含む ② 名以上の賛成が必要である。

①過半数
②5

☑ 35 裁判の迅速化を図る一環として，裁判官，検察官，弁護人があらかじめ集まり争点を絞り込む ☐ 手続が全ての裁判員裁判に導入されている。

公判前整理

地方自治

明治憲法下の地方制度

☑ **01** 頻出 **ブライス**は，「地方自治は民主主義の ____ である」
と述べ，地方自治が民主主義を学ぶ第一歩となると主張し
た。

学校

☑ **02** 頻出 **明治憲法**には，地方自治についての規定は ____ 。
また，府県の知事は，天皇による任命制が採用される（官
選知事）など，自治の観念が見られなかった。

なかった〔ない〕

地方自治の本旨

☑ **03** 頻出 憲法は地方自治体の組織および運営は ____ に基づ
くと規定している。____ は**団体自治**と**住民自治**からなる。

地方自治の本旨

☑ **04** ___①___ とは，地方自治体が国から相対的に独立して地域の
行政を行うことをいう。憲法で定める ___②___ は，この考え
を示している。

①団体自治
②条例制定権

☑ **05** ___①___ とは，地方自治体の運営は住民の意思と責任におい
て行われることをいう。憲法で定める住民による地方自治
体の ___②___ の**直接選挙**は，この考えを示している。

①住民自治
②（首）長・議員

地方自治法上の直接
請求や住民投票条例
に基づく住民投票も
住民自治の考えに基
づいている。

☑ **06** 地方自治体は，「___①___ の範囲内」において，条例を制定
することができる。条例には ___②___ を設けることができ
る。また，環境基準など，**法律よりも厳しい基準やより広
い規制**を設ける条例の制定も認められている。

①法律
②罰則

地方自治体の政治制度と地方自治体の仕事

☑ **07** 地方自治体には，議事機関として**地方議会**が設置され，執
行機関として長と，その下に**副知事・副市町村長**が設置さ
れている。また，教育委員会などの ____ も設置されてい
る。

行政委員会
行政委員会▶p.138

☑ **08** 地方議会は，**一院制**で，住民により選挙された任期**4年**の
議員で構成されている。地方議会には，条例の ___①___ ，予
算の ___②___ などの権限がある。

①制定・改廃
②議決

☑09 地方自治体の長は，住民の直接選挙で選出され，任期は4年である。長は地方税の徴収，**条例の[　　]**，**議案の議会への提出**や**予算の調整（作成）とその[　　]**などの事務を担任する。　　　　　**執行**

☑10 **頻出** 議会が，長に対する[　　]を可決した場合，長は10日以内に議会を**解散**しない限り，**失職**する。　　　　　**不信任決議**

☑11 **頻出** 議会で可決した予算・条例案に対して，長は[　　]を行使し，予算・条例案を議会に送り戻すことができる。[　　]が行使されても，議会が出席議員の**3分の2以上の多数で再可決**すると，その予算・条例案は成立する。　　　　　**拒否権**

☑12 地方自治体の事務は，[　　]（1999年制定）で見直され，機関委任事務が廃止され，<u>自治</u>**事務**と<u>法定受託</u>**事務**の2つに再編された。　　　　　**地方分権一括法**

☑13 [　　]には，地方税の徴収，条例の執行のほか，**介護保険サービス**，**国民健康保険の給付**，**児童福祉・老人福祉・障害者福祉サービス**，**都市計画の決定**などがある。　　　　　**自治事務**

☑14 法定受託事務には，[①]**選挙**，[②]**の交付**，**国道の管理**，**戸籍事務**，**生活保護**などがある。　　　　　①国政　②旅券〔パスポート〕

住民の政治参加

☑15

請求の種類	必要署名数	請求先	請求の取り扱い
条例の制定・改廃請求	有権者の[①]以上	[③]	議会にかけられる
事務監査請求		監査委員	監査が実施される
議会の解散請求	原則として有権者の[②]以上	[④]	[⑤]が実施される
長・議員の解職請求			
主要公務員の解職請求		[③]	議会にかけ，3分の2以上の出席，その4分の3以上の同意があれば失職

①50分の1
②3分の1
③（首）長
④選挙管理委員会
⑤住民投票

☑ 16 地方自治体の重要施策の是非などを問う<u>住民投票</u>を行う自治体が増えた。これは**住民投票条例**を制定して行われるもので，その<u>住民投票</u>の結果には □ がない。

法的拘束力

> 投票権は条例で定めることができ，未成年者や定住外国人に投票権を認めた例がある。

● 住民投票条例に基づく住民投票の例

新潟県巻町（まき）
（原子力発電所）

埼玉県上尾市（あげお）
（合併問題）

新潟県刈羽村（かりわ）
（プルサーマル計画）

山口県岩国市
（在日米軍基地空母艦載機移動受け入れ）

岐阜県御嵩町（み　たけ）
（産業廃棄物処理場）

徳島県徳島市
（可動堰建設）（かどうぜき）

滋賀県米原町（まいばら）
（合併問題）

沖縄県
（在日米軍基地）

沖縄県名護市（な　ご）
（海上航空基地）

地方自治の現状と課題

☑ 17 **頻出** 地方自治体は，自主財源が不足しており，国に財源を依存する状態が続いている。依存財源には，国が**国税**の一定割合を**使途を限定せずに**交付する □① や，**使途を特定して交付する** □② などがある。

①地方交付税
②国庫支出金

☑ 18 □ は，地方財政格差を是正するために，所得税・法人税・酒税などの国税の一定割合を，財政状況に応じて配分するものである。

地方交付税

☑ 19 2000 年代の地方分権改革の一環として，**三位一体の改革**が推進された。三位一体の改革とは，国から地方への税源移譲，□① 制度の見直し，□② の削減を一体的に行って，地方財政の自立性の強化を図ろうとするものである。

①地方交付税
②国庫支出金

☑ 20 1999 年から □① 合併（平成の大合併）が推進された。合併の是非を問う □② を実施した自治体もある。

①市町村
②住民投票

☑ 21 地方都市の中には，中心市街地に人口，商業施設，公益施設を集約することにより，暮らしやすさの向上や中心部の商業の活性化，行政サービスの効率化を図る □ の考え方を導入しているところもある。

コンパクトシティ

☑ 22 □ 制度は，任意の自治体に寄付をすることにより，寄付金額の一部が所得税・住民税から控除される仕組みで，これには地方自治体の間で税収を移転させる効果がある。

ふるさと納税

- ☐ 23 65歳以上の人口が半数以上を占め，社会的共同生活の維持が困難になるとされる地域は，_____と呼ばれる。　　　限界集落

- ☐ 24 地方自治体が財政破たん状態に陥った場合，（地方公共団体）財政健全化法に基づき_____に指定され，国の管理下で財政の再生が図られる。2021年4月現在，_____に指定されている自治体が存在する。　　　財政再生団体

共通テスト攻略のポイント

●天皇の国事行為と内閣の権限

憲法第6・7条に規定されている天皇の国事行為と，憲法第73条に規定されている内閣の権限は，きちんと覚えないと足元をすくわれる。たとえば，法律・条約の**公布**，恩赦の**認証**は天皇の国事行為，法律の**執行**・条約の**締結**，恩赦の**決定**は内閣の権限である。

入試問題でチェック！

問　日本国憲法が定める国会についての記述として正しいものを，次の ① ～ ④ のうちから一つ選べ。　　　　　　　　　　　　　　　　　（19年センター本試）

① 在任中の国務大臣を訴追するには，国会の同意が必要となる。

② 大赦や特赦などの恩赦を決定することは，国会の権限である。

③ 衆議院で可決した予算を参議院が否決した場合に，両院協議会を開いても意見が一致しないとき，衆議院の議決が国会の議決となる。

④ 最高裁判所の指名した者の名簿によって，下級裁判所の裁判官を任命することは，国会の権限である。

解答　③　予算の議決に関する衆議院の優越である。①「国会」を内閣総理大臣に替えれば正文となる。② と ④ は「国会」を内閣に替えれば正文となる。

第1章　現代の政治

政経　頻度 ★ ★

4節 現代の政治の特質と課題

政党

□ 01 選挙権の拡大に伴って政党の組織形態が変化した。**制限選挙**の時代には，財産と教養のある ① を中心に運営されていた ① 政党が中心であったが，**普通選挙制度**の導入とともに，多数の党員を擁し組織化され，大衆の支持を基盤とした ② （**組織政党**）が有力となった。

①名望家
②大衆政党

□ 02 政党政治の在り方は，社会主義諸国では一般に共産党などの**一党支配**の政党制をとるが，自由主義諸国では政党間競争が重視され，アメリカのような ① 制かイタリアやフランスのような ② 制の形態をとる。

①二大政党
②多党

□ 03 頻出 **二大政党**制は，一般に，議会多数派が**単独**で政権を担う。そのため，**政権運営が** ① するというメリットを持つ一方，**少数意見が国政に** ② というデメリットを持つ。

①安定
②反映されにくい

□ 04 頻出 **多党**制は，一般に，議会多数派が単独で政権を担うことが困難なため，**連立**が組まれやすい。そのため，**政権運営が** ① になるというデメリットを持つ一方，**少数意見が国政に** ② というメリットを持つ。

①不安定
②反映されやすい

□ 05 日本国憲法には，結社の自由（第21条1項）の規定は ①a ある，b ない が，政党についての明文規定は ②a ある，b ない 。

①a
②b

□ 06 日本では，1955年の左右社会党の再統一，その後，保守合同による自由民主党（自民党）の結成により，自民党の一党優位の下で**自民党と社会党の対立**を軸とした政治運営の時代が1993年まで続いた。この**体制を** という。

55年体制
この体制は1と2分の1政党制と呼ばれることもある。

□ 07 1960年代には，**民主社会党（民社党）**，**公明党**，1970年代には新自由クラブが結成されるなど，野党の 化が進んだ。

多党

□ 08 自民党の長期政権の下で，特定の官庁に強い影響力を持つ と呼ばれる自民党の有力議員も生まれ，**政官財の癒着**が問題となった。

族議員

148　政治・経済分野［政治］700語

09 自民党の長期政権の下で，自民党内部の _____ が，総裁な どの人事や政策決定に強い影響力を持った。

派閥

10 **1970年代後半**には与党自民党が衆議院総選挙で議席を伸 ばせず，与野党の議席が拮抗する**保革伯仲**の時期が一時的 にあった。また，1983年の衆議院総選挙で自民党は議席 が伸びず，_____ **内閣**となった。

連立

55年体制下の連立 内閣はこの1回のみ である。

11 1993年に**宮沢内閣**に対する**不信任決議**を受けて行われた 総選挙で，自民党は敗北し，**非自民の連立政権**が誕生した （ ① 連立内閣）。これにより **55年**体制は崩壊し，これ 以降，一時期を除いて ② 政権が続いている。

①細川

②連立

12 1993年の55年体制崩壊で，自民党は野党に転落したが， 1994年の村山連立内閣で与党に復帰し，その後2009年 に民主党首班の _____ 内閣が成立するまで連続して政権 を担っていた。

鳩山

13 衆議院では与党が過半数の議席を制し，参議院では野党が 過半数の議席を制する「_____ 国会」が国会審議の停滞を 招くことがあった。

ねじれ

14 **2009年**の衆議院議員総選挙で，政治主導を掲げた ① 党が大勝し，_____ 党を首班とする連立内閣が組まれ，自 民党は野党に転落した。しかし，**2012年**の衆議院議員総 選挙で自民党は大勝し，② 党と連立を組んで政権を担 うことになった。

①民主

②公明

15 _____ 法により，国会議員数や，国政選挙での得票率に関 し，一定の要件を満たした政党には，**国庫から政党交付金** が支給されている。

政党助成

16 頻出 _____ 法により，企業・団体は，政党への献金はでき るが，**政治家個人**および政治家個人が設置する**資金管理団 体**に対して，献金を行うことができない。

政治資金規正

17 近年では，特定の支持政党を持たない _____ 層が増え，そ の投票行動が選挙結果を左右するほどになっている。

無党派

18 2000年代に入ると，選挙運動の一環として，政策実現の 期限や，数値目標，財源などを明記した _____ を掲げる政 党が現れた。

マニフェスト 〔政権公約〕

選挙

選挙

01 選挙制度は，財産などで選挙権を制限する ① から，年齢以外に選挙権付与の条件を設けない ② へと発展してきた。

①制限選挙
②普通選挙

02 労働者の組織的な参政権獲得運動としては，イギリスの ☐☐☐☐ 運動が世界最初とされる。

チャーティスト
チャーティスト運動
▶p.111, 156

03 日本では，1925年に ① の普通選挙制度が，1945年に ② の普通選挙制度が導入された。

① 25歳以上の男子
② 20歳以上の男女

04 近代民主政治を支える選挙制度の原則としては，**普通選挙**のほか，**平等選挙**，☐☐☐☐，**直接選挙**，**自由選挙**があり，日本国憲法下の日本の選挙制度でもこれらの原則が採用されている。

秘密選挙
日本では，国政選挙でも地方選挙でも，外国人には選挙権・被選挙権は認められていない。

05 選挙の仕組みには，1選挙区から1名の議員を選出する ① と，1選挙区から2名以上の議員を選出する ② ，各政党の得票数に応じて議席を配分する ③ がある。

①小選挙区制
②大選挙区制
③比例代表制

06 頻出 小選挙区制は，大選挙区制および比例代表制に比べ，死票が ①a 多く，b 少なく ，また，大政党に有利なため ② になる傾向を持つ。

①a
②二大政党制

07 頻出 大選挙区制および比例代表制は，小選挙区制に比べ，死票が ①a 多く，b 少なく ，また，少数政党でも議席を得やすいため，②a 多党制，b 二大政党制 となる傾向を持つ。

①b
②a

08 衆議院選挙には，**小選挙区**と11のブロック単位の**比例代表**を組み合わせた制度（☐☐☐☐）が導入されている。

小選挙区比例代表並立制

09 参議院選挙には，**都道府県**を単位（ただし，島根県と鳥取県，高知県と徳島県はそれぞれの合区となっている）とする ① 制と，**全国を1つの単位**とする ② が導入されている。

①選挙区
②比例代表制

10 衆議院議員の比例代表選挙には，① が採用されている。この制度では，有権者は ② を記入して投票し，名簿の順位に基づいて当選者が確定される。

①拘束名簿式
②政党名

150　政治・経済分野［政治］　700語

☑ 11 参議院の比例代表制には，　①　が採用されている。この制度では，有権者は　②　か比例代表名簿に記載されている　③　（個人名）を記入して投票する。

①非拘束名簿式
②政党名
③候補者名

名簿には（特定枠以外には）順位はついておらず，当選は個人名得票数の多い順に確定される。

☑ 12 2018 年の公職選挙法改正で，参議院の比例代表選挙に，政党などの政治団体が，比例代表候補者の一部に，優先的に当選人となるべき候補者として，順位をつけた候補者名を登録できるようになった。この　　　　の候補者は，個人名得票数に関係なく，名簿の順に優先的に当選が決まる。

特定枠

☑ 13 衆議院選挙には，小選挙区に立候補した候補者を比例代表選挙の候補者名簿に登載することができる（　　　　）。そのため，小選挙区で落選した候補者が，比例代表選挙で当選することがあり得る。

重複立候補制

参議院選挙にはこの制度が採用されていない。

☑ 14 衆参両議院の　　　　で選出された議員が，選挙時に**名簿を提出していた他の政党に移籍**した場合，**議員の地位**を失う。

比例代表選挙

☑ 15 海外に居住する有権者は，かつて衆参両議院の　　　　でしか投票できなかったが，最高裁判所の違憲判決を受けて，公職選挙法が改正され，衆議院・参議院の全ての選挙で投票できるように改められた。さらに，その後の改正により，憲法改正の国民投票でも投票できることになった。

比例代表選挙

☑ 16 日本では，議員定数不均衡問題の改善が課題となっている。最高裁判所は　　　　の選挙に関し，二度にわたって違憲の判決を下している。

衆議院

参議院議員選挙に関して最高裁判所が違憲の判決を下した例はない。
違憲判決▶p.142

☑ 17 **公職選挙法**では　①　制が採用されており，候補者自身が選挙違反を行っていなくても，秘書や出納責任者など法律で定められた　①　対象者が，買収などの**選挙違反で有罪**となった場合，当選が　②　となる。

①連座
②無効

☑ 18 頻出 各家庭などを訪問し，投票を依頼する　　　　は，公職選挙法で**禁止**されている。

戸別訪問

☑ 19 2013 年から，　　　　を使った選挙運動が解禁された。

インターネット

☐ 20 地方選挙レベルでは，□□□システムが導入されている。 電子投票
これは**投票所・期日前投票所**でタッチパネル方式などの**電** インターネットを利
磁的記録式投票機で投票するものである。 用するものではない。

世論，圧力団体，市民運動

世論とマスメディア 倫理

☐ 01 マスメディアが世論形成に大きな影響を与えることがある。 ①コマーシャリズム
しかし，マスメディアの多くが営利企業ということもあり， ②センセーショ
過度の □①□（商業主義）や，いたずらに俗受けをねらう ナリズム
□②□（扇情主義）に陥ることもある。また，□③□の手 ③世論〔大衆〕操作
段となる危険もある。 マスメディア▶p.101

☐ 02 2011 年の初頭から本格化した中東・北アフリカ地域の民 SNS〔ソーシャ
主化運動である「**アラブの春**」でも見られたように，イン ル・ネットワー
ターネットを通じた情報，たとえば，フェイスブックなど キング・サービス〕
の □□□ が世論形成や市民運動に大きな影響を与えるこ ソーシャル・メディ
とがある。 ア▶p.102
「アラブの春」
▶p.116

圧力団体

☐ 03 職業上の利益などの特殊利益の実現を目指して，議員や官 圧力団体
僚に圧力をかける団体を □□□ という。

☐ 04 圧力団体は，政党とは異なり，一般に □□□ を目指さない。 政権獲得

☐ 05 圧力団体には，議会を通じてでは国政に反映されにくい職 第三院
業上の利益などを実現するための「□□□」としての役割
があるが，政治腐敗につながるおそれもある。

☐ 06 アメリカでは，圧力団体の代理人である □□□ の活動を規 ロビイスト
制する法律がある。

☐ 07 日本では，消費者団体よりも日本経済団体連合会（日本経 経営者
団連）のような □□□ 団体の方が，政府の政策決定に強い
影響力を持つものが多い。

市民運動　倫理

☐ 08 日本では，[ ]（**特定非営利活動促進法**）が制定され，民　　　　**NPO法**
間の**非営利組織（NPO）**に**法人格**を認めて，その活動の促
進が目指されている。

共通テスト攻略のポイント

● 政党制の特徴と選挙制度の関係

❶二大政党制と多党制のメリット・デメリット

	二大政党制	多党制
民主主義の型	多数者支配型民主主義	合意形成型民主主義
政権の安定	安定	不安定
少数意見	反映が困難	反映が容易

❷小選挙区制と，大選挙区制・比例代表制のメリット・デメリット

	小選挙区制	大選挙区制・比例代表制
死票	多い	少ない
有利・不利	大政党に有利	少数政党でも議席獲得可能
政党制	二大政党制を生みやすい	多党制を生みやすい
政権の安定	安定	不安定
少数意見	反映が困難	反映が容易

● 住民投票の結果の法的拘束力の有無

憲法の地方特別法の住民投票	あり
地方自治法や大都市地域特別区設置法による住民投票	あり
条例による住民投票	なし

153

🚶入試問題でチェック！

問 小選挙区制と比例代表制とを比較した場合，それぞれの選挙制度の一般的な
特徴に関する記述として最も適当なものを，次の ① 〜 ④ のうちから一つ選
べ。
(20年 センター本試)

① 小選挙区制は，死票が少なくなりやすい制度といわれる。

② 小選挙区制は，多党制になりやすい制度といわれる。

③ 比例代表制は，政党中心ではなく候補者中心の選挙となりやすい制度といわ
れる。

④ 比例代表制は，有権者の中の少数派の意見も反映されやすい制度といわれる。

解答 ④ ①「死票が少なくなりやすい」というのは不適当。正しくは「死票が多く
なりやすい」である。②「多党制になりやすい」のは比例代表制の方である。
③ 比例代表制は政党中心の選挙制度である。

共通テスト問題にチャレンジ！

問 次の図は，政治体制について二つの次元で類型化を試みる理論を参考に，いくつかの国のある時期の政治体制の特徴を比較し，位置づけたものである。図中の **a〜c** のそれぞれには，下の政治体制**ア〜ウ**のいずれかが当てはまる。その組合せとして最も適当なものを，下の①〜⑥のうちから一つ選べ。

(21年 共通テスト第1日程 倫理，政治・経済)

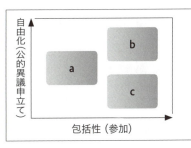

ⅰ．包括性（参加）：選挙権がどれだけの人々に認められているか（右にいくほど，多くの人々に認められている）。

ⅱ．自由化（公的異議申立て）：選挙権を認められている人々が，抑圧なく自由に政府に反対したり対抗したりできるか（上にいくほど，抑圧なく自由にできる）。

ア　日本国憲法下の日本の政治体制
イ　チャーティスト運動の時期のイギリスの政治体制
ウ　ゴルバチョフ政権より前のソ連の政治体制

① a―ア　b―イ　c―ウ
② a―ア　b―ウ　c―イ
③ a―イ　b―ア　c―ウ
④ a―イ　b―ウ　c―ア
⑤ a―ウ　b―ア　c―イ
⑥ a―ウ　b―イ　c―ア

解答 ③

まず，図中の**a**，**b**，**c**に位置づけられた政治体制の特徴を押さえよう。

a：選挙権が制限され政治参加の包括性の程度は低いが，政府に対する異議申し立てを行う自由はある程度保障されている政治体制である。

b：選挙権が広く保障され政治参加の包括性の程度が高く，かつ，政府に対する異議申し立てを行う自由も保障されている政治体制である。

c：選挙権が広く保障され政治参加の包括性の程度は高いが，政府に対する異議申し立てを行う自由は制約されている政治体制である。

次に，**ア**，**イ**，**ウ**の政治体制を検討しよう。

ア：日本国憲法下の日本の政治体制では，男女の普通選挙権が保障され，包括性の程度が高く，また，表現の自由や政治活動の自由が保障され，政府に対する異議申し立ても自由に行える。したがって，**b**に当てはまる。

イ：チャーティスト運動（▶p.111, 150）の時期のイギリスでは，制限選挙の下で政治参加は限定的にしか認められておらず，包括性の程度は低かったが，与党に異議を申し立てる野党が存在するなど，選挙権を認められている人が政府に対して異議申し立てを行う自由はある程度保障されていた。したがって，**a**に当てはまる。

ウ：ソ連では，選挙権に関しては，第二次世界大戦以前に普通選挙が制度化されており包括性の程度は高かったが，ゴルバチョフ政権（▶p.162）より前のソ連は強固な共産党の一党支配の下にあり，政府に対する異議申し立ての自由は大幅に制限されていた。したがって，**c**に当てはまる。

以上のことから，最も適当な組合せは③となる。

共通テスト攻略のポイント

● **用語チェック**

● **チャーティスト運動**

イギリスにおいて，1830年代後半から始まった労働者による参政権獲得運動のこと。この運動では，**人民憲章**が掲げられ，成年男子による**普通選挙**，秘密選挙，議員への歳費の支給などが要求された。

● **ゴルバチョフ政権**

1985年に誕生したソ連の政権。ゴルバチョフは，改革を意味する**ペレストロイカ**や情報公開を意味する**グラスノスチ**を提唱して国内の改革を図るとともに，西側諸国との協調を図ろうとする**新思考外交**を推進し，外交方針の転換を図った。

第1章　現代の政治　倫理 政経 頻度 ★ ★

5節 現代の国際政治

国際社会の成立と国際法

国家の三要素

□ 01 ▢▢▢▢ が国家の三要素といわれてきた。
主権・領域・国民

□ 02 頻出 主権には，ア．**統治権**，イ．**国政の在り方の最終的決**
定権，ウ．**最高権力性・独立性**の 3 つの意味がある。「主権
国家」の「主権」は，このうちの ▢▢▢▢ の意味である。
ウ

> 天皇主権・国民主権
> という場合の主権は，
> イの意味である。

□ 03 国連海洋法条約により，**領海**は基線から ▢▢▢▢ 以内に設
定できる。
12 海里

□ 04 各国は，▢①▢ 水域を，基線から ▢②▢ 以内の領海の外
側の水域に設定できる。その水域内の地下・海底・海中の
天然資源の**管轄権は沿岸国**にある。
①排他的経済
② 200 海里

□ 05 **領空**は領土と領海の上空の領域のことで，▢▢▢▢ はこれに
含まれない。
宇宙空間
〔大気圏外〕

> 宇宙条約により，宇
> 宙空間の領有は禁止
> されている。

国際社会の成立

□ 06 頻出 **三十年戦争**の講和会議で採択された ▢▢▢▢ 条約
（1648 年）は，対等な**主権国家**を構成単位とする国際社会
成立の端緒となった。
ウェストファリア

□ 07 オランダの法学者 ▢①▢ は，国際社会にも，国家が従わな
ければならない ▢②▢ に基づく法が存在すると主張し，
国際法の発展に寄与したことから「**国際法の父**」・「▢②▢
の父」と呼ばれている。
①グロティウス
②自然法

□ 08 国際法は，国家間の合意を**明文**で定めた ▢①▢（成文国際
法）と，成文化はされていないが，大多数の国が法として
認めそれに従う**慣行**が成立している ▢②▢（不文国際法）
とに分類できる。
①条約
②国際慣習法
〔慣習国際法〕

□ 09 国際法には国内法とは異なり，統一的な ▢▢▢▢ 機関や執
行機関が存在しないなどの限界がある。
立法

157

☐ 10 [倫理] **カント**は，『**永遠平和のために**』を著し，□①□軍の廃　①常備
止や□②□の設立の必要性を訴えた。　②国際平和機構

☐ 11 1899年の第1回万国平和会議で採択された条約に基づい　常設仲裁裁判所
て，1901年に□□□□が創設された。

国際社会の組織化

国際連盟

☐ 01 第一次世界大戦期までの安全保障方式であった□□□□方　勢力均衡
式は，敵対する勢力との間で軍事バランスを保持すること　第一次世界大戦につ
で，平和を維持しようとする方式をいう。　ながる三国協商と三
　国同盟の対立はこの
　例。

☐ 02 [頻出] 国際連盟・国際連合が採用した□□□□方式は，武力　集団安全保障
の不行使を国家相互間で約束し，その約束に違反した国に
対し，集団で制裁を行うことにより，平和を確保しようと
する方式をいう。

☐ 03 **集団的自衛権**が，自国が攻撃を受けていなくとも同盟国（友　集団安全保障
好国）が**外部から攻撃**を受けた場合に，それに反撃する権
利であるのに対し，□□□□方式は，武力の不行使を約束し
た**国々の中の約束違反国**に対する制裁である。

☐ 04 アメリカ大統領□□□□は，第一次世界大戦末期に**平和原則**　ウィルソン
14か条を発表し，国際連盟の設立を提唱した。第一次世
界大戦後，**国際連盟**が設立された（1920年）。

☐ 05 国際連盟の主な機関は，総会，理事会，事務局，□□□□，　常設国際司法裁
ILO（国際労働機関）である。　判所

☐ 06 第二次世界大戦の勃発を防ぐことができなかった国際連盟　①アメリカ
の欠陥は次の4つである。　②全会一致制
　ア．□①□が終始一貫して参加しないなど大国の十分な参　③武力〔軍事的〕
　　加が得られなかった　④勧告
　イ．総会も理事会も□②□を採用していたため，効果的な
　　決議の採択が困難であった
　ウ．事実上，□③□制裁を行うことはできず，制裁手段が
　　経済制裁などにとどまった
　エ．決議が加盟国を拘束することのできない□④□とい
　　うタイプのものであった

158　政治・経済分野［政治］　700語

国際連合（国連）と国際社会の平和

☑ 07 国連は，1941年の**大西洋憲章**，1944年の**ダンバートン・オークス会議**を経て，1945年の◻◻◻◻会議で国際連合憲章（国連憲章）が採択され発足した。

サンフランシスコ

☑ 08 国連憲章は，武力による威嚇・武力の行使を慎むべきであると定め，**個別的および集団的自衛権の行使**が認められるのは，◻◻◻◻が必要な措置をとるまでの間に限られる。

安全保障理事会〔安保理〕

☑ 09 国連は，**総会**，**安全保障理事会（安保理）**，経済社会理事会，信託統治理事会，国際司法裁判所，事務局の6つを主要機関としている。このうち◻◻◻◻はその対象地域が独立したため，1994年以降**活動を停止**している。

信託統治理事会

☑ 10 頻出 総会は，全加盟国で構成され，表決は◻◻◻◻制とする**多数決制**が採用されている。

1国1票

☑ 11 頻出 1950年に採択された◻◻◻◻により，総会は，安保理が**常任理事国の拒否権発動**で機能しなくなった場合，当該問題の解決のために**武力の使用を含む勧告**などの必要な措置をとることができるようになった。

「平和のための結集」決議

☑ 12 総会は，1974年の**国連資源**◻◻◻◻，1978年などに開かれた**国連軍縮**◻◻◻◻，「平和のための結集」決議に基づき開かれる**緊急**◻◻◻◻など，通常の会期以外に◻◻◻◻を開くことができる。

特別総会

☑ 13 頻出 安保理は，◻◻◻◻の**5常任理事国**と，総会で選出された任期2年の**10非常任理事国**で構成される。

米英仏ロ中

☑ 14 頻出 安保理の決議は，手続き事項に関しては9理事国以上の賛成で成立するが，手続き事項以外の**実質事項**については，**常任理事国が**◻◻◻◻を持っているため，常任理事国の1か国でも反対すると，成立しない。

拒否権

☑ 15 ◻①◻は，**非軍事的強制措置**および◻②◻**強制措置**の勧告および加盟国を拘束する決定を行うことができる。国連の機関の中で，全ての加盟国を拘束する決定を行うことができる機関は，◻①◻のみである。

①安全保障理事会〔安保理〕
②軍事的

☑ 16 ◻◻◻◻理事会は，**国際通貨基金（IMF）**，**世界保健機関（WHO）**などの**専門機関**と連携して，経済的，社会的，文化的，人道的な国際問題の調整・処理にあたっている。

経済社会

☐ 17 国連**事務総長**は，慣例上，5大国である [_____] 以外の国から選出されてきた。

安保理常任理事国

☐ 18 **頻出** **国際司法裁判所**は [①] 間の紛争を裁く裁判所である。そのため，この裁判所に提訴できるのは [①] **に限られる**。また，紛争当事国の [②] がなければ裁判を行うことはできない。

①国家
②同意
判決には当事国を拘束する効力がある。

☐ 19 **頻出** 軍事的強制措置の担い手として国連憲章が定める [①] は創設されたことがない。これに代わるものとして紛争の鎮静化や再発防止のために加盟国が**自発的に提供**する要員で編成される [②] が展開されてきた。

①国連軍
②PKO〔国連平和維持活動〕

☐ 20 PKOは，**国連憲章に規定のない**国連の活動で，中小国を中心に編成され，紛争当事国の受け入れの [①]，[②] の維持，必要最小限度の [③] を原則とする。PKOには**停戦**監視団・[④] 監視団や [⑤]（国連平和維持軍）の活動がある。

①同意
②中立
③武器の使用
④選挙
⑤PKF

☐ 21 イラクのクウェート侵攻（湾岸危機）に際して，**安保理による武力容認決議**を受けて，アメリカを中心とする [_____] がイラクを攻撃した（1991年湾岸戦争）。

多国籍軍

☐ 22 **頻出** **国際刑事裁判所**は，**個人**の次の犯罪，すなわち，ア．[①]，イ．[②] に対する犯罪，ウ．[③]（ジェノサイド）犯罪，エ．侵略犯罪に関して裁判を行うことができる。

①戦争犯罪
②人道
③集団殺害

☐ 23 国連の財政は加盟国の**分担金**によってまかなわれている。2019～2021年の通常予算の分担率の上位3か国は，1位アメリカ，2位 [_____]，3位日本である。

中国
アメリカは分担金の滞納額が多い。

☐ 24 **倫理** **国連開発計画**（UNDP）は，貧困，伝染病の流行，水や食料不足などの人間の生存と尊厳を脅かす事態を改善し，一人一人の安全を保障することを目的とする [_____] の理念を打ち出した。

人間の安全保障

☐ 25 2000年に開催された国連ミレニアム・サミットで採択された**国連ミレニアム宣言**などをベースに，人間の安全保障を確保するために，2015年までに達成すべき目標を定めた [_____] が策定された。

ミレニアム開発目標〔MDGs〕

☐ 26 国連は，ミレニアム開発目標（MDGs）を引き継ぐものとして，2030年までに達成すべき目標として [_____] を定めた（2015年）。

持続可能な開発目標〔SDGs〕

第二次世界大戦後の国際政治の動向

冷戦体制の成立

☐ 01 アメリカは, ギリシャとトルコへの社会主義勢力の浸透を阻止し社会主義の「封じ込め」をねらう ① や, 欧州復興のための ② を通じて, 西側陣営の結束を図るとともに社会主義勢力への対抗姿勢を鮮明にした (1947年)。

①トルーマン・ドクトリン
②マーシャル・プラン

☐ 02 ソ連は共産党の連絡組織である**コミンフォルム** (1947年) や東側の経済協力機構である ☐ を結成し (1949年), 社会主義陣営の結束の強化を図った。

コメコン〔COMECON, 経済相互援助会議〕

☐ 03 **頻出** アメリカを中心とする西側諸国は ① を結成し (1949年), ソ連を中心とする東側諸国は ② を結成し (1955年), それぞれの軍事的結束を強化した。

①北大西洋条約機構〔NATO〕
②ワルシャワ条約機構

☐ 04 1948年の**ベルリン封鎖**, 1950年の ① の勃発, 1961年の**ベルリンの壁**の構築, 1962年の ② , 1965年からアメリカが本格介入した ③ といった危機が生じたが, 冷戦期を通じて米ソの直接的な軍事衝突はなかった。

①朝鮮戦争
②キューバ危機
③ベトナム戦争

平和共存の進展

☐ 05 1950年代半ばから**平和共存**, そして1962年の**キューバ**危機以降の**デタント**(**緊張緩和**)の動きなど, 米ソ関係の改善のきざしが見られた。具体的な出来事としては, 1955年の ① , 1959年の米ソ首脳会談, 1963年の米ソ間に直通通信回線を開設する ② 協定の締結がある。

①ジュネーブ4巨頭会談
②ホットライン

多極化

☐ 06 社会主義陣営では, 1950年代後半から**中ソ対立**が生じ, 60年代末には国境紛争にまで至った。またソ連と異なる社会主義の路線を歩もうとした ① (1956年 ① 事件) や ② の民主化 (1968年 ③) の動きが弾圧された。

①ハンガリー
②チェコスロバキア
③プラハの春

☐ 07 アメリカへの反発から, 1966年には ☐ が<u>NATO</u>の軍事機構から脱退した (2009年に復帰)。

フランス

☐ 08 第二次世界大戦後に独立したアジア・アフリカ諸国は，**非同盟主義**を掲げて第三世界を形成していった。1955年にはインドネシアの ___①___ で**アジア・アフリカ会議**が開かれ，___②___ が発表された。

①バンドン
②平和10原則
植民地支配からの脱却▶p.105

☐ 09 1960年は17のアフリカの国が独立したため，「___①___」と呼ばれている。同年に国連総会は ___②___ 宣言を採択している。さらに，1961年には ___③___ で第一回**非同盟諸国首脳会議**が開催された。

①アフリカの年
②植民地独立付与
③ベオグラード

冷戦体制の終焉とポスト冷戦下の国際政治の動向

☐ 10 頻出 ソ連で，___①___（改革，建て直し），___②___（情報公開），西側との協調を図る**新思考外交**を推進する ___③___ 政権の登場（1985年）を契機に，冷戦の枠組みは大きく変化した。

①ペレストロイカ
②グラスノスチ
③ゴルバチョフ

☐ 11 1989年には東欧諸国の**社会主義政権**が崩壊し，それを受けて地中海の ___①___ での**米ソ首脳会談**で冷戦の終結が宣言された。その後，東西ドイツの統一（1990年）を経て，1991年に**コメコン**と ___②___ **の解体**，**ソ連の解体**（1991年）により，冷戦は終結した。

①マルタ
②ワルシャワ条約機構

☐ 12 ソ連を構成していた共和国（ジョージアを除く11の共和国）は，ソ連解体後，_____ を結成した。

独立国家共同体〔CIS〕

☐ 13 市場経済に移行した東欧諸国の中には，チェコのように**NATO**に加盟する国や，_____ に加盟する国が現れた。

EU〔欧州連合〕

☐ 14 1975年に創設された _____ は，1990年に**パリ憲章**を採択し，1995年にはOSCE（欧州安全保障協力機構）へと改組された。

CSCE〔全欧安全保障協力会議〕

☐ 15 1994年から，アジア太平洋地域の安全保障問題を協議する機関として，ASEAN（東南アジア諸国連合）参加国に日・米・韓・中・ロなどを加えた _____ が開かれている。

ASEAN地域フォーラム〔ARF〕

2000年代以降の流動化する国際情勢

☐ 16 2001年にテロ集団アル・カーイダがアメリカの複数の場所で同時にテロを起こした（___①___）。アメリカ政府は，この事態を受けて「___②___」を宣言した。

①9.11同時多発テロ
②テロ〔テロリズム〕に対する戦争

政治・経済分野［政治］ **700語**

□ 17 2003年に，アメリカとイギリスを中心とする有志連合による軍隊は，大量破壊兵器を隠し持っているという理由で□□を攻撃した（□□戦争）。

イラク

□ 18 2000年代に入ると，アメリカは，国際刑事裁判所（ICC）の設立条約の署名を撤回してICCへの加盟を見送るなど，□□（単独行動主義）の傾向を強めた。

ユニラテラリズム

□ 19 □□では，アサド政権と反政府勢力との間で内戦が深刻化し，大量の難民が発生した。その多くがトルコを経由して欧州にわたった。

シリア

□ 20 2006年に □①□ の核実験や，□②□ のウラン濃縮活動が国際問題化し，国連安全保障理事会は両国に対する経済制裁を決議した。

①北朝鮮
〔朝鮮民主主義
人民共和国〕
②イラン

□ 21 2010年代には，国際関係改善の動きも見られた。たとえば，国交が断絶していたアメリカと □①□ との間で，54年ぶりに国交の回復が実現したり（2015年），アメリカと □②□ との間で首脳会談が行われ，朝鮮半島の非核化が合意されたりした（2018年）。

①キューバ
②北朝鮮
〔朝鮮民主主義
人民共和国〕

□ 22 □□の領有権を主張している中国と，それを認めない周辺諸国との間で争いが生じてきた。この問題に関しフィリピンの提訴を受けた常設仲裁裁判所は，中国の主張には法的な根拠がないという判断を行った（2016年）。

南シナ海

国際政治の課題

冷戦下の軍備管理・軍縮の進展

□ 01 **頻出** 1963年には □①□ を除いて核実験を禁止する □②□ 条約（PTBT），1968年には核兵器の拡散を防ごうとする □③□ 条約（NPT）が調印された。

①地下
②部分的核実験
禁止
③核拡散防止

□ 02 **頻出** 核拡散防止条約の締約国のうち，核兵器 [a 保有，b 非保有] 国はIAEA（国際原子力機関）の**核査察受け入れ義務**がある。

b

163

☐ 03 1960年代末から70年代にかけて米ソ間で，二次にわたって ▢ が行われた。▢ Ⅰでは弾道弾迎撃ミサイル（ABM）システムの制限に関する条約と戦略兵器の制限に関する暫定協定（第一次戦略兵器制限暫定協定）が締結された。1979年に行われた ▢ Ⅱでは両国は第二次戦略兵器制限条約に調印したが，同年，ソ連がアフガニスタンに侵攻したことにアメリカが反発し，これを批准しなかったため，同条約は発効しなかった。

SALT〔戦略兵器制限交渉〕

☐ 04 1980年代に，アメリカ大統領**レーガン**は，ソ連の戦略ミサイルを空中で撃墜する ▢ を提唱した。

戦略防衛構想〔SDI〕

☐ 05 1980年代後半には米ソ関係が改善し，初の核兵器削減条約となる ▢ が調印された（1987年）。

中距離核戦力〔INF〕全廃条約

この条約はアメリカが離脱を通告したため，2019年に失効した。

ポスト冷戦下の軍縮の進展

☐ 06 頻出 1990年代以降，米ソ（米ロ）間で，戦略兵器を削減する条約が調印された。1991年と1993年に ① （STARTⅠ，STARTⅡ）が，2002年に戦略攻撃兵器削減条約が，2010年には ② が結ばれた。

①戦略兵器削減条約

②新戦略兵器削減条約〔新START〕

☐ 07 1995年には**核拡散防止条約**の**無期限延長**が決まった。また，1996年には核爆発を伴う核実験を全面的に禁止する ▢ が調印されたが未発効である。

包括的核実験禁止条約〔CTBT〕

☐ 08 頻出 **NGO**の尽力により，1997年には ▢ が，2008年には**クラスター爆弾禁止条約**が，2017年には核兵器禁止条約が採択された。

対人地雷全面禁止条約

NGO▶p.106, 113, 234

☐ 09 現在， ① 地域（トラテロルコ条約，署名1967年）， ② 地域（ラロトンガ条約，署名1985年）， ③ 地域（バンコク条約，署名1995年），アフリカ地域（ペリンダバ条約，署名1996年），中央アジア地域（セメイ条約，署名2006年）の5つの地域に非核地帯条約がある。

①ラテンアメリカおよびカリブ

②南太平洋

③東南アジア

核兵器廃絶に向けた科学者の動き▶p.107

164　政治・経済分野〔政治〕700語

地域紛争と難民問題

☐ **10** 頻出 中東では, ［ ① ］地域の領有をめぐって, **イスラエル**と**アラブ勢力**との間で四次にわたる戦争（［ ② ］）が生じた。1993 年にイスラエルと PLO（［ ① ］解放機構）との間で, ［ ① ］暫定自治協定（オスロ合意）が成立したが, 紛争状態はいまだに続いている。

①パレスティナ
②中東戦争

パレスティナ ▶ p.24
第四次中東戦争
▶ p.196

☐ **11** アフリカの［　　　　］では, フツ族とツチ族との間の紛争が続いていた。日本も［　　　　］難民救援のために, 隣国ザイール（現コンゴ民主共和国）に**自衛隊を派遣**した（［　　　　］内戦）。

ルワンダ

☐ **12** 1960 年に独立したアフリカ東部の［　　　　］は, 1990 年代に入ると内戦状態となり, 国連も第 2 次国連［　　　　］活動（UNOSOM Ⅱ）を展開したが事態が収束しなかった（［　　　　］内戦）。しかし, 2010 年代に統一政府が成立した。

ソマリア

☐ **13** スーダン西部の［　　　　］地方では, スーダン政府の支援を受けたアラブ系民兵組織によるアフリカ系住民に対する攻撃が深刻化した（［　　　　］紛争）。

ダルフール

☐ **14** 頻出 スーダンでは, 北部と南部との間で紛争（**スーダン内戦**）が続いていたが, 2005 年に和平合意。2011 年には南部が［　　　　］として独立し, 同年, **国連**にも加盟した。

南スーダン

☐ **15** ロシア連邦では, ［　　　　］共和国の連邦からの分離独立をめぐって, ［　　　　］の独立派と連邦政府との間で紛争が生じた（［　　　　］紛争）。

チェチェン

☐ **16** ジョージア（旧グルジア）では, ［　　　　］自治州の分離独立をめぐって, 2008 年に**ジョージア軍**と, ［　　　　］自治州の独立を支持する**ロシア軍**との間で軍事衝突が生じた（［　　　　］紛争）。

南オセチア

☐ **17** 2014 年に, クリミア自治共和国で［　　　　］からの分離独立と<u>ロシア</u>への編入の是非を問う**住民投票**が実施され, 賛成が多数を占めた。これを受けて, ロシアはクリミアを併合した。この問題に関し, 国連総会は, ロシアによる併合を無効とする決議案を賛成多数で採択した。

ウクライナ

☐ **18** 旧ユーゴスラビアを構成していた［　　　　］では, セルビア系住民, クロアチア系住民, モスレム（イスラム教徒）系住民との間で紛争が生じた（［　　　　］紛争）。

ボスニア・ヘルツェゴビナ

1995 年に和平成立。

☐ 19 **頻出** 旧ユーゴスラビア を 構成 していた セルビア では， [___] 自治州のセルビアからの分離独立をめぐって，紛争が生じた（ [___] 紛争）。**NATO** が「人道的介入」を理由に軍事介入し，1999 年に和平が成立した。

コソボ

> 2008 年にはコソボはセルビアからの独立を宣言。
> NATO ▶ p.161

☐ 20 イギリス領の [___] では，少数派のカトリック系住民がイギリスからの分離独立を求めて紛争（ [___] 紛争）が生じた。

北アイルランド

☐ 21 スペインでは， [___] 人勢力によるスペインからの独立を求める動きがある（ [___] 独立問題）。

バスク

☐ 22 **ヒンドゥー教徒** が多いインドと **イスラム教徒** が多い [①] との間で， [②] 地方をめぐって領土紛争（ [②] 紛争）が続いている。

①パキスタン
②カシミール

> 両国は核保有国である。

☐ 23 東ティモールは [___] からの分離独立を目指して， [___] と対立（**東ティモール紛争**）してきたが，1999 年に和平が成立した。

インドネシア

> 東ティモールは 2002年に独立し，同年，国連にも加盟した。

☐ 24 トルコやイラン，イラクなど複数の国に多数居住している [___] 人は，祖国を持たない最大の民族と呼ばれ，民族の独立を目指して運動し，それにより紛争が生じたことがある。

クルド

☐ 25 **頻出** 国連は [①] の採択（1951 年）と [②] （国連難民高等弁務官事務所）の設置（1950 年）などにより，難民の保護と救援を行っている。

①難民条約
②UNHCR

> 経済難民や国内避難民は難民条約の保護の対象外。
> 難民条約 ▶ p.113

国際社会における日本の役割

☐ 26 日本は，1951 年に連合国の **西側諸国** との間で，第二次世界大戦の対日平和条約である [①] を締結し，翌年，独立を回復した。この平和条約と同時に，アメリカとの間で [②] も結び，西側諸国の一員としての立場を鮮明にした。

①サンフランシスコ平和条約
②日米安全保障条約〔安保条約〕

☐ 27 日本は，1956 年に [①] を結んで，国交を回復し，同年，**国連** に加盟した。しかし，ソ連（現ロシア）との間ではいまだに [②] は締結されていない。

①日ソ共同宣言
②平和条約

□28 日本は，①（1972年）を通じて，中国との国交を正常化し，さらに1978年には，②条約に調印した。
①日中共同声明
②日中平和友好

□29 日本は，韓国との間で，①条約を結び関係を正常化した（1965年）。②との間では，2002年に平壌宣言を交わしたが，**国交の正常化は実現していない**。
①日韓基本
②北朝鮮（ピョンヤン）

□30 戦後日本は，□□□主義，**自由主義諸国との協調，アジアの一員としての立場の堅持**を外交の原則として掲げた。
国連中心

□31 日本の領土をめぐっては，ロシアとの間で①（歯舞群島，色丹・国後・択捉島）問題，韓国との間で②問題，中国との間で③諸島問題が生じている。
①北方領土
②竹島
③尖閣

共通テスト攻略のポイント

● 軍縮条約のあゆみ

年	条約名	内　容
1963	部分的核実験禁止条約（PTBT）	地下を除いて核実験を禁止
1968	核拡散防止条約（NPT）	非保有国に核査察受け入れ義務
1972	第一次戦略兵器制限交渉（SALT I）	戦略核兵器の保有数の上限を設定
1979	第二次戦略兵器制限交渉（SALT II）	アメリカの上院が同意せず，失効
1987	中距離核戦力全廃条約（INF全廃条約）	初の核兵器削減条約，2019年失効
1991	第一次戦略兵器削減条約（START I）	戦略兵器の削減条約
1993	第二次戦略兵器削減条約（START II）	未発効
1993	化学兵器禁止条約	化学兵器は大量殺りく兵器の1つ
1996	包括的核実験禁止条約（CTBT）	核爆発を伴う全ての核実験を禁止。未発効
1997	対人地雷全面禁止条約	条約の採択にNGOが尽力
2002	戦略攻撃兵器削減条約（モスクワ条約）	戦略兵器の削減条約
2008	クラスター爆弾禁止条約	条約の採択にNGOが尽力
2010	新戦略兵器削減条約（新START）	START Iの後継条約
2017	核兵器禁止条約	条約の採択にNGOが尽力 核兵器保有国や日本などが不参加

入試問題でチェック！

問1 国際社会における核軍縮に関する記述として**誤っているもの**を，次の ① ～ ④ のうちから一つ選べ。 （20年 センター追試）

① 包括的核実験禁止条約 (CTBT) が国連で採択されたが，未発効である。

② アメリカとロシアの間で戦略攻撃兵器削減条約 (モスクワ条約) が 2002 年に署名され，戦略核弾頭の削減を行うことに合意した。

③ アメリカとロシアの間で新戦略兵器削減条約が 2010 年に署名され，戦略核弾頭のさらなる削減を行うことに合意した。

④ 核兵器禁止条約が国連で採択され，日本もこの条約に加入している。

問2 次のA～Dは，冷戦期の国際関係にかかわる出来事についての記述である。これらの出来事を古いものから順に並べたとき，3 番目にくるものとして正しいものを，下の ① ～ ④ のうちから一つ選べ。 （20年 センター追試）

A ソ連がアフガニスタンに侵攻した。

B キューバ危機が起こった。

C 米英仏ソの首脳によるジュネーブ四巨頭会談が開かれた。

D CSCE (全欧安全保障協力会議) が発足した。

① A ② B ③ C ④ D

解答 問1 ④ 日本は核兵器禁止条約に加入していない。① アメリカなど発効に必要ないくつかの国が批准していないため未発効の状態にある。② 戦略攻撃兵器削減条約に関する記述として正しい。③ いわゆる新STARTのことである。

問2 ④ Aは 1979 年のこと。Bは 1962 年のこと。Cは 1955 年のこと。Dは 1975 年のこと。

第2章　現代の経済　倫理 政経 頻度 ★

1節 資本主義経済の発展と社会主義経済の変容

資本主義経済の成立と発展

経済活動

- □ 01 財やサービスを生産するために必要な要素を**生産要素**とい　　　資本
い，労働・土地・□□□は生産の三要素と呼ばれる。

- □ 02 生産の三要素など，生産に必要な資源は有限であり ① 　　①希少性
を持つ。その資源配分の仕組みは，市場における自由な取　　②市場経済
り引きに委ねる ② と，国家の計画によって定める　　③計画経済
③ に大別される。

- □ 03 ① 経済は市場経済を特徴とし，② 経済は計画経　　①資本主義
済を特徴とする。　　②社会主義

- □ 04 生産者は，限られた資源の中で，あるものの生産を選択す　　機会費用
れば，それ以外のものの生産をあきらめることになる。ま
た，消費者は，限られた予算の中で，あるものの購入を選
択すれば，それ以外のものの購入をあきらめることになる。
そのあきらめた財やサービスのうち最大の利益・便益を貨
幣額で表したものを□□□と呼ぶ。

- □ 05 あるものを選択したら，それ以外のものをあきらめなけれ　　トレードオフ
ばならない。このように，1つの選択は他のものの放棄と
なるという関係は，□□□と呼ばれる。

資本主義経済の原理

- □ 06 資本主義経済は，以下の5つの特徴を持つ。　　①私的所有
　　ア．生産手段の ① 　　②市場経済
　　イ．市場を通じて需給の調整や資源配分が行われる ② 　　③商品
　　ウ．様々な財やサービスが ③ として取り引きされる　　④利潤
　　　　③ 生産社会
　　エ．企業の生産の動機が ④ の最大化にある ④ 追
　　　　求社会
　　オ．生産手段を持つ資本家階級と生産手段を持たない労働
　　　　者階級からなる階級社会

資本主義経済の成立

☐ 07 資本主義成立以前の**絶対主義**の国家では，国の富は**貿易の差額（輸出－輸入）**にあるとする考えの下，輸出を促進するために国内産業を保護する◻◻◻◻政策が採用されていた。

重商主義

☐ 08 イギリスでは絶対主義の時代と産業革命期に行われた◻◻◻◻によって，多くの農民が，土地から締め出されて**賃金労働者**となった。

エンクロージャー〔囲い込み運動〕

☐ 09 1760年頃から1830年頃にかけてイギリスで**産業革命**が起こり，機械化が進展し，従来の**マニュファクチュア（工場制手工業）**に代わって◻◻◻◻が普及した。ここに自由競争を基本とする市場経済が浸透し，資本主義が確立した。この時代の資本主義は**産業資本主義**と呼ばれる。

機械制大工業

☐ 10 頻出 倫理 イギリスの経済学者**アダム・スミス**は，市場には需給の不均衡を自動的に調整する仕組みがあるとし，◻◻◻◻（**レッセ・フェール**）を唱え，政府の役割は必要最小限度にとどめるべきだと主張した（安価な政府論）。

自由放任主義

☐ 11 頻出 倫理 古典派経済学のアダム・スミスは，『**国富論（諸国民の富）**』を著し，各人の利己的な活動があたかも神の「◻◻◻◻」に導かれるようにして，社会的な調和をもたらし，国富を増大させると主張した。

見えざる手

分業の利益や**自由貿易**を主張したことでも知られる。見えざる手▶p.74, 178

資本主義経済の発展──市場の独占化・寡占化

☐ 12 19世紀後半になると，技術革新がいっそう進展し，大量生産の時代に入った。企業は**資本の集積・資本の集中**を通じて，規模の拡大を図った。こうして巨大企業が成立すると，市場の独占化・寡占化も進み，**独占市場・寡占市場**が成立するようになった。この時代の資本主義を◻◻◻◻と呼ぶ。

独占資本主義

☐ 13 独占資本主義段階に入った先進資本主義国（欧米列強）は，原料の供給地・製品の市場を求めて植民地獲得を目指す◻◻◻◻の政策をとった。

帝国主義

☐ 14 市場の独占化・寡占化の進展による資本主義の弊害を改善するために，各国は◻◻◻◻法を制定し◻◻◻◻政策をとるようになった。

独占禁止

□15 **頻出** オーストリア生まれの経済学者シュンペーターは，企業家による [___]（技術革新，新機軸）が経済発展の原動力であるとした。

イノベーション

資本主義経済の修正

□16 **頻出** 1929年にアメリカの株価の暴落に始まる [①] が発生した。1933年にアメリカ大統領に就任した [②] は，それまでの自由放任主義を放棄し，政府が積極的に市場に介入して不況からの脱出を図る [③] 政策を採用した。

①大恐慌〔世界恐慌〕
②ローズベルト
③ニューディール

□17 **ニューディール**政策の柱の1つ [___] 計画では，大規模な公共事業を行って雇用の創出を図った。

TVA〔テネシー川流域開発公社〕

□18 **頻出** イギリスの経済学者 [①] は，『**雇用，利子および貨幣の一般理論**』を著し，[②] が不足して不況に陥っている場合には，**完全雇用**を実現するために，政府が公共事業を拡大するなどして，[②] を創出すべきだと考えた。

①ケインズ
②有効需要

□19 政府が**経済に積極的に介入**し，**民間部門の経済活動**と並んで公的部門の経済活動も重要な役割を持つようになった現代の資本主義を [___]（**修正資本主義**）と呼ぶ。

混合経済

現代の資本主義――小さな政府論の台頭

□20 1970年代には，ケインズが主張するような「**大きな政府**」は**インフレーション**を引き起こし，**財政赤字の拡大**をもたらすという問題が指摘されるようになり，「[___]」への転換を求める声が高まった。

小さな政府

□21 **頻出** 1970年代の二度にわたる石油危機によって先進国の経済はスタグフレーションに悩まされ，また，財政赤字も拡大した。こうした状況を受けて，減税，歳出削減，規制緩和，公企業の民営化などを通じて市場の機能を回復し，「**小さな政府**」を実現すべきだとする [___] が台頭した。

新自由主義

□22 「小さな政府」論を掲げる代表的経済学者に，マネタリズムの立場をとる [___] がいる。彼は政府などの公的部門が行う経済政策は，経済発展に見合うように**通貨量を調節**することにとどめ，経済活動は**市場機構に委ねるべき**だと主張した。

フリードマン

共通テスト攻略のポイント

●用語解説

費用と便益……生産者が何を生産するかを決定したり，消費者がどのような財やサービスを購入するかを決定したりする場合，経済学では，**費用と便益**を考慮に入れて意思決定を行うと想定している。費用には，実際にかかる会計上の費用のほかに，機会費用がある。これは，あるものを選択したことにより選択されなかったものから得られる便益のうち最大の貨幣額のことである。大学進学を例にとろう。入学金や授業料など，大学4年間にかかる費用を500万円とし，大学進学を選択せずに就職したならば4年間で800万円の所得が得られるとする。この800万円は大学進学を選択することによって失われた便益で，機会費用と呼ばれる。大学進学にかかる費用は，会計上の500万円と，機会費用の800万円の合計額である1300万円となる。経済学では，大学進学から得られる**便益**の方が，大学進学の費用の合計額である1300万円を上回っているとすれば，その選択は合理的であると考える。

> 便益＞費用（会計上の費用＋機会費用）

入試問題でチェック！

問　経済学ではある選択に対してさまざまな費用がかかると考えられている。いま，1,500円の料金を支払ってカラオケで遊ぶことができる。同じ時間を使って，アルバイトで1,800円の給与を得ることや，家事を手伝うことで1,000円の小遣いを得ることもできる。この三つの選択肢のうち一つしか選べない場合，機会費用を含めたカラオケで遊ぶ費用はいくらになるか。正しいものを，次の①～④のうちから一つ選べ。　　　　　　　　　　　　　　（17年 センター追試）

① 1,500円　② 2,500円　③ 3,300円　④ 4,300円

解答　③　求めるべき費用は，カラオケ代という会計上の費用と機会費用の合計額である。カラオケ代は1500円。機会費用は，カラオケ遊びの選択によりあきらめることになったアルバイトと家事手伝いのうち，より便益の高いアルバイトによって得られる1800円である。したがって，機会費用を含めた費用の合計額は，1500＋1800＝3300（円）である。

社会主義経済の変容

社会主義経済

☐ 01 **倫理** マルクスは，『 _____ 』や，エンゲルスとの共著『**共産党宣言**』などを著し，資本主義の抱える矛盾を指摘し，社会主義への移行の必然性を唱えた。

資本論
マルクス▶p.80

☐ 02 社会主義は，生産手段の ① と ② 経済を採用し，平等な社会の実現を目指した。

①社会的所有
②計画

☐ 03 1917年の _____ で史上初めての社会主義国家が誕生し，1922年にはソビエト連邦（ソ連）が成立した。第二次世界大戦後には，中国や東欧諸国が社会主義国となった。

ロシア革命

社会主義経済の変容

☐ 04 第二次世界大戦後，ケインズの理論を取り入れた資本主義諸国は順調に経済発展を遂げたのに対し，ソ連や東欧諸国の経済はしだいに停滞し始めた。1980年代後半，ソ連の**ゴルバチョフ**は _____ と呼ばれる改革を推進したが，経済の建て直しは進まなかった。

ペレストロイカ
ゴルバチョフ
▶p.156, 162

☐ 05 1989～90年の東欧民主化，1991年のソ連解体後，旧ソ連・東欧諸国は， _____ 経済の導入を進めた。

市場

☐ 06 中国は，1970年代後半になると，**改革開放政策**をとり，**深圳**（シェンチェン）など ① の新設，**人民公社**の解体，4つ（国防，農業，工業，科学技術）の現代化を進めた。また，1990年代に入ると憲法に ② を明記し，市場経済化を進めた。

①経済特区
〔経済特別区〕
②社会主義市場経済

☐ 07 イギリスからの**香港**返還（1997年）とポルトガルからの**マカオ**返還（1999年）に際し，中国は， _____ を採用することを約束した。 _____ とは，この2つの地域に関しては，一定期間，外交・防衛を除く分野で高度の自治権を保障し，中国本土とは異なる制度を適用することをいう。

一国二制度
〔一国両制〕

☐ 08 **ベトナム**では，1986年に _____ （**刷新**）政策が共産党の政策として掲げられ，開放政策が推進されてきた。

ドイモイ

☐ 09 「世界の工場」と呼ばれる**中国**と資源大国の**ロシア**は経済発展が著しく，**インド**，**ブラジル**，**南アフリカ**を含めたこれらの5つの新興国は， _____ と呼ばれる。

ブリックス
BRICS
BRICS▶p.232

☐ 10 **中国**は2001年に，ベトナムは2007年に，ロシアは2012年に，☐☐☐への加盟を果たした。　　WTO〔世界貿易機関〕

共通テスト攻略のポイント

● 経済思想と，「大きな政府」vs「小さな政府」
1．思想家の基本概念

アダム・スミス

・分業のメリットの指摘
・自由貿易の提唱
・自由放任主義の提唱（「見えざる手」）
・安価な政府の提唱
・共感の原理

マルクス

・資本主義の矛盾の指摘
・社会主義への移行の必然性の指摘
・疎外された労働
・唯物史観〔史的唯物論〕

シュンペーター

・資本主義経済の発展の原動力は企業家のイノベーションにあると指摘

2．対立項を押さえるべき思想家

ケインズ（大きな政府）	フリードマン（小さな政府）
・経済への政府の積極的介入の提唱 ・有効需要創出政策の提唱	・政府の市場への関与は最小限 ・政府の経済政策の中心は貨幣量の調節

リカード（自由貿易論）	リスト（保護貿易論）
・比較生産費説に基づく自由貿易の提唱 ［リカード→p.222］	・保護貿易の提唱（幼稚産業の保護） ［リスト→p.222］

第2章　現代の経済

政経　頻度 ★★★

2節 現代経済の仕組み

経済主体と経済活動

経済主体──家計，企業，政府

☐ 01 **頻出** ● 経済の三主体

①家計
②企業
③政府

③

〈租税〉
〈行政サービス〉
〈労働力〉
〈公務員賃金〉

〈租税〉
〈補助金〉
〈財・サービス〉
〈代金〉

①

②

〈労働力、資本、土地〉
〈所得（賃金、利子・配当）〉
〈財・サービス〉
〈消費支出（購入代金）〉

☐ 02 <u>家計</u>は所得のうちから租税・社会保険料を<u>政府</u>に納める。所得から租税（直接税）と社会保険料を差し引いた ① は，消費か ② に充てられる。

①可処分所得
②貯蓄

☐ 03 <u>企業</u>は，**労働・資本・土地**という生産要素を用いて生産活動を行う。企業は生産のほかに， ① や**減価償却費**の積立金を使って，**新規の投資**や既存の設備などの**更新投資**（旧設備を新設備に置き換えたり補修したりする投資）を行う。こうした活動の主たる目的は ② の最大化である。

①内部留保
〔社内留保〕
②利潤

☐ 04 政府は家計や企業から ① や**社会保険料**を徴収し，公共財・公共サービスを提供したり，景気・物価対策を通じて経済を調整したりしている。こうした政府の経済活動を ② という。

①租税
②財政

企業の種類

☐ 05 企業は，**私企業，公企業，公私合同（混合）企業**に分類できる。このうち私企業は，**個人企業**と ① （共同企業）に分けられる。さらに， ① は農業協同組合や生活協同組合などの**組合企業**と，合名会社・合資会社・**株式会社・合同会社**の４つの ② に分けられる。

①法人企業
②会社企業

175

□ 06 **頻出** 会社の負債に対して，**出資額の範囲内**において負えばよい出資者の責任を ① といい，出資者の全財産が債務の担保となっている出資者の責任を ② という。

①有限責任
②無限責任

□ 07 会社企業の出資者について見ると，合名会社は ① の出資者のみからなり，合資会社は ① と ② の出資者からなり，株式会社と合同会社は ② の出資者のみからなる。

①無限責任
②有限責任

会社企業

□ 08 **頻出** 株式会社の出資者は ① と呼ばれ，株式会社の所有者である。 ① には，出資した株式会社の得た利益の一部から出資比率に応じて ② を受け取る権利と，株主総会で**議決権**を行使する権利がある。

①株主
②配当（金）

□ 09 **頻出** 株式会社の最高意思決定機関は ① で，そこでの表決は ② 制が採用されている。

①株主総会
②1株1票

□ 10 現代の大企業では，経営者である ① が必ずしも株主とは限らない。この現象を ② という。

①取締役
②所有〔資本〕と経営の分離

□ 11 2006年施行の**会社法**で，会社企業の仕組みの見直しが行われ，株式会社の ① 制度の撤廃， ② の新設の禁止， ③ という会社形態の導入が行われた。

①最低資本金
②有限会社
③合同会社

□ 12 ① と ② はどちらも有限責任の出資者のみで構成される点で同じであるが， ① は出資比率に応じて配当と議決権が配分されるのに対し， ② は，利益の配分などを出資比率に関係なく，定款で自由に定めることができる点で異なる。

①株式会社
②合同会社

□ 13 日本の上場企業（証券取引所で売買できる株式を発行して資金を調達できる企業）の**株式保有比率**を見ると， ① が保有する割合は**低く**，事業法人や金融機関などの ② の保有比率が**高い**。その背景には，高度経済成長期に進んだ企業集団内部での**株式の相互持ち合い**がある。

①個人株主
②法人株主

日本の資本主義の特質を**法人資本主義**という。

□ 14 バブル崩壊後，**株式の相互持ち合いの解消**の動きが生じ，国内の ① の割合は**減少する傾向**にあり，代わって， ② の株式保有の割合が**増加傾向**となった。

①法人株主
②外国法人

バブル経済
▶p.197，210

176 政治・経済分野［経済］ 750語

☐ 15 1950年代末頃から，本社をある国に置き，多数の子会社をいくつもの国に置く ☐ が増えており，なかには1年間の総売上高が，デンマークなど一部の先進国のGDPを上回る企業もある。

多国籍企業

☐ 16 自社と関連がない企業や関連の薄い企業を吸収合併し，自社の一部門に加え，**多角的経営**を行う企業を ☐ という。

コングロマリット〔複合企業〕

企業の社会的責任（CSR）

☐ 17 企業は社会の一員として**社会的責任**を果たすことが求められている。CSRには，たとえば，① （法令遵守）や環境保全などがある。環境保全に関しては，近年，国際標準化機構（ISO）の ② の認証を取得する企業が増えている。

①コンプライアンス

②14000シリーズ

☐ 18 1990年代に，企業会計の不正疑惑など，企業をめぐる不祥事が相次いだ。そうしたことを背景に，従来のような経営者支配を排除し，社外 ① を導入したり，企業情報の開示，すなわち，② を進めたりして，③ （企業統治）を強化する動きが高まった。

①取締役

②ディスクロージャー

③コーポレート・ガバナンス

☐ 19 頻出 企業の社会的貢献活動のうち，文化・芸術活動の支援を ① といい，慈善的活動やそうした活動への支援を ② という。

①メセナ

②フィランソロピー

市場機構

市場機構の仕組み

☐ 01 市場経済では，市場において形成される ① の働きにより，需要と供給の不均衡が調整され，資源配分の最適化が行われる。市場の持つこの働きを ② という。

①価格

②市場〔価格〕機構

☐ 02 頻出 需要量が供給量を上回る ① の場合には，価格は ② する。価格の ② に伴って，需要量は ③ し供給量は ④ し，① は解消される。供給量が需要量を上回る超過**供給**の場合には，価格が下落することによって，その不均衡は解消される。

①超過需要

②上昇

③減少

④増加

☑ 03 需要量と供給量の不均衡を解消する価格の働きは，価格の〔＿＿＿〕と呼ばれ，**アダム・スミス**は，これを神の「**見えざる手**」と表現した。

自動調節〔調整〕機能〔作用〕

見えざる手▶p74, 170

☑ 04 市場で，需要量と供給量が一致している時の価格を〔＿＿＿〕といい，その時の取引量を**均衡取引量**という。

均衡価格

☑ 05 〔頻出〕国民の**所得の増加**や，ある財・サービスの**流行**などにより需要が増加すると，需要曲線は〔＿＿＿〕にシフト（移動）し，その結果，価格が**上昇**し取引量が**増加**する。

右

国民の所得減少や流行の終息は，逆の結果をもたらす。

☑ 06 〔頻出〕技術革新などによる**生産性の上昇**，**コスト（生産費）の低下**が生じると，供給曲線は〔＿＿＿〕にシフトし，その結果，価格が**低下**し取引量が**増加**する。

下（右）

コストの上昇は，逆の結果をもたらす。

● **市場機構**

基本（04）　　　所得の上昇（05）　　　コストの低下（06）

市場の寡占化

☑ 07 19世紀後半になると，市場の寡占化が進み，〔①〕（企業連合），〔②〕（企業合同），〔③〕（企業連携）といった企業結合が見られるようになった。

①カルテル
②トラスト
③コンツェルン

☑ 08 カルテルは，〔① a 同一の，b 異なる〕産業部門の複数の企業が〔②〕を結び，**価格や生産量を調整**する行為のことである。現在の日本では，<u>独占禁止</u>法によりカルテルは**全面的に禁止**されている。

①a
②協定

☑ 09 〔①〕は，**同一**の産業部門の企業が，〔②〕したり〔③〕の過半を取得したりして，**新たな独占企業体を形成**することをいう。現在の日本では，<u>独占禁止</u>法に基づき，〔①〕は制限されている。

①トラスト
②合併
③株式

178　政治・経済分野［経済］　750語

□ 10 　①　は，**異種の産業部門の多数の企業が資本的に結合し**たグループをいう。**持株会社**が，異なる産業部門の企業の　②　の過半を握ることにより自己の傘下に置くタイプがその例である。

①コンツェルン
②株式

□ 11 日本では，　　　　の設立は独占禁止法により禁止されてきたが，1997 年の同法の改正により，原則解禁され，翌年からは金融　　　　の設立も解禁された。

持株会社

□ 12 巨大な設備を必要とする産業では，生産量が増えると製品1 個当たりの平均費用が低下する。これを　　　　という。

規模の経済
〔利益〕

□ 13 電力，鉄道，ガスのように**巨大な設備**を必要とする産業では，規模の経済が働くため，価格競争力を増した 1 社が，他社を駆逐することになり，市場を 1 社で占める　　　　が自然に成立しやすい。これを自然　　　　という。

独占

□ 14 頻出 寡占市場では，価格で主導権を握る　①　の設定した価格に他社が追随して，価格が形成されることがある。こうした価格を　②　という。

①プライスリーダー
〔価格先導者〕
②管理価格

□ 15 頻出 寡占市場では，一般に価格が　①　にくい。これを価格の　②　という。ただし，技術革新が著しい部門などでは，寡占市場でも価格競争が行われる場合がある。

①下がり
②下方硬直性

□ 16 寡占市場では，デザイン，性能，広告・宣伝などの　　　　競争が激化することがある。

非価格

□ 17 寡占市場では，価格の自動調節（調整）機能（作用）が十分に働かないなどの弊害が生じる。そのため，日本では，　①　が制定され，　②　がその運用に当たっている。

①独占禁止法
②公正取引委員会

□ 18 日本の独占禁止法では，メーカーが卸売価格や小売価格を指定できる**再販売価格維持制度**が，新聞や書籍などの　　　　に限って認められている。

著作物

市場の失敗

□ 19 市場に委ねていたのでは資源が最適に配分されない場合がある。これを　①　という。以下がその例である。

ア．市場の　②

イ．**公共財**

ウ．　③　経済・　③　不経済（負経済）

エ．**情報の非対称性**

①市場の失敗
〔市場の限界〕
②寡占化・独占化
③外部

政治・経済分野〔経済〕

179

- [ ] 20 市場が**寡占**化・**独占**化すると，☐☐☐☐の働きが低下し，資源が最適に配分できなくなる。

価格の自動調節〔調整〕機能〔作用〕

- [ ] 21 頻出 灯台や道路のような公共財には，利用者から料金を取ることが困難であるという性質（ ① ）があるため，最適な水準より供給量が **②a 多く，b 少なく** なる。

①非排除性
②b

- [ ] 22 頻出 ある経済主体の行動が，**市場を経由しないで**他の経済主体に**有利な影響**を与えることを ① といい，また，公害のように，他の経済主体に**不利な影響**を与えることを ② という。

①外部経済
②外部不経済〔負経済〕

駅の新設により周辺の商店街の売り上げが増加することは外部経済の例。

- [ ] 23 頻出 商品についての☐☐☐☐が，売り手にはあるが買い手には十分にない場合，あるいはその逆の場合，資源の適正な配分が阻害されることがある。これを☐☐☐☐の**非対称性**という。

情報

金融の働きと動向

貨幣と通貨制度

- [ ] 01 貨幣には**価値尺度機能**，価値の☐☐☐☐**手段**，**交換手段**，（債務の）**支払手段**という機能がある。

貯蔵

- [ ] 02 通貨には， ① 通貨と ② 通貨がある。日本では，① 通貨として，**日本銀行**が発行する日本銀行券と，**政府**が発行する硬貨がある。

①現金
②預金

- [ ] 03 **現金**通貨と**預金**通貨のマネーストック（通貨量の残高）を比べると， ① 通貨の方が ② 通貨よりも大きな額となっている。それは信用創造により ① 通貨が大量に生み出されるからである。

①預金
②現金
信用創造▶p.181

- [ ] 04 通貨制度に関し，資本主義諸国は，当初， ① 制を採用していたが，1929 年の世界恐慌を契機に，1930 年代に主要国は ② 制に移行した。

①金本位
②管理通貨

- [ ] 05 **金本位**制の下では，中央銀行が発行する紙幣（銀行券）は金との交換が保証されている☐☐☐☐であるため，通貨量は中央銀行が保有する金の量（金準備）によって制約されていた。

兌換紙幣〔兌換銀行券〕

180 政治・経済分野［経済］ 750 語

| 06 [頻出] [管理通貨]制の下では，中央銀行が発行する紙幣（銀行券）は_____であるため，政府・中央銀行が金の制約を受けずに通貨量をコントロールすることができる。 | 不換紙幣〔不換銀行券〕 |

金融市場と資金循環

07	金融市場では資金の需要（借り手の資金需要）が供給（貸し手の資金供給）を上回る場合は，金利（利子率）は ① し，逆に，供給が需要を上回る場合には，金利（利子率）は ② する。	①上昇 ②低下
08	企業が投資に回せる資金には，純利益のうちから配当などとして社外に分配した後に企業内部に残る_____，固定資本の減耗分の積立金である**減価償却積立金**のほか，**株式・社債の発行**により外部から調達した資金がある。	内部留保〔社内留保〕
09	投資のための資金として，企業内部にある[内部留保]と減価償却積立金を利用することを ① 金融といい，株式・社債の発行により外部から調達した資金を利用することを ② 金融という。	①内部 ②外部
10	企業の資本のうち，**内部留保，減価償却積立金，株式発行で得た資本**は ① 資本と呼ばれ，**銀行からの借入金，社債の発行で得た資本**は ② 資本と呼ばれる。 ① 資本は返済の必要はないが， ② 資本は負債なので返済の必要がある。	①自己 ②他人
11	[頻出] 銀行の主要な業務に，預金の受け入れ，貸し出しの業務がある。銀行は，これらを通じて，最初に受け入れた預金の数倍の新たな預金（通貨）を生み出す。これを_____という。	信用創造
12	[信用創造]によって生み出される預金額（信用創造額）は，本源的預金を支払準備率で割り，そこから本源的預金を差し引くことで求められる。たとえば，最初の預金が1億円，支払準備率が5％で，銀行からの貸し出しが全て再預金される場合，_____億円の信用創造ができる。	19

中央銀行と金融政策

13 日本の中央銀行である日本銀行は，ア．国の唯一の ① ，イ．市中銀行からの預金の受け入れ，市中銀行に対する資金の貸し出しなどの ② ，ウ．国庫金の出納などの ③ という三大機能を果たしている。

①発券銀行
②銀行の銀行
③政府の銀行

日本銀行は金融機関以外の民間企業や家計とは取引をしない。

14 日本では，**金融の自由化**により，市中銀行の金利が，日本銀行の市中銀行への貸し出し金利である □□□ と連動しなくなったため，□□□ 操作は日本銀行の主要な金融政策の手段ではなくなった。1995年からは，これに代わって公開市場操作が主たる政策手段となった。

公定歩合

日本銀行は，現在，公定歩合という言葉に代えて「基準割引率および基準貸付利率」という言葉を用いている。

15 頻出 **不況期**などに**金融を緩和**し，マネーストックを ① させたい場合には，日本銀行は公開市場で ② を行って，市中銀行に資金を供給し，金融機関相互の短期金融市場（**コール市場**）の**無担保コール翌日物金利を引き下げる**操作を行う。

①増加
②買いオペレーション
〔資金供給オペレーション〕

無担保コール翌日物金利とは，日本銀行が重視する政策金利のこと。

16 頻出 好況期などに金融を引き締め，マネーストックを ① させたい場合には，日本銀行は ② を行い，市中銀行から資金を吸収し，政策金利を**引き上げる**操作を行う。

①減少
②売りオペレーション
〔資金吸収オペレーション〕

17 外国為替市場で，政府・日本銀行が**円売り・ドル買い**の介入を行うと，市中銀行に円資金が供給され，日本のマネーストックの □□□ が期待できる。

増加

逆に円買い・ドル売りの介入を行うと，日本のマネーストックの減少につながる。

金融制度改革

18 1980年代頃から進展した □□□ は，「護送船団方式」と呼ばれたそれまでの金融保護行政を改め，**金利の自由化**や**業務分野の自由化**，**外国為替関連業務の自由化**を進めて，金融機関相互の競争を促すことをねらいとしていた。

金融の自由化

19 □□□ の自由化は1994年に完了し，定期性預金の金利も，流動性預金（要求払い預金）の金利も自由化された。

（預金）金利

☐ 20 [____] の自由化は，銀行と証券会社が**子会社**を通じて相互の業務に参入できるなど，**規制緩和**が進められてきた。

業務分野

☐ 21 [①] の自由化に関して，1997 年に**外国為替管理法**を改正した外国為替法により，[②] 業務の自由化，**外貨両替業務**の自由化が進められた。

①外国為替関連業務
②外国為替

☐ 22 **日本版金融ビッグバン**のねらいは，金融の [____] 化が進み，金融市場としての魅力が失われてきた東京市場の地位の回復にある。そのため政府は，日本版金融ビッグバンの名の下に，**フリー**，**フェア**，**グローバル**を理念として掲げ，**金融制度の規制緩和**を進めた。

空洞

近年の金融の動向

☐ 23 政府は，銀行の経営体力の回復と**貸し渋り**対策の一環として，1990 年代後半に銀行に [____] を投入して，**銀行の自己資本比率の向上**を図った。

公的資金〔資本〕

背景には，銀行に対する国際的な規制である自己資本比率規制（BIS規制）がある。

☐ 24 銀行が破たんした場合，**預金保険機構**が預金者に対して**元本 1000 万円とその利息まで保証**する制度（[____]）は**一時凍結**されていたが，現在，一部の預金を除いてその凍結は解除されている。

ペイオフ

☐ 25 1990 年代末から続いているデフレ傾向からの脱却のために，日本銀行は，**政策金利（無担保コール翌日物金利）**を実質的にゼロにする [①] 政策や，市中銀行が日銀に有する当座預金残高を増やす [②] 政策を採用した。

①ゼロ金利
②量的（金融）緩和

☐ 26 2010 年代には，日本銀行は消費者物価の上昇率を対前年比 2％とする**物価安定目標**を設定し，その実現に向けて [____] 政策，その後，**マイナス金利政策**など，大胆な金融緩和政策を実施した。

量的・質的金融緩和

財政の働きと日本の財政の動向

財政の三大機能

☐ 01 **公共財**は，市場に委ねていては適切に供給されないため，政府がこれを供給し，[____] のアンバランスを調整している。この財政の機能を [____] の調整という。

資源配分

公共財には，道路，港湾，保健・衛生などがある。

183

☐ 02 **頻出** 政府は，所得税に ① 制度を適用して高所得者ほど高率の所得税を課し，② 制度を充実させて低所得者に手厚い ② 給付を行うなどし，所得格差の是正を図っている。この財政の機能を ③ の再分配という。

①累進課税
②社会保障
③所得

☐ 03 **頻出** 政府は，有効需要が不足して景気が低迷しているときには，積極的に ① を行うなどして財政支出を増やしたり，減税政策を推進したりすることにより，**有効需要を拡大**する（財政）政策（**フィスカル・ポリシー**）を行う*。この財政の機能を ② という。

①公共投資
＊景気を抑制し景気の過熱を防ごうとする場合には，その逆の政策を行う。
②景気の調整
〔経済の安定化〕

☐ 04 **頻出** 所得税の<u>累進課税</u>制度や<u>社会保障</u>制度には，景気を自動的に安定化させる働きがある。この財政制度自体に内在する景気を自動的に安定化させる仕組みを ＿＿＿ と呼ぶ。

ビルト・イン・スタビライザー
〔（景気）自動安定（化）装置〕

日本の財政制度

☐ 05 予算には，歳入と歳出を総合的に管理する ① 予算，特定の事業を行うために一般会計から分離して設置された ② 予算，政府系の金融機関の予算である政府関係機関予算の３つがある。また，通常の予算とは別に，「第二の予算」と呼ばれてきた ③ がある。

①一般会計
②特別会計
③財政投融資計画
これらのいずれも国会における議決が必要である。

☐ 06 会計年度の当初に作成され，国会に提出された基本になる予算を ① ，新年度までに ① が成立しなかった場合，① が成立するまでの暫定的な予算を**暫定予算**，① が成立してその実行段階に入った後に変更が生じた場合に組まれる予算を ② という。

①本予算
〔当初予算〕
②補正予算

☐ 07 歳入に占める国債発行額（公債金）の割合は ＿＿＿ と呼ばれる。

国債依存度
〔公債依存度〕

☐ 08 現在日本の一般会計歳出項目を見ると，① の占める割合が最も高く，次いで ② ，地方交付税交付金等が高い。

①社会保障関係費
背景には高齢化の進行がある。
②国債費

184 　政治・経済分野［経済］　750語

☐ 09 **財政投融資**は，国債の一種である _____ の発行などにより調達した資金を財源として，**産業基盤整備・生活基盤整備**などへの投融資活動を行うものである。

財投債

2001 年に制度の抜本的見直しが行われ，それ以前に比べ，規模は縮小した。

日本の租税制度

☐ 10 租税には，所得税，法人税，相続税などのように，担税者と納税者が同一の ① と，消費税，酒税，たばこ税，関税のように，その両者が異なる ② がある。

①直接税
②間接税

☐ 11 日本の税制は， ① 勧告（1949, 50 年）に基づき， ② を中心とする税制に改められ， ③ の比率が低下した。

①シャウプ
②直接税
③間接税

☐ 12 1989 年に大型の間接税である _____ が導入され，これは**シャウプ**税制改革以来の大改革といわれた。

消費税

導入当初の税率は 3%。

☐ 13 2012 年に成立した関連法に基づき，社会保障と税の一体改革が進められている。消費税率が 2014 年に 8%, 2019 年には _____ %に引き上げられ，この引き上げによる増収分はすべて社会保障の財源に充てることになっている。

10

☐ 14 消費税率の10%への引き上げに伴い，_____ が適用されることになった。その対象は，酒類・外食を除く飲食料品と定期購読契約が締結された週 2 回以上発行される新聞であり，これらについては 8%が適用される。

軽減税率

☐ 15 消費税は _____ 的な税といわれる。それは，低所得者ほど，所得に占める消費支出の割合が高いため，所得に占める消費税負担の割合が**高くなる**からである。

逆進

☐ 16 頻出 税負担の公平の原則には，所得が同じならば同じ税負担という ① と，負担能力に応じた税負担という ② がある。累進課税制度は ② を実現するのに適した税制である。

①水平的公平
②垂直的公平

国債

☐ 17 **頻出** 国債には，公共事業費の不足分などを補う国債で，財政法でその発行が容認されている ☐①☐ 国債と，歳入不足を補うために発行される国債で，財政法ではその発行が禁止されている ☐②☐ 国債がある。

①建設
②赤字〔特例〕

赤字国債を発行する場合，国会で特例法を制定しなければならない。

☐ 18 ☐①☐ 国債は，1966年度以来，継続して発行されている。☐②☐ 国債は，1965年度に発行され，その後1975年度から89年度まで継続発行され，1990年代初め（1990〜93年度）にその発行から脱却できたものの，1994年度から再び継続発行されている。

①建設
②赤字〔特例〕

☐ 19 ☐☐☐ は，法律上，**新規発行の国債**を直接買い取る（引き受ける）ことはできないが，公開市場操作の一環として，流通している国債を購入することはできる。

日本銀行

☐ 20 国債の大量発行の問題点として，歳出に占める国債費の割合が大きくなり財政の自由度が失われること（☐①☐），後の世代に負担を強いることになること，市中金利の ☐②☐ を招き民間の資金需要を圧迫すること（**クラウディング・アウト**効果）が指摘されている。

①財政の硬直化
②上昇

国債費とは国債の償還費用のこと。

☐ 21 日本の財政状況は，先進国の中でも際立って深刻な状況にある。そのことは，歳入に占める国債発行額の割合，すなわち，☐①☐ が高いこと，また，☐②☐ がGDPの水準を大きく上回っていることに示されている。

①国債依存度
②国債残高

☐ 22 **頻出** ☐・☐ とは，公債金（国債発行で得た収入）を差し引いた歳入から，国債費（国債の返済や利払いなどにかかる費用）を差し引いた歳出の収支のことである。

プライマリー・バランス〔基礎的財政収支〕

日本では，国債発行残高の増加を食い止めるために，プライマリー・バランスの改善を図ることが政策課題となっている。

プライマリー・バランス
▶p.193

歳 入	租税など	公債金
歳 出	社会保障関係費など	国債費

プライマリー・バランスの赤字部分

186　政治・経済分野［経済］750語

国民所得と経済成長

フローとストック

☐ 01 経済活動の成果を測る見方には，**一定期間**の経済活動の成果を測る ① *¹ と**一定時点**での経済量を示す ② *² がある。

①フロー
②ストック
＊1 GNI, GDPなど国民所得の諸指標などがその例。
＊2 国富, 預金・負債の残高などがその例。

☐ 02 ☐ は，**住宅**，**機械設備**，**社会資本**などの有形固定資産や**土地**，**漁場**，**地下資源**などの有形非生産資産，海外に保有する資産などを合計したものである。

国富
国内の金融資産は国富には算入されない。

フローに関する指標

☐ 03 頻出 ① は，**国内**で生産された総生産額から中間生産物の価額を差し引いた**付加価値**の合計額，② は，**国民（居住者）** が生産した総生産額から中間生産物の価額を差し引いた**付加価値**の合計額を示したものである。

①国内総生産〔GDP〕
②国民総生産〔GNP〕
近年, 日本政府は, GNPに代えて, 基本的にそれと同額になるGNI（国民総所得）を公表している。

☐ 04 GDPに ① を加え，そこから ② を差し引くと**GNI（GNP）** が得られる。すなわち，GDPに海外からの純所得を加えると GNI（GNP）となる。

①海外からの所得
②海外に対する所得

☐ 05 **輸出**は輸出国のGDPにもGNPにも ① が，**輸入**は輸入国のGDPにもGNPにも ② 。

①算入される
②算入されない

☐ 06 GNIから ① を差し引くと，純付加価値の合計額である**国民純生産（NNP）** が得られ，そこに ② を加え ③ を差し引くと国民所得（NI）が得られる。

①固定資本減耗
②補助金
③間接税

☐ 07 頻出 国民所得統計は，**生産・分配・支出**の三面から計測され，この三面からとらえられた国民所得は，原理上，同額となる。これを国民所得の ☐ の原則という。

三面等価

☐ 08 生産国民所得は，国民所得を産業別に供給側からとらえたもので，現在の日本では，国民所得の **7割**以上を ☐ が占めている。

第三次産業
産業構造 ▶ p.198

187

☐ 09 分配国民所得は，付加価値の分配先別に集計したもので，労働者の賃金などの ① ，利子・配当・地代などの ② ，内部留保などの ③ からなる。

①雇用者報酬
②財産所得
③企業所得

☐ 10 支出国民所得は，国民所得を需要側からとらえたもので，民間および政府の ，民間および政府が行った投資をまとめた**国内総資本形成**，海外との取り引きなどをまとめた**経常海外余剰**などからなる。

最終消費支出

現在の日本では，民間最終消費支出が5〜6割ほどを占めている。

国民所得統計の限界

☐ 11 国民所得の各指標は，市場で取り引きされた付加価値の総額を計算したものであるため，国民の福祉の水準を正確に示すことはできない。そのため， やグリーンGDPという指標が考案された。

国民純福祉〔NNW〕

国民所得には，たとえば，家庭内の家事労働や余暇などが算入されず，逆に，国民の福祉にとってマイナスとなる公害防除費用が算入される。

経済成長

☐ 12 **頻出** 経済の拡大あるいは縮小の度合いを示す指標が ① である。その時々の物価水準のままで計算したものは ② と呼ばれ，物価変動の影響を除去したものは ③ と呼ばれる。

①経済成長率
②名目経済成長率
③実質経済成長率

☐ 13 ア．実質GDPは名目GDPを物価指標であるGDPデフレーターで除して求められる。

$$実質GDP = \frac{名目GDP}{GDPデフレーター} \times 100$$

イ．基準年に対する比較年のGDP経済成長率は次の式で求められる。

$$経済成長率 = \frac{比較年のGDP - 基準年のGDP}{基準年のGDP} \times 100$$

X年の名目GDPが500兆円，X＋1年の名目GDPが660兆円で，X年を基準年としたX＋1年のGDPデフレーターが120のとき，X＋1年の実質GDPは ① 兆円となる。また，X年に対するX＋1年の名目経済成長率は， ② ％，実質経済成長率は ③ ％となる。

＊名目経済成長率は，名目GDPを使って，実質経済成長率は実質GDPを使って計算する。

① 550
② 32
③ 10

① $\frac{660兆}{120} \times 100$
　$= 550兆$
GDPデフレーターは基準年の物価水準を100とする指数で示される。

② $\frac{660 - 500兆}{500兆} \times 100$
　$= 32$

③ $\frac{550 - 500兆}{500兆} \times 100$
　$= 10$

☐ 14 X年に比べ(X + 1)年の物価が上昇した場合, X年を基準年とした(X + 1)年のGDPやGNIは, ① 値(その時々の物価水準のまま計算した値)の方が ② 値(物価変動の影響を除去した値)よりも大きくなる。そのためX年に対する(X + 1)年の経済成長率も, その ① 経済成長率の方が ② 経済成長率よりも高くなる。

①名目
②実質

デフレーションが進行しているときは, 逆に実質経済成長率の方が名目経済成長率より高くなる。

景気循環(景気変動)

☐ 15 経済成長は**好況**・ ① ・**不況**・ ② という4局面からなる周期的な景気変動を伴う。急激な景気の ① は**恐慌**と呼ばれる。

①後退
②回復

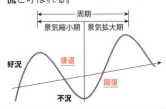

☐ 16 頻出 ●景気循環の種類

名称	周期	要因
① の波	50〜60年周期	技術革新
② の波	15〜20年周期	建築投資
③ の波	8〜10年周期	設備投資
④ の波	3〜4年周期	在庫投資

①コンドラチェフ
②クズネッツ
③ジュグラー
④キチン

景気循環には周期性の要因により, 表のようなパターンがある。

物価と国民生活

☐ 17 物価には消費者が購入する財・サービスの価格を平均化した ① と, 企業間で取り引きされる原材料などの中間財の価格を平均化した ② がある。

①消費者物価
②企業物価

☐ 18 物価が継続的に上昇することを ① と呼び, 逆に継続的に下落することを ② と呼ぶ。

①インフレーション
②デフレーション

□ 19 貨幣価値はその購買力（貨幣1単位で買うことのできる財・サービスの数量）で測ることができる。インフレーションが進行すれば，同じ貨幣額で購入できる量が減少するので，貨幣価値は ① する。デフレーションが進行すれば，逆の現象が生じるので，貨幣価値は ② する。

①下落
②上昇

□ 20 インフレーションの要因には，総需要が総供給を ①a 上回る, b 下回る ことで生じる**ディマンド・プル・インフレーション**〔需要インフレ〕と，原材料費や人件費などのコストが ②a 上昇, b 下落 することで生じる**コスト・プッシュ・インフレーション**〔費用インフレ〕がある。

①a
②a

□ 21 インフレーションの下では，貨幣の実質的価値が下落し，実質金利も低下するので， ① 利得や預金の ② が生じる。

①債務者
②目減り

デフレーションが生じると貨幣の実質的価値は上昇し，実質金利も上昇。

□ 22 頻出 **景気が低迷**している状況の下で**物価が上昇**することを ─── という。第一次石油危機後の日本経済は ─── に悩まされた。

スタグフレーション

スタグフレーション ▶p.196

□ 23 物価の下落と景気悪化の悪循環を ─── という。

デフレ・スパイラル

デフレ・スパイラル ▶p.197

共通テスト攻略のポイント

●有効需要の大きさが，その国のGDPの大きさである

ある国で生産されたものは，国内で購入される（内需）か，海外で購入される（外需）かのどちらかである。購入者は民間（企業・家計）か，政府かのどちらかである。したがって，その国で生産されたものに対する需要（有効需要＝総需要）は，民間消費＋民間投資＋政府消費＋政府投資＋（輸出−輸入）となる。これはGDPを支出面からとらえた国内総支出（GDE）である。

入試問題でチェック！

問 次の表は 2016 年度における日本の GNE（国民総支出）の額を算出するために必要な項目とそれぞれの額とを示したものである。この表に関する下の記述アとイの正誤の組合せとして正しいものを，下の ① ～ ④ のうちから一つ選べ。

(20年 センター本試)

項　　　目	額（兆円）
民間最終消費支出	300
政府最終消費支出	106
総資本形成	127
財貨・サービスの輸出	89
財貨・サービスの輸入	83
海外からの所得	28
海外に対する所得	11
国民総支出	556

（注）表中の数値は名目値で，小数点以下を四捨五入してある。
（資料）内閣府『平成 28 年度 国民経済計算年報』により作成。

ア　GNP（国民総生産）の額は 556 兆円である。

イ　GDP（国内総生産）の額は GNP の額より小さい。

① ア　正　イ　正

② ア　正　イ　誤

③ ア　誤　イ　正

④ ア　誤　イ　誤

解答　①　ア：正文。**国民所得の三面等価の原則から支出の面から見た GNE と生産の面から見た GNP は等しくなる。**表に GNE が 556 兆円とあるので，GNP も 556 兆円となる。**イ**：GNP = 556 兆円，GDP = 539 兆円となるので正文である。GDP を求める計算式（▶p.187）は次の通り。

GDP = GNP－（海外からの所得－海外に対する所得）
GDP = 556 兆－（28 兆－11 兆）
　　= 539 兆（円）

共通テスト問題にチャレンジ！

問 次の表は，ある国の国家財政における歳出と歳入の項目別の金額を表したものである。2017年度から2018年度にかけての財政状況に起きた変化として正しいものを，下の①～④のうちから一つ選べ。なお，表中の項目の定義は日本の財政制度のものと同じであり，通貨の単位にはドルを用いているものとする。

(21年 共通テスト第1日程 倫理, 政治・経済)

(単位：10億ドル)

		2017年度	2018年度
歳　出	社会保障関係費	24	30
	公共事業関係費	11	13
	防衛関係費	5	7
	文教および科学振興費	6	8
	国債費	14	17
	合　計	60	75

(単位：10億ドル)

		2017年度	2018年度
歳　入	法人税	10	13
	酒　税	5	5
	所得税	12	16
	消費税	17	22
	公債金	16	19
	合　計	60	75

(注) 国債費とは国債の元利払いを指し，公債金とは国債発行による収入を指す。

① 国債残高が減少した。
② 国債依存度が低下した。
③ プライマリー・バランスの赤字額が拡大した。
④ 直間比率で間接税の比率が上昇した。

解答 ②

　国債依存度（公債依存度）（▶p.184）は歳入に占める公債金の割合のことである。2018年度の国債依存度は約25.3%（19÷75）で，2017年度の約26.7%（16÷60）に比べ，1.4ポイント**低下**した。

　①「国債残高が減少した」は不適当。この表から判断する限り**国債残高は増加**する。2017年度も2018年度も，国債発行による収入（公債金）が国債の償還にかかわる費用（国債費）を上回っている（新たな借入れが返済を上回っている）からである。

　③「赤字額が拡大した」は不適当。プライマリー・バランス（基礎的財政収支）（▶p.186）は，2017年度は20億ドルの赤字〔(60−16)−(60−14)＝−2〕，2018年度も20億ドルの赤字〔(75−19)−(75−17)＝−2〕で，**赤字額に変化はない。**

　④「間接税の比率が上昇した」は不適当。表中の法人税と所得税が直接税，酒税と消費税が間接税である（▶p.185）。2017年度の直間比率は，(10＋12)：(5＋17)＝22：22＝1：1である。2018年度のそれは，(13＋16)：(5＋22)＝29：27となり，**間接税の比率が低下した。**

共通テスト攻略のポイント

●国の財政状況を知る指標の計算式
●国債依存度

$$国債依存度 = \frac{公債金}{一般会計歳入} \times 100$$

●プライマリー・バランス（基礎的財政収支）

　プライマリー・バランス＝(歳入−公債金)−(歳出−国債費)

第2章　現代の経済　　**政経** 頻度 ★★

3節 日本経済の歩みと現状

日本経済の発展

戦後復興期

☐ 01 GHQ（連合国軍総司令部）は，経済の民主化として，三井，
三菱などの ① **の解体**，寄生地主制を解体する ② ，
③ **の育成**を日本政府に求めた。

①財閥
②農地改革
③労働組合

☐ 02 労働組合の育成を進める施策として，日本国憲法による**労働三権**（団結権，団体交渉権，争議権）の保障や，労働三法
（ ① ， ② ， ③ ）の制定がある。

①労働組合法
②労働関係調整法
③労働基準法
＊順不同

☐ 03 農地改革の成果を維持し，寄生地主制の復活を阻止するために □□□ が制定された（1952 年）。2000 年代に同法は
農業経営の法人化推進に向けた改正が行われた。

農地法
農地法▶p.201

☐ 04 **財閥**の復活を阻止するために，1947 年に**過度経済力集中排除法**や，持株会社の設立禁止などを定めた □□□ が制定された。

独占禁止法
持株会社設立原則
解禁▶p.179

☐ 05 **頻出** 日本政府は，1946 年 12 月に**石炭・鉄鋼**などの基幹
産業に対して，限られた資材や労働力，資金を重点的に投
入し，その復興を図る □□□ 方式の採用を決定した。

傾斜生産

☐ 06 傾斜生産方式に必要な資金は，□□□ が債券を発行し，そ
れを日銀が引き受けるという形で調達された。そのため，
マネーストックが増加し**インフレ**が加速した。

復興金融金庫
〔復金〕

☐ 07 インフレの収束や経済の安定化を図るために，1948 年に
GHQ は，均衡予算・徴税強化などの経済・財政方針を内
容とする □□□ を指令した。

経済安定 9 原則

☐ 08 **頻出** **超緊縮財政**，復金融資の廃止，1 ドル＝ 360 円の**単一
為替レートの設定**を柱とする □□□ が 1949 年から実施
され，インフレは収束したが景気は後退した。

ドッジ・ライン

☐ 09 日本経済は，1950 年に勃発した □□□ に伴う**特需**により
景気を回復した（**特需景気**）。

朝鮮戦争

194　政治・経済分野［経済］　750 語

高度経済成長期

10 1950 年代半ば頃から 1970 年頃にかけて日本経済は, ① , ② , ③ , ④ の順に大型景気が到来した。

①神武景気
②岩戸景気
③オリンピック景気
④いざなぎ景気

11 〔頻出〕政府は 1960 年に [   ] を発表し, 経済成長政策を推進した。

(国民)所得倍増計画

12 日本は, 1963 年に ① の 12 条国から 11 条国に移行し, 1964 年には ② の 14 条国から 8 条国に移行した。これにより国際収支の悪化を理由に, 貿易制限・為替制限を行うことができない国となった。

①関税と貿易に関する一般協定〔GATT〕
②国際通貨基金〔IMF〕

13 1964 年に日本は「先進国クラブ」といわれている [   ] に加盟し, 1968 年にはGNPの規模で, アメリカに次ぎ自由主義世界第 2 位となった。

経済協力開発機構〔OECD〕

14 高度経済成長期の前半は, ① が景気を主導した。この時期に消費ブームも起き, **三種の神器**(② ・電気冷蔵庫・電気洗濯機)が家庭に普及した。

①民間設備投資
②白黒テレビ

15 高度経済成長期の前半には, 景気が拡大すると原材料などの輸入が増大する一方, 輸出力不足で貿易収支が悪化し, 政府は景気の引き締めを余儀なくされた。この時期の景気拡大の制約要因となったこの事態を「[   ]」という。

国際収支の天井

16 高度経済成長期の後半には, [   ] の増加と財政支出の拡大が景気をけん引した。

輸出〔外需〕

17 高度経済成長期の後半には, ① ・ ② ・乗用車といった **3C** と呼ばれる耐久消費財が家庭に普及した。

①カラーテレビ
②クーラー
＊順不同

18 高度経済成長期の主な成長要因は次の通り。
ア．アメリカなどからの新技術の導入
イ．活発な民間 ①
ウ．国民の高い ② 率
エ．豊富で質の高い労働力の存在
オ．政府の積極的な経済成長政策
カ．割安な為替レート

①設備投資
②貯蓄

☐ 19 **頻出** 高度経済成長期には，民間企業の設備投資のためなどの資金需要は，国民の高い貯蓄率を背景に，主に，銀行からの借り入れ（[　　]）を通じてまかなわれた。

間接金融

☐ 20 戦後復興過程で解体された四大財閥に代わって，高度経済成長期に六大 [　　] が形成された。[　　] は銀行を中核に株式の相互持ち合い，系列取引などを通じて結びついた。

企業集団

安定成長〜バブル経済期，バブル崩壊後

☐ 21 **頻出** [　　] をきっかけに，1973 年に**第一次石油危機**が起こり，高度経済成長に終止符が打たれた。

第四次中東戦争
第四次中東戦争▶
p.165

☐ 22 **頻出** 第一次石油危機後，[　①　] と呼ばれるインフレーションが生じ，また，1974 年には戦後初めて実質経済成長率が**マイナス**に転じた。こうして日本経済は，**不況下にインフレーションが進行する** [　②　] に見舞われた。

①狂乱物価
②スタグフレーション
スタグフレーション▶
p.190

☐ 23 [　　] を背景に 1979 年に**第二次石油危機**が生じた。

イラン革命

☐ 24 企業は，二度にわたる石油危機の苦境から脱するために，合理化を進めるなど [　①　] を推進するとともに，積極的にマイクロエレクトロニクス技術（ＭＥ技術）を採用し，事務作業の自動化（[　②　]），生産工程の自動化（[　③　]）を進めた。

①減量経営
②OA化
③FA化

☐ 25 1985 年に [　①　] が開催される背景には，アメリカが [　②　]（**貿易赤字と財政赤字**）に陥っていることがあった。

①G5〔先進5か国財務相・中央銀行総裁会議〕
②双子の赤字

☐ 26 **頻出** 1985 年の，G5（先進 5 か国財務相・中央銀行総裁会議）では，[　①　] 是正のために外国為替市場に協調介入するという合意が成立した（[　②　]合意）。

①ドル高
②プラザ
ルーブル合意▶
p.232

☐ 27 **頻出** **プラザ**合意をきっかけに，[　　] が進行したため，輸出が減速し，日本の景気は後退した（[　　]不況）。

円高

☐ 28 中曽根首相の私的諮問機関が出した**前川レポート**の中で，輸出に依存するこれまでの経済の在り方から [　　] 主導型経済への転換が提唱された。

内需

196　政治・経済分野［経済］ 750語

☐ 29 1980年代後半，日本銀行の**低金利政策**下で生じた余剰資金が大量に株や土地への投資に向けられたため，**株価・地価**が高騰し ☐ が発生した。

バブル
バブル▶p.176，210

☐ 30 地価・株価の高騰は，**資産効果**を生み，内需，すなわち国内の ① 需要・ ② 需要が拡大した（**バブル景気**）。その一方で，財テクに走る企業が増加したり，資産格差が拡大したりするなどした。

①消費
②投資
*順不同

☐ 31 頻出 日本銀行は公定歩合を段階的に**引き上げ**， ☐ 政策に転じた。こうした政策転換もあり，1990年代初めに**株価・地価が暴落し**バブル経済は崩壊した。

金融引き締め

☐ 32 頻出 バブル経済の崩壊により，銀行は大量の ☐ を抱え込み，経営が悪化した。

不良債権

☐ 33 バブル経済崩壊後，大量の**不良債権**を抱え**自己資本比率**が低下した銀行は，中小企業などへの新規融資を抑制する「☐」を行った。

貸し渋り

☐ 34 1990年代末頃から日本の物価は**下落**傾向を示すようになり，☐ が懸念されるようになった。

デフレ・スパイラル
デフレ・スパイラル ▶p.190

☐ 35 バブル経済崩壊後，企業によるリストラもあり雇用情勢が悪化し，☐ が**5**％を超える年もあった。

完全失業率
完全失業率▶p.212

日本経済の現状

☐ 36 2000年代には，日本経済のシステムそのものの改革を進めようとする ① が打ち出され，**規制緩和，特殊法人統廃合，独立行政法人化**，道路公団や ② 事業などの**民営化**が推進された。

①構造改革
②郵政
行政改革 ▶p.138

☐ 37 頻出 2008年の ☐ を契機とする**世界金融危機**の影響を受け，日本経済は**マイナス成長**となった。

リーマン・ショック
〔リーマン・ブラザーズの経営破綻〕

☐ 38 2012年以降，安倍内閣は**大胆な** ☐ ，**機動的な財政政策，民間投資を喚起する成長戦略**からなるアベノミクスを推進した。

金融政策

産業構造

- □ 39 [頻出] 経済が発展すると，第一次産業の経済に占める比重が低下し，しだいに第二次・第三次産業の比重が高まる。これを**産業構造の高度化**，あるいは，_____という。 — ペティ・クラークの法則　第三次産業▶p.187

- □ 40 高度経済成長終焉以降，それまでの鉄鋼などの ① 型産業に代わって，自動車などの ② 型産業が日本経済を主導するようになった。 — ①素材〔資本集約，重厚長大〕 ②加工組立〔知識・技術集約，軽薄短小〕

- □ 41 現在の日本では，GDPにおいても就業者数においても第三次産業の占める割合が7割ほどとなっている。このようにサービスの生産にかかわる第三次産業の比重の高まりは，経済の ① と呼ばれる。また，あらゆる産業において知識・情報などのソフト面が重視されるようになってきた。こうした現象は，経済の ② と呼ばれる。 — ①サービス化 ②ソフト化

- □ 42 **貿易摩擦の激化，円高の進行，経済のグローバル化**の進展などを背景に，**生産拠点を海外に移す動き**が見られる。この動きの拡大は，国内の製造業の衰退や雇用機会の減少など，_____をもたらすおそれがある。 — 産業の空洞化

共通テスト攻略のポイント

●高度経済成長期以降の産業の在り方の変化

〈高度経済成長期〉 主力産業：鉄鋼，造船，石油化学	〈高度経済成長期終焉後〉 主力産業：自動車，家電，先端技術産業
資本集約型産業 ⇒	技術・知識集約型産業
素材型産業 ⇒	加工組立型産業
重厚長大型産業 ⇒	軽薄短小型産業
資源・エネルギー多消費型産業 ⇒	省エネ・省資源型産業

●三公社の民営化

1980年代には，赤字国債発行ゼロを目指すなど，日本は行財政改革を進めた。その一環として，三公社（電電公社，専売公社，国鉄）の民営化も行われた。

中小企業問題

中小企業の定義

☐ 01 **頻出** 中小企業の範囲は次の通り。

業種	資本金	従業員
製造業・建設業・運輸業	3億円以下	300人以下
①	1億円以下	100人以下
②	5千万円以下	100人以下
③	5千万円以下	50人以下

①卸売業
②サービス業
③小売業

中小企業は、製造業について見ると、事業所数で99%、従業員数で70%、出荷額で50%ほどを占めている。

中小企業問題

☐ 02 日本経済には，従業員一人当たりの有形固定資産額を示す ① や，賃金，生産性，資金調達力などの面で，高い大企業とその面で劣る中小企業が併存しているという特徴がある。これを経済の ② という。

①資本装備率
②二重構造

中小企業の現在

☐ 03 **頻出** 1963年に制定された _____ に基づき，政府は大企業との間の格差是正に取り組んできた。しかし，同法は1999年に**改正**され，中小企業政策の重点が，保護・格差是正から創業の支援や多様で活力のある成長・発展に移された。

中小企業基本法

☐ 04 大企業の生産工程の一部を請け負う中小企業を ① と呼ぶ。その中でも大企業の ② 下に入り**資金提供・技術支援**などを受ける企業を ② 企業と呼ぶ。

①下請け企業
②系列

☐ 05 下請け企業は，景気低迷期には，下請け単価を引き下げられるなど，大企業（親企業）によって景気の _____ として利用される場合がある。

調節弁
〔安全弁，調整弁〕

☐ 06 市場規模の小さい _____ 分野を開拓し埋めるビジネスとして，_____ 産業が注目されている。

ニッチ〔隙間〕

☐ 07 今治のタオルや豊岡のカバン，鯖江の眼鏡のフレームなど _____ 産業も中小企業が活躍する場となっている。

地場

☑ 08 中小企業の中には，独自の技術やアイデアを生かし，大企業が参入をためらうような分野に冒険的に参入する □□□□ と呼ばれる企業もある。

ベンチャー・ビジネス〔ベンチャー企業〕

☑ 09 証券取引所には上場できない新興企業でも，株式を公開し，資金を調達できる □□□□ が開設されており，**ベンチャー・ビジネス**などの株式公開の場となっている。

新興株式市場

ジャスダックやマザーズなど。

農業・食料問題

農業の日本経済に占める位置

☑ 01 農業は，GDPでは約 □①□ ％ほど，就業者数では約 □②□ ％ほどであり（2020年），他産業に比べ**所得や生産性の面で劣る**。

①1
②3

農政の変遷

☑ 02 **農業基本法**（1961年制定）に基づく1960年代の農業政策（基本法農政）では，農業所得のみで他産業従事者並みの所得が得られる □□□□ の育成が目指された。

自立経営農家

☑ 03 1960年代の基本法農政の下で，□□□□ 農家のうち農外所得が農業所得を上回る**第二種兼業農家**が増加するなど □□□□ 化が進行し，また，**農業人口の減少**が続いた。

兼業

☑ 04 1990年代から農家の分類が，専業農家，第一種・第二種兼業農家というものから，農家を**販売農家**と，経営規模が小さく農産物販売金額が少ない自給的農家とに大別し，販売農家を，さらに，**主業農家，準主業農家，副業的農家**の3つに分けて統計をとることになった。販売農家のうち最も大きな割合を占めているのは，□□□□ 農家である。

副業的

☑ 05 コメの作付け面積を減らす □□□□ 政策は，1970年頃に開始され，2018年に廃止された。

減反

☑ 06 1994年に □□□□ が制定され，その施行に伴って食糧管理制度は廃止された。

食糧需給価格安定法〔食糧法〕

☑ 07 1999年に農業基本法に代わる新たな基本法として，□□□□ が制定された。

食料・農業・農村基本法

☐ 08 2000年代に入ると，_____ が改正されるなどして，**農業経営の法人化**が進められた。

農地法

株式会社も農業経営に参入できるようになった。

日本の農業・食料問題

☐ 09 日本の _____ は他の先進国に比べて**低く**，近年は，**供給熱量自給率**は **40**％ほどの水準で推移し，**穀物自給率**（飼料用を含む）は **30**％を下回る水準となっている。

食料自給率

農産物輸出国家であるフランスやアメリカはこの2つの自給率とも100％を上回っている。

☐ 10 日本では，**牛肉**や**コメ**に関し，その流通経路を生産段階から最終消費段階までたどれる _____ が法制化されている。

トレーサビリティ

牛肉トレーサビリティ法，米トレーサビリティ法

☐ 11 日本は，**日米合意**を受け，1991年から _____ の輸入自由化に踏み切った。

牛肉・オレンジ

☐ 12 **頻出** GATT（ガット）の**ウルグアイ・ラウンド**の合意を受け，日本は1995年からコメの部分的な市場開放を実施し，_____ の機会を与えることになった。さらに，1999年からはコメの関税化を実施した。

ミニマム・アクセス〔最低輸入量〕

ウルグアイ・ラウンド ▶ p.226, 227

☐ 13 食料を輸入に頼ると，天候不順や紛争，外交関係の悪化などにより食料の輸入が途絶える危険があり，_____ の立場から，**食料自給率の向上**を求める意見がある。

食料〔食糧〕安全保障

☐ 14 農村の地域資源活用の方法の1つとして _____ がある。これは，農業が農産物の生産だけでなく，加工・販売まで手がけるビジネス展開をするというものである。

六次産業化

☐ 15 地域で生産された農林水産物をその地域内で消費する _____ の取り組みが推進されている。地域の活性化や，農林水産物の輸送距離短縮による環境負荷低減などの効果が期待されている。

地産地消

☐ 16 都市居住者などが農山漁村地域に滞在しながら，そこの自然や文化に触れたり，人々と交流したりして，休暇・余暇を過ごそうとする余暇活動のあり方を _____ といい，国も農山漁村余暇法に基づいて _____ のための環境整備を行っている。

グリーンツーリズム

政治・経済分野〔経済〕

国民生活をめぐる諸問題

消費者問題

□ 01 企業の生産の在り方を最終的に決定するのは消費者であるという理念を ____ という。

消費者主権

□ 02 ガルブレイスは，企業が行う**広告・宣伝**には**購買欲を喚起**する効果があるとし，これを ____ と呼んだ。

依存効果

□ 03 あの人がもっているから買うというように，消費行動が他者の消費の在り方から影響を受けることを ____ という。

デモンストレーション効果

□ 04 消費者問題としては，薬品や食品による被害，マルチ商法やキャッチセールスなどの ① 商法による被害，多重多額の債務による自己 ② などの問題が生じている。

①悪質
②破産

□ 05 1962 年にアメリカ大統領**ケネディ**は**消費者の 4 つの権利**として，**知らされる権利・選ぶ権利**・ ① ・ ② を挙げた。

①安全を求める権利
②意見を反映される権利
＊順不同

□ 06 日本では，1968 年に ① が制定された。また，1970年には ② センターが設置された。

①消費者保護基本法
②国民生活

□ 07 [頻出] 訪問販売などで購入した物品に関し，商品購入後一定期間以内ならば，無償で契約を解除できる ____ 制度が法制化されている。

クーリング・オフ
一定期間とは通常 8日以内，マルチ商法などは 20 日以内。

□ 08 [頻出] **製造物責任法（PL法）**では ____ 制度が導入され，欠陥商品で被害が生じた場合，その被害者はメーカーの過失を立証しなくても損害賠償を受けられるようになった。

無過失責任

□ 09 自動車，電気用品，ガス用品などに関して，安全上・環境基準上や，設計・製造過程に問題があった場合，メーカーが自主的な判断で回収し，無償で修理する ____ 制度が存在する。

リコール

□ 10 2000 年には，不当な契約から消費者を守る ____ が制定された。

消費者契約法

□ 11 <u>消費者契約法</u>には，国の認定を受けた**消費者団体**が被害者に代わって訴訟を起こす ____ 制度が導入されている。

消費者団体訴訟

202　政治・経済分野［経済］ 750 語

☐ 12 BSE（牛海綿状脳症）問題や食品表示偽装事件の多発など
を背景に，2003 年に ① が制定され，食品の安全性を
評価する国の機関として ② が設置された。

①食品安全基本法
②食品安全委員会

☐ 13 2004 年には消費者保護基本法が改正され □ となり，
消費者行政の重点が，消費者の保護から**消費者の自立支援**
へと改められた。

消費者基本法

☐ 14 2009 年には消費者行政を一元化するために，□ が設
置された。

消費者庁

☐ 15 多重債務問題の深刻化に対する対策として，2006 年に**貸
金業法**が改正され，① の撤廃と ② の導入が行わ
れた。 ① とは，出資法の上限金利（29.2%）が利息制
限法の上限金利（15 〜 20%）を上回ることで生じていた金
利帯のことである。貸金業法の改正により，この ① が
撤廃され，貸金業者が貸し付ける際の上限金利が 20%に一
本化された。また ② とは，年収の 3 分の 1 を超える
貸金業者からの借り入れを禁止するというものである。

①グレーゾーン
金利
②総量規制

公害問題，資源・エネルギー問題

公害問題

☐ 01 環境基本法では，① ，② ，**土壌汚染**，③ ，**振動**，
地盤沈下，**悪臭**を典型七公害として明記している。

①大気汚染
②水質汚濁
③騒音
＊順不同

☐ 02 倫理 明治期の □ は，日本の公害問題の原点といわれ
ている。この事件で，衆議院議員**田中正造**は反公害運動の
先頭に立った。

足尾銅山鉱毒事件
田中正造▶p.60

☐ 03 頻出 **四大公害裁判**（① 病，新潟 ① 病，② 病，
③ ）のいずれにおいても，**原告の被害者住民が勝訴し**，
裁判所は**被告企業の損害賠償責任**を認めた。

①水俣
②イタイイタイ
③四日市ぜんそく
四大公害裁判は 1970
年代初めに終結した。
水俣病▶p.60, 95

倫理分野

政治・経済分野［経済］

203

□ 04 公害には，足尾銅山鉱毒事件や四大公害などのような □□□□□，交通渋滞やごみ問題などのような**都市・生活型公害**がある。また，1980 年代から 90 年代にかけて，先端技術産業での**ハイテク汚染**が問題となった。

産業公害

ハイテク汚染の例としては，IC（集積回路）の洗浄剤による地下水汚染が有名。

□ 05 国は，**ダイオキシン類**による環境汚染の防止とその除去などを行うために □①□ を制定し（1999 年），**アスベスト（石綿）**の環境暴露で健康被害を受けた住民などを救済するために □②□ を制定した（2006 年）。

①**ダイオキシン類対策特別措置法**
②**アスベスト〔石綿〕健康被害救済法**

公害対策

□ 06 頻出 1967 年には □①□ が制定され，1971 年には □②□ が設置された。

①**公害対策基本法**
②**環境庁**

□ 07 1993 年に地球環境問題も視野に入れた □□□□□ が制定された。

環境基本法

これに伴い公害対策基本法は廃止された。

□ 08 **2001 年の中央省庁再編**に伴って，環境庁は □□□□□ へと格上げされた。

環境省

□ 09 1970 年代の大気汚染防止法および水質汚濁防止法の改正により，環境汚染物質の排出規制に関し，従来の □①□ だけでなく，地域単位での □②□ も行えるようになった。

①**濃度規制**
②**総量規制**

また，この 2 つの法律には，PL 法と同様，無過失責任制度が導入されている。

□ 10 **公害健康被害補償法**（1973 年制定）は，汚染原因者が公害防除費用を負担する □□□□□ を導入している。

汚染者負担の原則〔PPP〕

□ 11 環境への負荷の少ない**自動車**に関し，2002 年度から税制上の優遇措置（ □①□ ）が行われている。また，2012 年から石油石炭税に上乗せする形で □②□ が導入された。

①**グリーン税制**
②**環境税**

環境アセスメント制度 ▶p.126，127

□ 12 公害規制の手法の 1 つに □□□□□ の内部化がある。公害発生原因者は，環境悪化，住民の健康被害などの**外部費用**を負担しないため，社会的に望ましい水準よりも**過剰**に生産する。その製品に外部費用を加えて販売するような政策を採用すれば，生産を抑制することができる。

外部不経済

PPP や環境税はこうした発想に基づく制度である。
外部不経済 ▶p.180

資源・エネルギー問題

☐13 資源は，**化石燃料**（石油・石炭・天然ガスなど）などの更新できない☐☐☐☐資源と，太陽光・太陽熱，地熱，風力などの更新できる非☐☐☐☐資源に分類できる。

枯渇性

☐14 日本では，1970年代の二度にわたる石油危機を契機に，省エネルギー技術の開発や石油☐☐☐☐の開発が推進されてきた。

代替エネルギー

石油危機▶p.196,
231, 232

☐15 日本では，石油**代替エネルギー**として，石油危機後，☐①☐・☐②☐の一次エネルギー供給に占める割合が高まった。

①天然ガス
②原子力
＊順不同

☐16 原子力発電所事故には，1979年の☐①☐（アメリカ），1986年の☐②☐（旧ソ連），2011年の福島などがある。

①スリーマイル島
②チェルノブイリ

☐17 2011年の東日本大震災に伴う福島第一原子力発電所の事故を受けて，原子力利用の安全性を確保するために，2012年に☐☐☐☐が環境省の外局として設置された。

原子力規制委員会

☐18 ☐☐☐☐法が制定され，☐☐☐☐の利用の促進が目指されている。☐☐☐☐とは，技術的に実用化段階に達しつつあるが，経済性の面での制約から普及が十分でない**太陽光発電，風力発電**，バイオマス発電などをいう。

新エネルギー

☐19 ☐☐☐☐源（太陽光，風力，中小水力，地熱，バイオマス）を用いて発電された電気を，一定期間・一定価格で電力会社が買い取ることを義務づけた「☐☐☐☐の固定価格買取制度」が2012年に導入された。

再生可能エネルギー

☐20 2000年に**循環型社会形成推進基本法**が制定され，☐①☐（発生抑制），☐②☐（再使用），☐③☐（再利用）の3Rの推進が目指されている。

①リデュース
②リユース
③リサイクル

☐21 ☐☐☐☐法では，製造業者等に対し，**ブラウン管テレビ・薄型テレビ，冷蔵庫・冷凍庫，洗濯機・衣類乾燥機，エアコン**についての再商品化などを義務づけている。

家電リサイクル

リサイクル費用は消費者が負担する。

☐22 リサイクル関連法の1つに，国や地方自治体に環境物品の調達推進を義務づける☐☐☐☐法がある。

グリーン購入

☐23 企業の中には，廃棄物をゼロとする☐☐☐☐を推進しているものもある。

ゼロ・エミッション

205

☑ 24 電力を作る際に出る排熱を給湯や暖房に利用するなどして エネルギーの効率的利用を図る，□□□□（熱電併給）を導入 している企業もある。　コジェネレーション

☑ 25 情報通信技術（ICT）を活用して電力の需要と供給を効率 的に管理・調整する**次世代送電網**は，□□□□と呼ばれる。　スマートグリッド

☑ 26 各地域につき 1 つの電力会社が，□①□・送配電・□②□ の 3 部門を一貫して提供するという地域独占の形態の見直 しが 1995 年以降進められ，3 部門のうち□①□部門への 原則参入自由化が先行して実施され，電力の□②□の全 面自由化が 2016 年に実現した。電力会社から送配電部門 を分離する発送電分離も 2020 年に実施された。　①発電　②小売

都市問題

☑ 27 高度経済成長期，企業が**集積の利益**を求め都市へと集中し たことに伴い，都市の□①□・農村の□②□が進行した。　①過密化　②過疎化

☑ 28 日本の都市問題として，都心部の居住者数が激減する □①□や，無秩序な市街化開発による□②□が生じた。　①ドーナツ化現象　②スプロール現象

第2章　現代の経済

政経 頻度 ★★

4節 国民福祉

労働問題

労働問題の発生と労働組合運動

☐ 01 労働者と使用者との間で締結する労働契約に関しては，労働時間規制や最低賃金制度などの規制が設けられており，私法（民法）の基本原則の1つである ☐ の原則が修正されている。これは，労働者と使用者は対等な関係とはいえず，☐ の原則の下では，労働者が不利な条件を強いられるおそれがあるからである。

契約自由

☐ 02 マニュファクチュアから ① への転換が進んだ産業革命期のイギリスで，② 運動が起こった。その運動の中心は，機械化に伴って労働条件の悪化した**熟練工**であった。

①機械制大工業
②機械打ちこわし〔ラッダイト〕

チャーティスト運動 ▶ p.111,150,156
マニュファクチュア ▶ p.170

☐ 03 1919年には政府間組織（IGO）として ☐ が結成された。☐ は各国の政府代表，使用者代表，労働者代表の三者によって構成される。

国際労働機関〔ILO〕

現在，国連の専門機関として活動している。ILO ▶ p.158, 214

☐ 04 日本でも，明治期に産業革命が進展するにつれて労働運動が活発化し，1897年には ☐ が結成された。

労働組合期成会

☐ 05 第二次世界大戦前の日本では，労働者を保護するための立法である工場法が制定される（1911年）一方，**団結権**が法的に保障されたことはなく，労働組合運動は，① （1900年制定），② （1925年制定）により弾圧された。

①治安警察法
②治安維持法
治安維持法 ▶ p.120

☐ 06 日本では，第二次世界大戦後，労働組合運動が活発化し，戦前の**職業別組合**に代わる ① が次々に結成され，また**総評**，**同盟**などの ② も結成された。

①企業別（労働）組合
②ナショナルセンター

☐ 07 1950年代半ばから，春季に一斉に賃上げなどを要求する，☐ と呼ばれる労働運動が始まった。

春闘

政治・経済分野〔経済〕

☑08 1980年代に**ナショナルセンター**が再編され，1989年に◯◯◯と**全国労働組合総連合（全労連）**が誕生した。

日本労働組合総連合会〔連合〕

☑09 労働組合の組織率は，1970年代頃から〔 a 低下， b 上昇 〕傾向を示し，2003年以降，20%を下回っている。

a

労働基本権と労働三法

☑10 第二次世界大戦後，日本国憲法で**労働基本権（勤労権，団結権，団体交渉権，争議権）**が保障され，労働三法（◯①◯，◯②◯，◯③◯）も制定されるなどして，労働者の権利が拡充された。

①労働組合法
②労働関係調整法
③労働基準法

＊順不同
労働三権 ▶p.125

☑11 ◯◯◯とは，使用者と労働組合との間で，労働条件などに関し締結された協定のことである。

労働協約

書面に作成して署名捺印しなければ効力を持たないと定められている。

☑12 ◯◯◯では，労働協約に違反する労働契約の部分を**無効**であるとしている。

労働組合法

☑13 労働**組合**法では，正当な争議行為の範囲内ならば，損害賠償の責任が免除される◯①◯や，刑事上の責任が免除される◯②◯が認められ，労働組合は**損害賠償責任**や刑事責任を免除されると定められている。

①民事免責
②刑事免責

☑14 [頻出] 労働**組合**法では，使用者が労働組合活動を妨害する行為を◯◯◯とし，これを禁止している。

不当労働行為

☑15 労働組合法は，次の行為を不当労働行為として禁止している。

ア．組合員であることを理由とする解雇その他の**不利益取扱い**

イ．労働組合に加入しないことを雇用の条件とすること

ウ．正当な理由のない◯①◯の拒否

エ．労働組合の運営等に対する**支配介入**および労働組合の運営のための◯②◯の援助

オ．労働委員会への申し立てを理由とする**不利益取扱い**

①団体交渉
②経費

208 政治・経済分野［経済］ 750語

16 使用者から不当労働行為を受けた場合に労働組合がとることのできる紛争解決の方法には，裁判所に提訴するという司法的解決のほかに，□□□に**救済の申し立て**を行うというものがある。

労働委員会

17 労働関係調整法は，労使間では自主的な解決が困難となった紛争の公正な解決のために，□□□による**斡旋**，調停，仲裁の手続きを定めている。

労働委員会

18 労働委員会が設ける□□□委員会の□□□には，**法的拘束力がなく**，労使双方とも**受諾の義務はない**。

調停

19 労働委員会が設ける□□□委員会による□□□裁定には，労働協約と同等の効力があり，労使双方ともこれに**法的に拘束される**。

仲裁

20 労働関係調整法では，争議行為に対する使用者の唯一の対抗手段として，使用者に□□□を行う権利を認めている。

ロックアウト〔作業所閉鎖〕

21 頻出 労働基準法は，労働条件の□□□を定めるもので，違反行為に対しては**罰則**を設けている。また，労働契約でこの基準以下の労働条件を定めている場合，その部分は**無効**となる。

最低基準

22 労働基準法の監督行政機関として都道府県労働局，その下に□□□が設置されている。

労働基準監督署

23 労働基準法は，基本原則として，労働条件に関する**均等待遇の原則**，□□□の原則，**強制労働の禁止**，**中間搾取の排除**，**公民権行使の保障**などを定めている。

男女同一賃金

24 労働基準法は賃金支払い原則として，□□□**払い**，**直接払い**，**全額払い**，**毎月1回以上・定期日払い**を掲げている。

通貨

25 □□□法は，最低賃金の決定方式などを定めている。同法に基づいて政府は地域別と特定産業別の最低賃金を定めている。

最低賃金

26 頻出 労働基準法では，1日8時間，1週40時間を□□□としている。また，1週のうち少なくとも**1日**を休日としなければならないと定めている。

法定労働時間

週休2日制を定めているわけではない。

☑ 27 使用者は，**労働者の過半数で組織する労働組合**あるいは**労働者の過半数を代表する者**との間で協定（　　　　）を結ばなければ，**時間外労働（残業）**や**休日労働**を従業員に命じることはできない。

三六協定（さぶろく）

☑ 28 労働基準法は，時間外労働・休日労働に対して　　　　賃金を支払うことを使用者に義務づけている。

割増

☑ 29 労働基準法に基づいて，使用者は，法定の条件を満たした労働者に対して，10日以上の　　　　を与えなければならない。

年次有給休暇

☑ 30 労働基準法は，母性保護のため産前産後の休業の保障や，年少者（18歳未満）の保護のため　　　　労働の原則禁止を定めている。

深夜
深夜労働▶p.212

☑ 31 　　　　法では，「客観的に合理的な理由を欠き，社会通念上相当であると認められない」解雇は，**解雇権の濫用（らんよう）**に当たり，無効であるとしている。

労働契約

☑ 32 解雇や賃金の未払いなど，**労働者個人**と使用者との間の民事上の労働紛争を迅速に解決するために，　　　　制度が設けられている。

労働審判

現代日本の労働問題

● 日本的経営の見直し

☑ 33 頻出 ①　　　　（新卒から定年までの長期雇用慣行），②　　　　（勤続年数に応じて賃金が上昇する制度），③　　　　が，日本の労使関係（日本的経営）の特徴といわれてきた。

①終身雇用制
②年功序列型賃金
③企業別（労働）組合

☑ 34 **企業別組合**の労働運動の展開は，企業の利益や発展を重視する a 労使敵対型，b 労使協調型 の傾向を持っていた。

b

☑ 35 バブル経済崩壊後，企業は，**終身雇用**制，**年功序列型**賃金の見直し，派遣労働者・パート労働者などの ①　　　　従業員の雇用の拡大や，能力を重視する ②　　　　型の賃金制度の採用を図ってきた。

①非正規
②成果主義
バブル▶p.176, 197

● 労働時間

☑ 36 日本の雇用労働者の年間労働時間は，アメリカとほぼ同水準にあるが，ドイツやフランスよりも　　　　い。

長

☐ 37 日本の長時間労働の背景には，年次 [　　　] の取得率の低さがある。

有給休暇

☐ 38 日本の場合，残業代（割増賃金）の支払われない [　　　] の多さの問題が指摘されている。

サービス残業

☐ 39 **頻出** [　　　] 制とは，対象期間の1週当たりの平均労働時間が**法定労働時間**（40時間）を超えていなければ，特定の週・日の労働時間が法定労働時間を超えても，残業代を支払わずに労働させることを認めるものである。

変形労働時間
労働基準法により導入が認められている。

☐ 40 **頻出** **変形労働時間制**の1つである [　　　] 制とは，対象期間の1週当たりの平均労働時間が法定労働時間を超えない範囲で総労働時間を決め，その範囲内で，**出社・退社の時刻**を労働者が自由に決められるというものである。

フレックスタイム
労働基準法により導入が認められている。

☐ 41 **頻出** [　　　] 労働制とは，仕事の進め方や労働時間の配分などを労働者の [　　　] に委ね，労働時間の計算を実労働時間ではなく，労使間であらかじめ定めた「みなし労働時間」で行うという労働制のことをいう。

裁量
専門職だけでなく企画・立案に従事する一般の事務職にもこの労働制を適用できる。

● 雇用問題

☐ 42 [　　　] では，使用者に対して，パート労働者を雇い入れる場合には**労働条件を文書で明示**することや，福利厚生施設の利用をパート労働者にも認めるなど，**通常の労働者との均等な待遇**に配慮することを求めている。

パートタイム・有期雇用労働法

☐ 43 [　　　] が改正され，**派遣対象業務の自由化**が進められてきた。

労働者派遣（事業）法

☐ 44 [　　　] は，派遣元企業と労働契約を結び，派遣先企業の指揮命令を受けて労働する。

派遣労働者
パート労働者，派遣労働者などの非正規従業員の数が増え，現在雇用労働者の3人に1人以上が非正規従業員である。

☐ 45 近年，フルタイムで働いても最低限度の生活を維持する収入が得られない [①] と呼ばれる人たちの増加や，また，定職に就かない [②]，就学も就職もしない [③] と呼ばれる若者の増加が社会問題となっている。

①**ワーキングプア**
②**フリーター**
③**ニート**
ニート▶p.11

政治・経済分野「経済」

- [ ] 46 バブル崩壊後の「失われた 20 年」の下で，□①□倍率が 1 を下回る状態が続いたり，□②□率が 5％を上回る年も生じたりするなど，日本の雇用情勢は悪化した。

①有効求人
②完全失業
完全失業率▶p.197

- [ ] 47 失業問題への対応の 1 つに□□□□（仕事の分かち合い）がある。これは 1 人当たりの労働時間を短縮することにより，雇用の確保を図ろうとするものである。

ワークシェアリング

- [ ] 48 違反すると刑事罰が科される**残業時間の上限規制**や，基本給や手当で正社員と非正規雇用の労働者との不合理な待遇差の解消を図る「□□□□」，高収入の一部専門職を労働時間の規制からはずす**高度プロフェッショナル制度**の導入を柱とする**働き方改革関連法**が 2018 年に成立した。

同一労働同一賃金

● **労働災害・職業病**

- [ ] 49 長時間にわたる過密労働などが原因で死や自殺（過労死，過労自殺）に至った場合，労働災害と認定されれば，□□□□から給付が行われる。

労働者災害補償
〔労災〕保険

● **女性労働問題**

- [ ] 50 [倫理]□□□□の批准（1985 年）に際して，男女雇用機会均等法が制定された。

女性差別撤廃条約
女性差別撤廃条約
▶p.100, 113

- [ ] 51 [頻出] [倫理] 男女雇用機会均等法は，1997 年，2006 年に改正が行われ，**募集・採用・配置・昇進の差別的取り扱いの禁止，アファーマティブ・アクション（ポジティブ・アクション，積極的差別是正措置）**への国による支援，□□□□**差別の禁止**などが定められた。

間接
男女雇用機会均等法
▶p.113
アファーマティブ・
アクション
▶p.105, 122

- [ ] 52 1997 年に労働基準法が改正され，女子保護規定が原則撤廃された。これにより，女性の□□□□規制，残業・休日労働規制が撤廃された。

深夜労働
深夜労働▶p.210,
労働基準法▶p.209

● ハラスメントの防止対策

□ 53 職場での性的言動に起因する ① ・ハラスメントは男女雇用機会均等法で，優越的関係を背景とした言動に起因する ② ・ハラスメントは労働施策総合推進法で，職場における妊娠・出産・育児休業等に関する ③ ・ハラスメントは男女雇用機会均等法および育児・介護休業法で，それぞれ防止措置義務が事業主に対して課されている。

①セクシャル
②パワー
③マタニティ

● 勤務形態の多様化

□ 54 所属するオフィスではなく自宅を就業場所とする**在宅勤務**，交通機関の車内や顧客先，カフェなどを就業場所とする**モバイルワーク**，所属するオフィス以外の他のオフィスや遠隔勤務用の施設を就業場所とする**サテライトオフィス**など，情報通信機器を利用して所属するオフィス以外の場所で就業する 　　　 が広がっている。

テレワーク

□ 55 情報通信機器を活用して，自宅や小規模事業所でビジネスを行う個人事業者や小規模事業者，あるいはそうした就業形態を 　　　 という。

ソーホー
SOHO

● 外国人労働者

□ 56 日本で就労する**外国人労働者**に対しても，その滞在が合法・不法であるかを問わず，**労働基準法**，**最低賃金法**，**労働者災害補償保険法**などの労働関係法規が，原則として，　　　。

適用される

健康保険・厚生年金・雇用保険の適用事業所で就労する外国人は，合法的に就労している場合，これらの保険への加入義務がある。

□ 57 外国人労働者の受け入れのために，2018 年に 　　　 という新たな在留資格が設けられた。この在留資格に基づく外国人労働者の受け入れが可能なのは，人材不足の解消が困難な特定の産業に限定される。

特定技能

社会保障問題

社会保障制度の発展

□ 01 　① 　は生活困窮者に対し，全額**公費**負担で最低限度の生活を保障するという**救貧**制度である。その始まりは，1601年にイギリスで制定された 　② 　法に求めることができる。

①公的扶助
②エリザベス救貧

□ 02 **頻出** 　① 　は疾病，老齢，失業などの生活不安に備えた**防貧**を目的とし，　② 　と**公費**を財源として給付が行われる。　① 　は，1880年代にドイツのビスマルクが初めて制度化した。

①社会保険
②保険料

● **社会保障制度の2本柱**

	目的	財源	その始まり
公的扶助	救貧	全額公費	エリザベス救貧法 （イギリス，1601年）
社会保険	防貧	保険料 と公費	ビスマルクの社会保険制度 （ドイツ，1880年代）

□ 03 **頻出** アメリカでは，ニューディール政策の一環として，　　　が制定された（1935年）。

社会保障法

□ 04 **頻出** イギリスでは，第二次世界大戦中に「**ゆりかごから墓場まで**」をスローガンとする，イギリスの社会保障制度の原型を示した　　　が公にされた（1942年）。

ベバリッジ報告

□ 05 **ベバリッジ報告**は，　　　拠出・　　　給付の　　　主義，**全国民**を対象とする包括主義，**ナショナル・ミニマム**の保障，という3つの原則を内容としていた。

均一

□ 06 　　　も社会保障制度の推進に努め，1944年に**フィラデルフィア宣言**を，また，1952年にはILO102号条約を採択した。

国際労働機関
〔ILO〕
ILO ▶ p.158, 207

□ 07 社会保障制度の類型の1つである**イギリス・北欧型**の特徴は，**ベバリッジ報告**の理念にならった包括主義，**均一**主義，そして　　　負担の割合が高い，という点にある。

公費

□ 08 社会保障制度の類型の1つである**ヨーロッパ大陸型**の特徴は，職種や階層ごとに分立している制度，保険料と給付の**所得比例主義**，　　　負担の割合が高い，という点にある。

保険料

214 政治・経済分野［経済］ 750語

☑ 09 日本の社会保障財源構成を見ると，被保険者本人負担，事業主負担，公費負担の 3 者がほぼ ___ である。　　均等

日本の社会保障制度

☑ 10 日本の**公的扶助**の始まりは 1874 年の ① で，**社会保険**制度の始まりは 1922 年の ② 法にある。
①恤救規則
②健康保険

☑ 11 第二次世界大戦後の日本では，日本国憲法の ___ を理念として，社会保障制度が整備された。
生存権
生存権▶ p.125

☑ 12 日本の社会保障制度は**公的扶助・社会保険**・___・**公衆衛生**の 4 本柱である。
社会福祉

☑ 13 ___ は，児童，老人，障害者などの社会的弱者に対して，手当の支給や施設・サービスの提供を行う制度である。費用は原則として公費負担だが，利用者負担も一部ある。
社会福祉

☑ 14 障害福祉サービスの提供形態が ① から ② へと移行している。 ① が，行政の責任と権限でサービス内容を決定するのに対し， ② は，利用者自らが事業者との契約に基づいてサービスの内容を決定するというものである。
①措置方式
②利用者契約方式

☑ 15 ① は，国民の健康の保持・増進と衛生環境の改善を図るものである。 ② 法によって設置された保健所や保健センターが地域の ① 行政の中心となる。
①公衆衛生
②地域保健

☑ 16 **頻出** 健康で文化的な最低限度の生活を保障する公的扶助の中心法規は，___ である。
生活保護法
財源は全額公費である。

☑ 17 日本の社会保険制度は，**医療保険・年金保険・雇用保険・** ① ・ ② の 5 つである。このうち ② が最も新しく，2000 年にスタートした。
①労働者災害補償〔労災〕保険
②介護保険

☑ 18 **頻出**

	医療保険	年金保険	
民間被用者	①	④ 年金＋ ⑤ 年金	
公務員	②		
自営業者等	③	⑥ 年金（ ⑤ 年金）	

①健康保険
②共済保険
③国民健康保険
④厚生
⑤基礎
⑥国民

基礎年金制度▶ p.217

☑ 19 頻出 国民健康保険と国民年金が整備され，1961年から　　　　　制度がスタートした。

国民皆保険・皆年金

☑ 20 アメリカには　　　　　の制度が整備されておらず，オバマ政権下のアメリカは，2010年に　　　　　に近づける制度の導入を定めた法律を成立させた。

国民皆保険

☑ 21 日本の雇用保険制度では，失業者に対して　　　　　だけでなく，**能力開発事業**なども行われている。

失業給付

☑ 22 　　　　　は，業務災害・通勤災害による労働者の負傷・死亡などに対して保険給付を行う制度である。

労働者災害補償〔労災〕保険

☑ 23 社会保険は，被保険者と　　　　　が拠出する保険料と，公費（租税）を財源としている。ただし，労働者災害補償保険のみは，保険料を全額　　　　　が負担している。

事業主

☑ 24 　①　は，満**40**歳以上の全国民が保険料を拠出して，　②　・特別区が保険者となって運営されている。介護サービス・介護予防サービスの提供を受けるためには，介護認定審査会による要介護・要支援の**認定が必要**である。

①介護保険
②市町村

介護費用の一部を本人が負担する。

☑ 25 介護福祉サービスには，**訪問介護**（　①　），**通所介護**（　②　），**短期入所生活介護・短期入所療養介護**（　③　）などの**在宅サービス**と，特別養護老人ホームや介護老人保健施設における**施設サービス**がある。

①ホームヘルプサービス
②デイサービス
③ショートステイ

日本の社会保障の現状と課題

● 少子高齢化の進展 倫理

☑ 26 頻出 一般に，総人口に占める65歳以上の老年人口の割合（高齢化率）が**7**％を超えると　①　，**14**％を超えると　②　と呼ばれている。

①高齢化社会
②高齢社会

☑ 27 日本の高齢化のスピードは欧州諸国に比べて**速い**。高齢化率が7％から14％になるのに，欧州諸国が50〜100年かかっているのに対し，日本は　①　年に7％，　②　年に14％と，24年しかかかっていない。

①1970
②1994

☑ 28 頻出 女性が生涯のうちに産む子どもの数の平均値である　　　　　が，日本の場合，人口規模を維持するのに必要な水準を大きく下回っている。

合計特殊出生率

政治・経済分野［経済］ 750語

● 医療制度改革

29 1973年には70歳以上の老人医療費の無料化が実現するなどしたため，この年は_____と呼ばれた。

福祉元年

30 1984年の ① 改正以降，被保険者本人の窓口での医療負担が ② a 引き上げ，b 引き下げ られてきており，2003年以降は3割（3割負担，7割給付）となっている。

①健康保険法
②a

31 1982年に_____が制定され，それまで**無料**であった70歳以上の老人医療費の一部が有料化された。

老人保健法

32 2008年に，満75歳以上の**全国民**を対象とする_____がスタートし，被保険者は**保険料**を拠出し，窓口で医療費の原則**1割**を負担することになった。

後期高齢者医療制度

● 年金制度改革

33 頻出 年金の財源調達方式は，_____① が採用されてきたが，現在ではその年度の年金原資を現役世代の保険料などでまかなう ② を中心としたものに移行している。 ② には，少子・高齢化が進行する社会においては，現役世代の負担が重くなるという問題がある。

①積立方式
②賦課方式

34 頻出 _____は，満**20歳以上**の**全国民**を対象とする公的年金制度で，60歳になるまでの**40年間**，**保険料の拠出**を義務づけるものである。

基礎年金制度

1985年の法改正により創設された。
基礎年金制度
▶p.215

35 厚生年金の**支給開始年齢**の段階的_____（**60**歳支給から**65歳支給**への_____）が実施されている。

引き上げ

36 現役世代の人口減少や平均余命の伸びを勘案して，年金給付額を減額する_____が導入されている。

マクロ経済スライド

37 公的年金のほか，私的年金として，_____（日本版401k）も導入されている。これは企業の従業員や一般国民が一定の方式で保険料を拠出し，運用の実績に応じて給付額が決まるというものである。

確定拠出年金

● 高齢社会の課題

38 高齢化率が14％を超えて高齢社会となった1994年の翌年に，_____が制定された。

高齢社会対策基本法

- [ ] 39 高齢者が住み慣れた地域で暮らし続けられるように，**地方自治体**が中心となって，高齢者の住まい・医療・介護・介護予防・生活支援を一体的に提供する [ ] の構築が目指されている。

地域包括ケアシステム

- [ ] 40 [倫理] 日本の福祉政策では，高齢者や障害者も健常者とともに普通の生活を送れる社会を目指す [①] の考えが重視され，[②] の街づくりなどが目指されている。

①ノーマライゼーション
②バリアフリー

- [ ] 41 [倫理] **バリアフリー**社会を目指す一環として，国籍，老若男女，障害の有無等にかかわらず，全ての人ができる限り利用しやすいように，製品・施設・環境などを設計 (デザイン) する [ ] の普及も進められている。

ユニバーサル・デザイン

● 少子化対策

- [ ] 42 次代の社会を担う子どもを安心して産み，育てることができる環境を整備するために，2003 年には [ ]，**次世代育成支援対策推進法**が制定された。

少子化社会対策基本法

- [ ] 43 政府は少子化対策の一環として，1994 年に子育て支援の施策を定めた [ ] を策定し，その後も新 [ ] (1999年)，**子ども・子育て応援プラン** (2004年)，**子ども・子育てビジョン** (2010年) を策定してきた。

エンゼルプラン

- [ ] 44 [頻出] [倫理] [①] では，**男女いずれの労働者**にも，育児休業・介護休業の取得の権利を認めている。休業期間中の [②] 支払いを使用者に義務づける制度はない。ただし，雇用保険から，育児休業給付金，介護休業給付金が支給されている。
  [倫理] **選択的夫婦別姓制度**→p.100
  [倫理] **男女共同参画社会基本法**→p.100

①育児・介護休業法
②給与

● 負担と給付，国際比較，国民負担率など

- [ ] 45 日本の [ ] (国民所得に占める社会保障負担と租税負担の割合) は **40%台**で，30%台のアメリカより高いが，フランス，スウェーデン，ドイツなど，欧州諸国に比べて低い。

国民負担率

- [ ] 46 [頻出] 日本の社会保障給付に占める [①] の割合は極めて高く 5 割ほどとなっており，また，[②] のウェイトも高く，両者を合わせると全体の 8 割ほどになる。

①年金
②医療

入試問題でチェック!

問 次の図は,都道府県別の年少人口割合と老年人口割合との関係を示したものである。ひし形のマーク(◆)で示した四つの都道府県A〜Dのうち,生産年齢人口割合が最も高いものを,下の ① 〜 ④ のうちから一つ選べ。

(18年 センター本試)

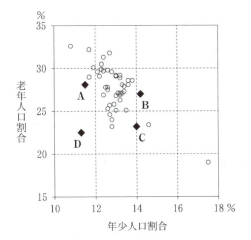

(注) 都道府県別の年少人口割合および老年人口割合は2014年度の数値である。
(資料) 総務省統計局『統計でみる都道府県のすがた 2016』により作成。

① A ② B ③ C ④ D

解答 ④ 年少人口割合+生産年齢人口割合+老年人口割合=100(%)なので,生産年齢人口割合は,100から年少人口割合と老年人口割合の合計を差し引いた値となる。したがって,年少人口割合も老年人口割合もA〜Dの中で最も低いDが生産年齢人口割合が最も高いことになる。

共通テスト問題にチャレンジ！

問 社会保障の財源についてまとめた次の文章中の，空欄 ア ～ エ に当てはまる語句の組合せとして正しいものを，下の①～⑧のうちから一つ選べ。

(21年 共通テスト第1日程 政治・経済)

社会保障の財源について， ア を中心とする北欧型と， イ を中心とする大陸型があり，日本は，北欧型と大陸型の中間に位置しているといわれる。

日本では，高齢化が進み社会保障関係費が増大している。その増加する社会保障関係費を賄うため，政府は，全世代が負担し負担の世代間格差の縮小に有用であるといわれている ウ をその財源として組入れを予定し，増税を進めた。また，2000年代に入って40歳以上の人々を加入者とする エ 制度が実施され，その後，後期高齢者医療制度も導入された。

① ア 社会保険料　イ 租　税　　ウ 消費税　エ 年金保険
② ア 社会保険料　イ 租　税　　ウ 消費税　エ 介護保険
③ ア 社会保険料　イ 租　税　　ウ 所得税　エ 年金保険
④ ア 社会保険料　イ 租　税　　ウ 所得税　エ 介護保険
⑤ ア 租　税　　イ 社会保険料　ウ 消費税　エ 年金保険
⑥ ア 租　税　　イ 社会保険料　ウ 消費税　エ 介護保険
⑦ ア 租　税　　イ 社会保険料　ウ 所得税　エ 年金保険
⑧ ア 租　税　　イ 社会保険料　ウ 所得税　エ 介護保険

解答 ⑥

ア:「**北欧型**」の場合，財源構成に占める割合が高いのは**公費**なので，「**租税**」が当てはまる。(▶p.214)

イ:「**大陸型**」の場合，財源構成に占める割合が高いのは，「**社会保険料**」である。(▶p.214)

ウ:「全世代が負担し負担の世代間格差の縮小に有用」という記述に注目しよう。所得税は主に勤労世代に負担を求めるのに対し，消費税は，全世代に広く負担を求めるものである。したがって，「**消費税**」が当てはまる。

エ:「**介護保険**」が当てはまる。**介護保険制度は 2000 年に創設**(▶p.216)されたのに対し，年金制度はそれよりも前に創設されている。**国民皆年金制度が 1961 年にスタート**したという基本的な知識から，「2000 年代に入って……実施され」たとするこの空欄には「年金保険」は当てはまらないと判断できる。また，「介護保険」が「40 歳以上の人々」を加入対象とするのに対し，基礎年金制度は 20 歳以上の人々を加入対象とすることからも「介護保険」が当てはまると判断できる。

以上のことから，正しい組合せは⑥となる。

共通テスト攻略のポイント

● **財源の面からみた社会保障の類型**

社会保障制度は，財源構成から，次の 3 つに類型化できる。

❶イギリス・北欧型

公費(租税)負担のウェイトが高い。イギリス，デンマーク，スウェーデンなどがこれに該当。

❷ヨーロッパ大陸型

被保険者と事業主が拠出する社会保険料負担のウェイトが高い。フランスやドイツなどがこれに該当。

❸三者均衡型

公費負担，事業主負担，被保険者負担の 3 者がほぼ同じウェイト。日本などがこれに該当。

第2章　現代の経済

政経 頻度 ★★★

5節 国際経済

貿易と国際収支

国際分業

□ 01 国際分業のタイプには，製品相互間の分業の ① 分業と，
製品と原材料との分業の ② 分業がある。

①水平（的）
②垂直（的）

貿易理論

□ 02 頻出 リカードは， ① の立場から，各国が比較 ②
にある財貨の生産に**特化**し，その他の財貨に関しては貿易
によって入手した方が各国にとって利益になるとし，**自由
貿易**がもたらすメリットを主張した。

①比較生産費説
②優位

□ 03 リストは，工業化が十分に進んでいない国では，自国の
_____ 産業（将来成長が期待されるが，現時点では国際競
争力が乏しい，未熟な産業）を育成するために，**保護貿易**
政策を推進する必要があると主張した。

幼稚

□ 04 国際資本移動には，海外企業の合併・買収（M&A）などの
投資のように，**経営権の取得**を目指す ① と，経営権の
取得を目指さずに，**利子・配当，キャピタルゲイン（売却益）
の取得**を目指す ② がある。

①直接投資
②間接投資
〔証券投資〕

国際収支

□ 05 国際収支は**経常収支，資本移転等収支**， _____ ，誤差脱漏
からなる。経常収支は**貿易・サービス収支，第一次所得収支**，
第二次所得収支からなる。 _____ は直接投資，証券投資，
外貨準備などからなる。

金融収支

□ 06 経常収支では，貨幣が自国に入ってくる場合は
①a プラス，b マイナス として，国外に出ていく場合
は ②a プラス，b マイナス として計上される。

①a
②b

□ 07 頻出 財貨（モノ）の輸出入は貿易収支に，
①a 利子・配当，b 海外旅行 はサービス収支に，雇用者報酬や
②a 利子・配当，b 海外旅行 は第一次所得収支に計上される。

①b
②a

☐ 08 日本の貿易収支は，高度経済成長後半期以降 ①a 黒字，b 赤字 基調であったが，2011 年から 15 年にかけて ②a 黒字，b 赤字 となった。

①a
②b

☐ 09 現在の日本の経常収支のうちで黒字額が最も大きいのは ［　　　］ である。投資収益（利子・配当の受け取り）が大きいためである。

第一次所得収支

☐ 10 2010 年代は，来日する外国人旅行客の増加に伴い，サービス収支の受け取りが増え，サービス収支は ［　　　］ 傾向にあった。

改善

☐ 11 海外への送金，国連拠出金や消費財向けの無償の援助は，経常収支のうちの ［　　　］ に計上される。

第二次所得収支

外国為替

☐ 12 ［ ① ］（自国通貨と外国の通貨との交換の比率）が，たとえば，1 ドル = 200 円から 1 ドル = 100 円に変動すると，円はドルに対して価値が上昇し，ドルは円に対して価値が低下したことになるので，円 ［ ② ］・ドル ［ ③ ］ になると表現する。

①外国為替相場
〔レート〕
②高
③安

☐ 13 外国為替相場には，外国為替相場を一定の変動幅に納めることを義務づける ［ ① ］ 制と，そうした義務づけのない ［ ② ］ 制がある。

①固定（為替）相場
②変動（為替）相場

☐ 14 頻出 外国為替相場は，短期的には，外国為替市場での通貨の需給関係で変動する。たとえば，ドルを売って円を買う動きが強まると，ドル ［ ① ］・円 ［ ② ］ になる。

①安
②高

☐ 15 頻出 外国為替相場の変動は経済取引に影響を与える。たとえば，**ドル安・円高**の進行は，日本の輸出品の**ドル建て価格**を ［ ① ］ させ，輸出の ［ ② ］ をもたらす一方，輸入品の円建て価格を ［ ③ ］ させ，輸入の ［ ④ ］ をもたらす。

①上昇
②減少
③低下
④増加

☐ 16 **ドル安・円高**が進行すると，日本の原油の輸入業者のように，支払いに充てるドルを円で購入する人には，ドルの調達コストが ［ ① ］ するため，円高（為替）［ ② ］ が生じる。逆に，受け取ったドルを円に交換する人には，ドルの価値の下落により円の受取額が ［ ③ ］ するため，円高（為替）［ ④ ］ が生じる。

①低下
②差益
③減少
④差損

☑ 17 外国為替相場を安定させるために，通貨当局が外国為替市場に介入する場合がある。たとえば，日本の通貨当局（財務省と日本銀行）が円ドル相場を**ドル安・円高**に誘導したいならば，財務大臣の代理人として日本銀行が外国為替市場でドル ① ・円 ② の為替介入を行う。

①売り
②買い

> プラザ合意の協調介入では，日本はこうした，ドル売り・円買い介入を行った。
> プラザ合意▶p.196

国際経済体制の成立と変容

経済のブロック化

☑ 01 1930 年代に，先進諸国は金本位制を離脱し ① 経済化を推進するとともに，外国為替相場の ② 競争（平価 ② 競争，為替ダンピング競争）や， ③ 関税政策を採用した。こうした政策により国際貿易は縮小し，第二次世界大戦の一要因となった。

①ブロック
②切り下げ
③高

IMF体制

☑ 02 頻出 1944 年に ① が結ばれ，**為替の安定化**と ② 資金の融資などを主要な役割とする**国際通貨基金（IMF）**と，**長期資金**の融資などを行う**国際復興開発銀行（IBRD）**の設立が決まった。

①ブレトン・ウッズ協定
②短期

☑ 03 **ブレトン・ウッズ**体制（IMF体制）の柱は，次の３つ。
ア．アメリカのドルを ① とすること
イ．アメリカ政府が金１オンス ＝ ② ドルのレートでの交換を保証すること
ウ．外国為替相場を一定の変動幅（上下１%）に収めることを各国に義務づける ③ 相場制を採用すること

①基軸通貨
② 35
③固定（為替）

国際通貨体制の変容と動向

☑ 04 **ブレトン・ウッズ**体制は，　　　　と呼ばれる矛盾を抱えていた。

国際流動性のジレンマ

> 国際流動性のジレンマ▶p.229

224　政治・経済分野［経済］　750語

☐ 05 1960 年代に入ると，アメリカの**国際収支が悪化**し，**ドル不安・ドル危機**が生じた。アメリカの国際収支の悪化要因としては次の 3 つが指摘されている。

ア．**日欧の経済復興**によるアメリカの貿易収支の悪化

イ．アメリカ企業の**多国籍企業化**に伴う _____ の増大

ウ．対外経済援助の増大やベトナム戦争などによる軍事支出の増大

資本輸出〔対外直接投資〕

☐ 06 ドルに対する信認が低下したため，各国政府は，アメリカに対してドルを金に交換する要求を強めた。その結果，アメリカから大量に金が _____ した。

流出

☐ 07 [頻出] 1971 年 8 月にアメリカ大統領 ① は，**金とドルとの交換の停止**を宣言した。これにより，固定相場制は一時停止した。これを ② ・ショックという。

①ニクソン
②ニクソン〔ドル〕

☐ 08 1971 年 12 月に主要先進国は ① を結び，固定為替相場制への復帰を決めた。協定の柱は次の 2 つ。

ア．ドルの金に対する ②

金 1 オンス = 35 ドルから 38 ドルへと変更

イ．通貨の多国間調整

1 ドル = 360 円から ③ 円へと変更（円のドルに対する ④ ，ドルの円に対する ⑤ ）

①スミソニアン協定
②切り下げ
③308
④切り上げ
⑤切り下げ

☐ 09 1973 年はじめに，主要各国は ① 制に移行した。これにより ② 制の下で為替の安定化を目指したIMF体制は事実上崩壊した。

①変動（為替）相場
②固定（為替）相場

☐ 10 1976 年にIMF協定の改定が行われ，変動相場制が追認された。また，金の ① の廃止，② の役割の増大についても合意された。これを ③ という。

①公定価格
②特別引出権〔SDR〕
③キングストン合意

☐ 11 _____ とは，1970 年に実際に始まった制度で，外貨が不足した場合，IMFから配分された _____ と引き換えに，加盟国から外貨を調達できる制度である。

特別引出権〔SDR〕

GATT から WTO へ

☐ 12 _____ は，**自由・無差別・多角**を理念とし，自由貿易の拡大を目指すために，1947 年に調印された。

関税と貿易に関する一般協定〔GATT〕

☐ 13 **頻出** <u>GATT</u>（ガット）の基本理念である無差別原則は ① と ② を柱としている。 ① とは，最も有利な貿易条件を全ての加盟国に適用するという原則である。 ② とは，関税を除いて，輸入品に適用される待遇が，輸入品に不利にならないように，国内産品と同様の待遇とするという原則である。

①最恵国待遇
②内国民待遇

☐ 14 <u>GATT</u>は，無差別原則の例外として，発展途上国に対して ____（特定の国に有利となる関税）を供与することを認めている。

特恵関税

☐ 15 GATTや，GATTを継承したWTO（世界貿易機関）は，協定上，無差別原則の例外として，一定の条件の下で， ① の結成や**自由貿易地域**の設定を認めている。 ① とは，**域内の関税を撤廃し域外に対しては共通関税を設定**する協定のこと。**自由貿易地域**は，特定の国の間で関税障壁・非関税障壁の撤廃・軽減を図る協定（ ② ）に基づくもの。

①関税同盟
②自由貿易協定
〔FTA〕

☐ 16 GATT・WTOは， ____ の発動を認めている。 ____ とは，輸入の急増により国内産業が大打撃を受けている場合，またはそのおそれがある場合，一時的に，高関税を賦課するなどして輸入を制限する措置のことである。

セーフガード〔緊急輸入制限措置〕

> 日本は，ネギ，シイタケ，イグサ製の畳表に関し，セーフガードの暫定発動を行ったことがある。

☐ 17 **頻出** GATTは，過去数次の多角的貿易交渉を行ってきた。なかでも1960年代の ① ，1970年代の ② ，GATT最後の多角的貿易交渉となった ③ では大きな成果が得られた。

①ケネディ・ラウンド
②東京ラウンド
③ウルグアイ・ラウンド

> ウルグアイ・ラウンド ▶p.201, 227

☐ 18 <u>ケネディ・ラウンド</u>では， ____ の大幅引き下げの合意が得られた。

関税

☐ 19 <u>東京ラウンド</u>では，関税の引き下げや， ____ の軽減について成果が得られた。

非関税障壁

- 20 **ウルグアイ・ラウンド** では，[①] の保護・[②] のルール作りといった新分野についての交渉が行われ，[③] については「**例外なき関税化**」の合意が得られた。

①知的財産権
②サービス貿易
③農産物
ウルグアイ・ラウンド
▶p.201，226

- 21 ウルグアイ・ラウンドで，GATT を発展的に継承する常設の[_____]の創設が決まった。

世界貿易機関
〔WTO〕

- 22 **頻出** **WTO** では，**知的財産権**，**サービス貿易** に関する理事会が設けられ，また，GATT に比べ[_____]機能が強化された。

紛争処理

- 23 **WTO** は 2001 年に[_____]の開始を決定したが，交渉が難航し，2011 年に[_____]での一括合意は断念された。

ドーハ・ラウンド
〔ドーハ開発ア
ジェンダ〕

- 24 2000 年代に入って，2001 年に[①] が，2002 年に**台湾** が，2007 年にベトナムが，2012 年に[②] が**WTO**に加盟した。

①中国
②ロシア

地域主義・FTAの動向

ヨーロッパの動向

- 01 ヨーロッパでは，1952 年に設立された欧州石炭鉄鋼共同体 (ECSC) と，1958 年に設立された[①]，[②] の 3 つの執行機関が 1967 年には統一され，[③] が創設された。

①欧州経済共同
体〔EEC〕
②欧州原子力共同
体〔EURATOM〕
③欧州共同体〔EC〕
*①・②順不同

- 02 **頻出** EC は 1968 年に[_____]を締結し，域内を無関税とし，域外に対して共通関税を設定することになった。

関税同盟

- 03 EC は 1986 年には，[_____]を採択し，1993 年から市場統合を実現させた。

単一欧州議定書

- 04 **頻出** 1993 年に[①] が発効し，**欧州連合 (EU)** が発足した。EU は，同条約に基づいて[②] の導入，[③] の実現を目指すことになった。

①マーストリヒ
ト条約
②単一通貨
③共通外交・安
全保障政策

05 1998 年に ① が設立され，99 年にイギリスなどを除く 11 か国で ② が導入され，通貨統合が始まった。ただし，2021 年現在でも，② を導入していない国がある。

①欧州中央銀行〔ECB〕

②ユーロ

06 ユーロ参加国の中央銀行は，_____（ECB）の指示に従い，**統一的な金融政策**を行う。

欧州中央銀行

07 EU は，2009 年に**欧州理事会常任議長（EU 大統領）**のポストを新設する新たな基本条約である _____ を発効させた。

リスボン条約

08 2009 年から浮上した _____ の財政危機により _____ 国債が暴落し，**デフォルト（債務不履行）**の危機に直面した。EU 加盟国の財政赤字問題はポルトガルやアイルランドにも波及し，共通通貨ユーロの信認が揺らいだ。**IMF**や**EU**はこれらの諸国に**緊急融資**を行い，危機の打開を図った。

ギリシャ

09 _____ は EU からの離脱の是非を問う国民投票（2016 年）の結果を受けて，EU から離脱した（2020 年）。

イギリス

その他の地域的経済統合

10 1960 年に，イギリスを中心に _____ が結成された。イギリスは 1973 年に EC 加盟を機に脱退し，_____ は，現在，スイスなど 4 か国で構成されている。

欧州自由貿易連合〔EFTA〕

11 1990 年代に発足した地域的経済統合には，ASEAN 諸国による ① ，アメリカ，カナダ，メキシコによる北米自由貿易協定（NAFTA），ブラジル，アルゼンチンなどの 4 か国を原加盟国とする ② がある。

①ASEAN 自由貿易地域〔AFTA〕

②南米南部共同市場〔MERCOSUR〕

12 ASEAN 諸国は「モノの貿易自由化」を目指す AFTA の次の段階の経済統合を目標とする ① を 2015 年に創設した。また，アメリカは NAFTA の見直しを求め，アメリカ，メキシコ，カナダの 3 か国は，NAFTA に代わる新たな協定として ② を締結した（2020 年発効）。

①ASEAN 経済共同体〔AEC〕

②アメリカ・メキシコ・カナダ協定〔USMCA〕

13 _____ が，1989 年に発足した。これには，日本など広くアジア・太平洋諸国・地域が参加し，投資の自由化や貿易の自由化を目指している。

アジア太平洋経済協力会議〔APEC〕

政治・経済分野〔経済〕 750 語

日本の動向——FTA・EPA

☐ 14 ① が特定の国や地域の間で，物品の関税やサービス貿易の障壁を削減・撤廃する貿易の自由化を目的とする協定なのに対し，② は貿易の自由化に加え，投資や人の移動の自由化，知的財産権の保護など幅広い経済協力関係の強化を目的とする協定をいう。

①自由貿易協定〔FTA〕
②経済連携協定〔EPA〕

☐ 15 日本は 2002 年に ☐ との間で締結したのを皮切りに，**経済連携協定（EPA）** の締結を進めるようになった。

シンガポール

☐ 16 インドネシア，フィリピン，ベトナムとの間で結んだEPAに基づき，これらの国から ① 候補・② 候補が来日し，日本の国家資格の取得を目指している。

①看護師
②介護福祉士
*順不同

☐ 17 日本，カナダ，オーストラリア，ニュージーランド，メキシコ，ペルー，チリ，シンガポール，ベトナム，マレーシア，ブルネイの 11 か国による ☐ が発効した（2018 年）。これには，アメリカは参加していない（2020 年現在）。

TPP11 協定〔環太平洋パートナーシップに関する包括的および先進的な協定，CPTPP〕

☐ 18 日本とアメリカの間で，農産品の関税の引き下げなどを盛り込んだ ☐ が 2020 年に発効した。

日米貿易協定

☐ 19 ASEAN10＋6（日本，中国，韓国，オーストラリア，ニュージーランド，インド）との間で交渉が行われてきた ☐ が，インドを除く 15 か国の間で 2020 年に調印された。

RCEP〔アールセップ〕〔東アジア地域包括的経済連携〕

共通テスト攻略のポイント

● 用語解説

国際流動性のジレンマ……ドルを基軸通貨とするブレトン・ウッズ体制（IMF体制）は，国際流動性のジレンマと呼ばれる困難を抱えていた。これは，次のような，ドル供給の必要性とドルの信認の確保という，2 つの事柄の両立の難しさのことをいう。国際取引が拡大すれば，貿易の決済などの必要上，海外にドルが供給されなければならない。しかし，ドルが海外に供給されれば，アメリカの国際収支が悪化し，ドルの信認を揺るがすことになる。

南北問題

南北問題

01 北半球に多く見られる**先進工業国**と，南半球に多く見られる発展途上国との間の経済格差をめぐる諸問題を ___ という。

南北問題

02 頻出 南北格差拡大の要因の 1 つに，発展途上国が ① 構造から脱却できないということがある。 ① とは，単一，または少数の ② の輸出に頼る経済のことをいう。

①モノカルチャー経済
②一次産品

南北問題への国際社会の対応

03 発展途上国の主導の下に，南北問題などを協議する機関として ___ が国連に設置された（1964 年）。

国連貿易開発会議〔UNCTAD〕

04 UNCTAD の初代事務局長 ① は，発展途上国が一次産品に特化し先進国が工業製品に特化して行われている両者の間の貿易では，一次産品が工業製品に比べて価格が低下しやすいため，発展途上国の ② が悪化すると指摘した（ ① 報告）。 ② とは，商品 1 単位の輸出で得られた外貨で輸入できる商品の単位量で示される。

①プレビッシュ
②交易条件

05 頻出 UNCTAD では，以下の 3 つを柱として南北格差の是正に努めている。

ア． ① の価格の安定化

イ． ② の供与……発展途上国の産品に対して有利な関税措置を先進国が講じること。

ウ．経済協力の推進……先進国が対 GNI（国民総所得）比1.0％以上の経済協力を行うこと（政府開発援助〔ODA〕は対 GNI 比 ③ ％以上）

①一次産品
②（一般）特恵関税
③ 0.7

06 先進国は，経済協力開発機構（OECD）の下部機関として ___ を設置し，ODA の改善や拡大に努めてきた。

開発援助委員会〔DAC〕

07 ① は比較的所得水準の高い発展途上国の政府に市場金利で融資を， ② は後発発展途上国（LDC，最貧国）の政府に無利子または低利の融資を行っている。

①国際復興開発銀行〔IBRD〕
②国際開発協会〔IDA〕

これらはいずれも国連の専門機関である。

□ 08 1960年代後半頃から，**石油メジャー（国際石油資本）**のような先進国の多国籍企業に支配されていた自国の天然資源を国有化するなどして管理下に置き，自国の経済発展に活用しようとする_____が，発展途上国の間で高揚してきた。

資源ナショナリズム

□ 09 第四次中東戦争を契機に，**石油輸出国機構（OPEC）**が原油価格を大幅に引き上げ，世界経済が混乱する事件が生じた（_____）（1973年）。

第一次石油危機〔第一次オイルショック〕

石油危機▶p.196, 205, 232

□ 10 1974年には**国連資源特別総会**が開かれ，| ① |恒久主権，**一次産品**の価格の安定化，| ② |の規制・監視などを盛り込んだ| ③ |の樹立宣言が採択された。

①天然資源
②多国籍企業
③新国際経済秩序〔NIEO〕

□ 11 1982年には**メキシコ**が| ① |（債務不履行）に陥り，1987年には**ブラジル**が外貨不足のため対外債務の利払いを一時的に停止すると宣言（モラトリアム[支払猶予]宣言）するなど，1980年代に入ると，中南米諸国を中心に| ② |問題が生じた。

①デフォルト
②累積債務

南南問題

□ 12 1970年代に入ると，**発展途上国間**でも**資源保有国**や工業化に成功した| ① |など豊かになった国と，依然として厳しい経済状況に置かれている国（**後発発展途上国[LDC，最貧国]**）との経済格差が広がり，| ② |問題の解決が国際社会の課題となってきた。

①新興工業経済地域〔NIES〕
②南南

□ 13 アジア**NIES**（韓国，台湾，香港，シンガポール）の成功の秘訣は_____工業化政策にある。これは，外資を積極的に呼び込み，輸出を中心とする工業化を行おうとするものである。

輸出志向型

国際経済の動揺と国際協力

国際経済の動揺と先進国の対応

☐ 01 1975 年に第 1 回 [＿＿＿] が開かれた。これは，先進国の首脳が集まって，**第一次石油危機**後の経済的混乱に対処することを目指したものである。

サミット
〔主要国首脳会議〕

☐ 02 1987 年には**先進 7 か国財務相・中央銀行総裁会議（G7）**で [＿＿＿] が得られ，ドル安に歯止めをかけ，ドル相場を当面の水準に安定させることになった。

ルーブル合意
プラザ合意▶p.196

国際資本移動の拡大と通貨危機・財政危機

☐ 03 頻出 1990 年代後半には，[①] **通貨危機**（1997 年），ロシア**通貨危機**（1998 年）が起こった。これらの通貨危機は，ヘッジファンドのような**投機的資金が大量に流出**したことが引き金となって起こった。こうした通貨危機に対して，[②] は緊急融資を行った。

①アジア
②国際通貨基金
〔IMF〕

☐ 04 <u>アジア</u>通貨危機では，[＿＿＿] の通貨の暴落を皮切りに，韓国など他のアジア諸国の通貨も暴落して，これらの諸国の**経済成長率が大幅に低下**した。

タイ

☐ 05 IMFは，加盟国に緊急融資を行う際に，経済の健全化に向けた政策の遂行を融資の条件として課す。この条件のことを [＿＿＿] と呼ぶ。

コンディショナリティー

☐ 06 [＿＿＿] の投資の動向が，通貨危機の要因となることがある。[＿＿＿] とは，特定の富裕層や企業から私的に資金を集め，外国為替や株式に投資を行い短期的な利益を追求し，出資者にその利益を分配する投資信託（基金）のことである。

ヘッジファンド

☐ 07 富裕層や企業の中には，租税負担の軽減を図ろうとして，租税負担の軽い国や地域，すなわち，[＿＿＿] に資金を移す動きがある。

タックスヘイブン
〔租税回避地〕

☐ 08 頻出 2008 年には，不良債権化した [①] を抱えたアメリカの金融機関の破たん（**リーマン・ショック**）をきっかけに，世界金融危機が生じた。これを受けて，新興国の [②]（**ブラジル，ロシア，インド，中国，南アフリカ**）を含む各国の首脳（**G20 サミット**）が集まり，事態の打開を図った。2008 年のこの会議が**G20 サミット**初の開催である。

①サブプライム・ローン
アメリカの低所得者向け住宅ローン。
②BRICS
BRICS▶p.173

☑ 09 中国の世界貿易に占める地位が高まってきており，輸出額では**世界最大規模**となっている。国際貿易における中国の影響力が大きくなったことを背景として，**対中貿易赤字**が拡大したアメリカなどの要求を受けて，2005年に中国は通貨人民元を[ ]。

切り上げた

☑ 10 アジア地域のインフラ整備を進めるために，2015年に**中国**が主導して[ ]が創設された。日本やアメリカはこれに参加していない。

アジアインフラ投資銀行〔AIIB〕

国際経済と日本

貿易摩擦

☑ 01 日本の貿易摩擦の対象品目は，[①]に始まり，その後[②]，70年代後半にはカラーテレビ，80年代に入ると[③]，そして半導体と推移してきた。[③]に関しては1981年から日本は**輸出自主規制**を行った。

①繊維製品
②鉄鋼
③自動車

☑ 02 日米間の貿易不均衡の問題を話し合うため，1989年から[①]，1993年からは[②]が行われた。

①日米構造協議
②日米包括経済協議

☑ 03 アメリカは，日米**構造協議**などを通じて，日本の市場の閉鎖性を批判し，[①]法の運用強化を通じて系列取引などの**排他的取引慣行を規制**すること，内需拡大のために[②]投資を拡大すること，**株式の相互持ち合い**を見直すことなどを要求した。

①独占禁止
②公共

☑ 04 大規模小売店の出店に対して様々な規制を課していた**大規模小売店舗法**は，アメリカの規制緩和要求に従って改正されてきた。そして，2000年にはこの法律に代わるものとして，地域の**生活環境保全**を目的とする[ ]が施行された。

大規模小売店舗立地法〔大店立地法〕

国際協力──日本のODA

☑ 05 日本はODAの総額で，1990年代にはDAC加盟国中第[ ]位となることも多かったが，現在は順位を下げている。

1

☑ 06 **頻出** ODAの国際的目標は**対GNI比0.7％以上**であるが，日本はこの目標値を大きく[ ]。

下回っている

□07 日本のODAの贈与比率は，極めて □□□□，DAC加盟中最低水準にある。 　　低く

□08 日本の二国間援助の供与先は地域別で見ると，□□□□ が最も多い。 　　アジア

□09 日本のODAは □□□□ を通じても実施されている。 　　非政府組織〔NGO〕
NGO
▶p.106, 113, 164

□10 発展途上国の開発を目的とする，日本の国際協力の指針を定めた □□□□ が策定された (2015年)。これはそれまでのODA大綱に代わるもので，**国益の確保**を重視する姿勢が明記された。 　　開発協力大綱

貧困の削減に向けた新しい動き

□11 現地生産者や労働者の生活改善や自立を目的に，発展途上国の原料や製品を適切な価格で購入する □□□□ が提唱されている。 　　フェアトレード

□12 バングラデシュのグラミン銀行が行っているような，貧困層の自助努力への支援を目的とする低所得者向けの少額融資は，□□□□ と呼ばれる。 　　マイクロクレジット〔マイクロファイナンス〕

□13 マイクロクレジットで知られるグラミン銀行のように，ビジネスの手法を用いて貧困問題など社会的課題を解決することを目的とする □□□□ を展開する企業やNPO法人がある。 　　ソーシャル・ビジネス

国際社会の課題

地球環境問題 　倫理

□01 石炭・石油などの**化石燃料**の大量消費に伴う □□□□ 濃度の上昇が**地球の温暖化**を招いている。地球の温暖化は海面の上昇などをもたらすことが危惧されている。 　　二酸化炭素〔CO_2〕

□02 　頻出　気候変動枠組み条約第3回締約国会議 (COP3) で採択された □①□ は，**二酸化炭素**などの温室効果ガスの**削減数値目標**を**先進各国**に課し，また，排出枠を市場で取り引きする制度 (□②□) を導入している。 　　①京都議定書
②排出権〔排出量〕取引

234　政治・経済分野 [経済] 750語

□03 京都議定書は，[____] が離脱したものの，2005 年に発効した。 — アメリカ

□04 2015 年の気候変動枠組み条約第 21 回締約国会議（COP21）において，2020 年からの地球温暖化対策の国際的枠組みを定めた [____] が採択された。この協定は産業革命以前と比較して平均気温の上昇を 2℃未満に抑えることを目指し，各国に削減目標の設定を義務づけている。 — パリ協定

□05 オゾン層には，[①] を吸収する働きがある。[②] がそのオゾン層を破壊することがわかり，[③]（1985 年採択），モントリオール議定書（1987 年採択）が締結され，[②] の規制が行われることになった。 — ①紫外線 ②フロン（ガス） ③ウィーン条約

□06 モントリオール議定書の締約国会議で，1996 年以降，[____] の新たな製造・使用の禁止が合意された。 — 特定フロン

□07 [①]・[②] がもたらす酸性雨により，森林の枯死などの被害が生じている。 — ①硫黄酸化物 ②窒素酸化物 ＊順不同

□08 アフリカのサハラ南縁部，中国北西部などで [____] が進行している。[____] の進行に対処するために [____] 対処条約が採択されている（1994 年）。 — 砂漠化　砂漠化の原因として過放牧が指摘されている。

□09 過度の商業伐採，焼畑農法などが原因で [____] の破壊が進んでいる。 — 熱帯林

□10 頻出 1972 年にストックホルムで，「[①]」をスローガンとして掲げた国連人間環境会議が開催された。その会議において人間環境宣言が採択され，[②] の設立の方針が決定された。 — ①かけがえのない地球 ②国連環境計画〔UNEP〕

□11 頻出 1992 年にリオデジャネイロで [①] が開かれ，「[②]」を理念とするリオ宣言，その行動計画である [③] が採択された。 — ①国連環境開発会議 ②持続可能な開発 ③アジェンダ 21

□12 国連環境開発会議で署名が開放された [____] は，遺伝資源の利用から得られる利益の公正かつ衡平な配分などを定めている。 — 生物多様性条約

□13 2010 年に [____] で生物多様性条約の第 10 回締約国会議が開催され，[____] 議定書が採択された。 — 名古屋

☑ 14 2002 年には □□□□ で**環境開発サミット**が開かれ, □□□□
宣言が採択された。

ヨハネスブルグ

☑ 15 絶滅危惧種を保護する □①□ 条約, 主として水鳥が生息
する湿地の保全を目指す □②□ 条約, 有害廃棄物の越境
移動を規制する □③□ 条約が採択され, 環境保全に向け
た国際協力が進められている。

①ワシントン
②ラムサール
③バーゼル

☑ 16 水銀および水銀化合物の人為的な排出から人の健康および
環境を保護する目的で, 水銀の採掘, 貿易, 製品への使用,
排出などを規制する □□□□ が 2013 年に採択された。

水銀に関する水俣
条約〔水俣条約〕

人口問題・食糧問題

☑ 17 第二次世界大戦後, □①□ と呼ばれるほど, 発展途上国で
人口が急増した。これらの地域で, 人口動態の型が □②□
型から □③□ 型へと移行したためである。

①人口爆発
②多産多死
③多産少死

☑ 18 先進国では, 人口動態の型が □□□□ 型となり, 平均寿命の
伸長と少子化が進行している。日本の人口は, 2008 年を
ピークに減少傾向にある。

少産少死

☑ 19 1996 年に**世界食糧** □□□□ が開かれ, **栄養不足人口を**
2015 年までに半減 (1990 ～ 92 年の期間との比較で) さ
せることが目標として掲げられた (**ローマ宣言**)。また,「飢
餓をゼロに」という国際目標は, SDGs (持続可能な開発目
標) の 1 つに掲げられている。

サミット
SDGs ▶ p.160

☑ 20 倫理 1994 年にカイロで □□□□ **会議**が開かれ, 性と生殖に
関する女性の自己決定権を重んじるリプロダクティブ・ヘ
ルス／ライツ (性と生殖に関する健康・権利) が採択された。

国際人口開発
国際人口開発会議
▶ p.100

共通テスト攻略のポイント

●外国為替相場の変動要因

外国為替相場の変動は，外国為替市場における通貨の供給増は相場（レート）の低下を，需要増は相場（レート）の上昇をもたらすという需給関係から考える。円ドル相場を例にとる。日本に**流入するドル**は，日本でドルを売って円に換えられるので**ドルの供給**，日本から**流出するドル**は円を売ってドルが買われるので**ドルの需要**を意味する。

　ドルの流入量（ドルの供給量）＞ドルの流出量（ドルの需要量）⇒ **ドル安**・円高
　ドルの流入量（ドルの供給量）＜ドルの流出量（ドルの需要量）⇒ **ドル高**・円安

◎為替平衡操作（通貨当局による為替相場の介入操作）

通貨当局による外国為替相場の介入操作の仕方も上と同様，需給関係で考える。たとえば，円を高くしたいなら**円買い介入**，円を安くしたいなら**円売り介入**を行う。

◎外国為替相場変動の経済への影響

外国為替相場の経済への影響は，比例式を用いて換算して考える。1ドル＝200円から，1ドル＝100円へと円高・ドル安が進行した場合を例にとる。

10000円の日本の輸出品のドル建て（ドル表示）価格は，1ドル＝200円では50ドル（1ドル：200円＝Xドル：10000円），1ドル＝100円では100ドル（1ドル：100円＝Yドル：10000円）となる。円高が進めば，日本の輸出品はアメリカでの価格上昇を招き，アメリカでの売れ行きは落ちると予想される。

入試問題でチェック！

問　国際収支と外国為替相場についての記述として最も適当なものを，次の①〜④のうちから一つ選べ。　　　　　　　　　　　　　　（17年センター追試）

① 自国の通貨高を是正するために通貨当局が為替介入を行うことは，外貨準備の増加要因になる。
② 自国の通貨高は，自国の輸出を促進する要因になる。
③ 貿易収支の黒字は，自国の通貨安要因になる。
④ 自国への資本流入が他国への資本流出を上回るほど増加することは，自国の通貨安要因になる。

解答　① 自国通貨安への誘導は，自国通貨売り・外貨買いの介入となる。外貨買いにより外貨準備は増加する。② **自国通貨高**は，輸出品の**外貨建て価格を上昇**させ，輸出量の減少の要因となる。③ **貿易収支の黒字**は〈外国通貨の供給量＞外国通貨の需要量〉を意味するので，外国通貨安・自国通貨高の要因になる。④ **資本の流入＞資本の流出**は〈外貨の流入（供給量）＞外貨の流出（需要量）〉を意味するので，外国通貨安・自国通貨高の要因になる。

共通テスト問題にチャレンジ！

問 次の図は，A国とB国との間で一年間に行われた経済取引をドル換算で表したものである。A国がB国以外の国との取引を行わなかったとすると，A国の貿易・サービス収支，第一次所得収支，第二次所得収支の金額の組合せとして正しいものを，下の①〜⑧のうちから一つ選べ。

(21年 共通テスト第1日程 政治・経済)

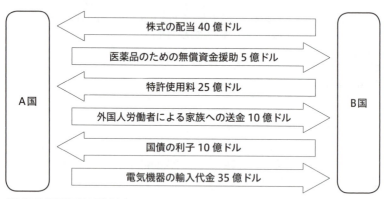

(注) 外国人労働者はA国の居住者とする。

(単位：億ドル)

	貿易・サービス収支	第一次所得収支	第二次所得収支
①	−10	−40	−15
②	−10	−40	20
③	−10	50	−15
④	−10	50	20
⑤	25	−40	−15
⑥	25	−40	20
⑦	25	50	−15
⑧	25	50	20

解答③

貿易・サービス収支：図中の取引では、「特許使用料」と「電気機器の輸入代金」がここに計上される。貿易・サービス収支では、**輸出はプラス**で、**輸入はマイナス**で計上される。特許使用料の 25 億ドルは、A国にとってサービスの輸出とみなされ、電気機器の輸入代金の 35 億ドルは、A国にとって輸入となるので、A国の貿易・サービス収支は（＋25 億）＋（－35 億）＝－10 億（ドル）となる。

第一次所得収支：図中の取引では、「株式の配当」と「国債の利子」がここに計上される。第一次所得収支では、**所得の受け取りはプラス**で、**所得の支払いはマイナス**で計上される。株式の配当の 40 億ドルも国債の利子の 10 億ドルも、A国にとって所得の受け取りなので、A国の第一次所得収支は、（＋40 億）＋（＋10 億）＝ 50 億（ドル）となる。

第二次所得収支：図中の取引では、「医薬品のための無償資金援助」と「外国人労働者による家族への送金」がここに計上される。第二次所得収支も、第一次所得収支と同様に、**所得の受け取りはプラス**で、**所得の支払いはマイナス**で計上される。医薬品のための無償資金援助の 5 億ドルも、外国人労働者による家族への送金の 10 億ドルも、A国にとっては所得の支払いなので、A国の第二次所得収支は、（－5 億）＋（－10 億）＝－15 億（ドル）となる。（▶p.222, 223）
以上のことから、正しい組合せは③となる。

共通テスト攻略のポイント

● 国際収支統計

大項目	中項目	小項目	具体例
経常収支	貿易・サービス収支	貿易収支	財の輸出入
		サービス収支	輸送, 旅行, その他サービスの取り引き
	第一次所得収支	雇用者報酬	賃金の受払い
		投資収益	利子・配当の受払い
		その他第一次所得	鉱業権の使用料等
	第二次所得収支		**消費財**への無償資金援助, 国際機関への拠出金, 労働者送金
資本移転等収支			**資本財**への無償資金協力などの資本移転, 円借款, 排出権・商標権等の売買
金融収支	直接投資		経営支配に影響のある投資
	証券投資		経営支配に影響を及ぼさない投資
	金融派生商品		
	その他投資		
	外貨準備		政府や日銀が保有する外貨準備の増減
誤差脱漏			

索引

▶ 本文の解答の語句で，倫理，政治・経済の用語を中心に 50 音順に並べ，倫理倫，政治政，経済経のどこに掲載してあるかを示しています。

あ

アートマン ……………………………… 倫29
アーリア人 ……………………………… 倫28
IoT（モノのインターネット）… 経102
愛敬 ……………………………………… 倫48
間柄的存在 ……………………………… 倫58
IT（ICT, 情報通信技術）革命…経102
アイデンティティ ……………………… 倫12
アイヌ施策推進法 ………… 倫105政122
愛の跳躍 ………………………………… 倫76
iPS細胞 ………………………………… 倫91
愛別離苦 ………………………………… 倫30
アカウンタビリティ …………………… 倫102
赤字国債 ………………………………… 経186
アカデメイア …………………………… 倫20
アガペー ………………………………… 倫25
悪質商法 ………………………………… 経202
アクセス権 ……………………… 政126,127
悪人正機説 ……………………………… 倫45
朝日訴訟 ………………………………… 政125
アジアインフラ投資銀行（AIIB）
………………………………………… 経233
アジア太平洋経済協力会議（APEC）
………………………………………… 経228
アジア通貨危機 ………………………… 経232
アジェンダ 21 ………………………… 経235
足尾銅山鉱毒事件 ………… 倫60経203
アスベスト健康被害救済法 …… 経204
ASEAN経済共同体（AEC）…経228
ASEAN地域フォーラム（ARF）
………………………………………… 政162
アタラクシア …………………………… 倫23
「新しき村」……………………………… 倫56
圧力団体 ………………………………… 政152
アトム …………………………………… 倫18
アニミズム ……………………………… 倫40
アパテイア ……………………………… 倫23
アヒンサー …………………………… 倫87,88
アファーマティブ・アクション
…………………………………… 倫105政122
「アフリカの年」………………………… 政162
阿弥陀仏 ………………………………… 倫43
アムネスティ・インターナショナル
………………………………………… 政113
アメニティ ……………………………… 倫95
雨森芳洲 ………………………………… 倫48

アメリカ，メキシコ，カナダ協定
（USMCA）……………………… 経228
新井白石 ………………………………… 倫48
阿濶瀾 …………………………………… 倫31
「アラブの春」…………………………… 政116
アリストテレス ………………………… 倫27
アンガージュマン ……………………… 倫83
安全保障理事会 ……………………… 政159
安全の欲求 ……………………………… 倫12
安全を求める権利 …………………… 経202
安保条約 ………………………… 政128,166
安保理 ………………………………… 政159
安保理常任理事国 …………………… 政160
安楽死 …………………………………… 倫92

い

ES細胞 ………………………………… 倫91
eコマース（電子商取引,EC）
………………………………………… 経102
委員会 ………………………………… 政134
イエズス会 ……………………………… 倫64
家制度 …………………………………… 倫98
硫黄酸化物 …………………………… 経235
「生き方の幅」…………………………… 倫89
育児・介護休業法 …………………… 経218
違憲立法審査権 ……………………… 政115
意見を反映される権利 …………… 経202
いざなぎ景気 ………………………… 経195
意志 ……………………………………… 倫21
石川啄木 ………………………………… 倫56
石橋湛山 ………………………………… 倫57
石牟礼道子 ……………………………… 倫60
石綿健康被害救済法 ………………… 経204
依存効果 ……………………………… 経202
イタイイタイ病 ……………………… 経203
一次産品 ……………………………… 経230
一次的欲求 ……………………………… 倫12
一乗思想 ………………………………… 倫42
市場 ……………………………………… 倫44
市場のイドラ …………………………… 倫66
一君万民論 ……………………………… 倫53
1 国 1 票制 …………………………… 政159
一国二制度（一国両制）…………… 政173
一切皆苦 ………………………………… 倫30
一切衆生 ………………………………… 倫31
一切衆生悉有仏性 ………………… 倫31,42

「一身独立して一国独立す」…… 倫53
一般意志 ………………………………… 倫71
一般会計予算 ………………………… 経184
イデア …………………………………… 倫20
イデア界 ………………………………… 倫20
遺伝子組み換え作物 …………………… 倫91
イド ……………………………………… 倫13
伊藤仁斎 ………………………………… 倫48
イニシエーション ……………………… 倫10
委任立法 ……………………………… 政137
イノベーション ……………………… 経171
井原西鶴 ………………………………… 倫51
イラク戦争 …………………………… 政163
イラク復興支援特別措置法 …… 政130
イラン革命 …………………………… 政196
岩戸景気 ……………………………… 経195
インターネット ……………………… 政151
インターンシップ ……………………… 倫11
インフォームド・コンセント … 倫93
インフレーション …………………… 経189

う

ヴァージニア権利章典 ……………… 政111
ヴァイツゼッカー ……………………… 倫107
ウィーン条約 ………………………… 経235
ウィルソン …………………………… 政158
『ヴェーダ』……………………………… 倫29
植木枝盛 ………………………………… 倫54
ウェストファリア条約 ……………… 政157
植村正久 ………………………………… 倫55
『宴のあと』事件 …………………… 政127
宇宙条約 ……………………………… 政157
宇宙船地球号 …………………………… 倫96
宇宙無限説 ……………………………… 倫65
ウパニシャッド哲学 …………………… 倫29
売りオペレーション ………………… 経182
ウルグアイ・ラウンド ……………… 経226

え

永劫回帰（永遠回帰）………………… 倫81
栄西 ……………………………………… 倫45
英知人 …………………………………… 倫10
エイズ …………………………………… 倫21
A規約 ………………………………… 政113
易姓革命 ………………………………… 倫34
エゴ ……………………………………… 倫13

240　索引

エコシステム ……………………倫95
エス ………………………………倫13
エスニシティ …………………倫105
エスノセントリズム ………倫104
エディプス・コンプレックス …倫13
NPO法 …………………………政153
愛媛玉串料訴訟 ………………政143
FA化 ……………………………経196
エポケー …………………………倫86
エラスムス ……………………倫63
エラン・ヴィタール ……………倫76
エラン・ダムール ………………倫76
エリザベス救貧法 ……………経214
エロース …………………………倫21
エロス ……………………………倫13
演繹法 ……………………………倫67
円買い …………………………経224
縁起の法 …………………………倫30
遠近法 ……………………………倫63
エンクロージャー ……………経170
怨恨感情 …………………………倫81
エンゼルプラン ………………経218
円高 ……………………………経223
円高(為替)差益 ………………経223
円高(為替)差損 ………………経223
円高不況 ………………………経196
エンパワーメント ……………倫100

お
王権神授説 ………………倫69 政110
欧州共同体(EC) ………………経227
欧州経済共同体(EEC) ………経227
欧州原子力共同体(EURATOM)
　…………………………………経227
欧州自由貿易連合(EFTA) …経228
欧州中央銀行(ECB) …………経228
欧州連合(EU) …………………政162
王道政治 …………………………倫34
OA化 ……………………………経196
大塩平八郎 ……………………倫48
大杉栄 ……………………………倫57
大津事件 ………………………政139
岡倉天心 …………………………倫55
緒方洪庵 …………………………倫52
荻生徂徠 …………………………倫48
行い ………………………………倫29
汚染者負担の原則(PPP) ……経204
踊り念仏 …………………………倫45
「思いやり予算」 ………………政128
オリエンタリズム ……………倫104
オリンピック景気 ……………経195
卸売業 …………………………経199
恩賜的民権 ……………………倫54
恩赦の決定 ……………………政137
恩赦の認証 ……………………政120

怨憎会苦 …………………………倫30
恩寵 ………………………………倫26
恩寵予定説 ……………………倫26
オンブズマン(オンブズパーソン)
　…………………………………政138
厭離穢土 …………………………倫44

か
我 …………………………………倫29
カースト制度 …………………倫28
買いオペレーション …………経182
会計検査院 ……………………政135
外国為替関連業務の自由化 …経183
外国為替相場(レート) ………経223
外国法人 ………………………経176
介護保険 ………………………経216
解散権 …………………………政114
会社企業 ………………………経175
回心 ………………………………倫26
海賊対処法 ……………………政130
『解体新書』 ……………………倫52
外的制裁 …………………………倫75
開発援助委員会(DAC) ………経230
開発協力大綱 …………………経234
外発的開化 ……………………倫56
開発独裁 ………………………政116
外部金融 ………………………経181
恢復(回復)的民権 ……………倫54
外部経済 ………………………経181
外部不経済(負経済) ……経179,204
快楽計算 …………………………倫74
下院 ……………………………政114
カウンターカルチャー ………倫12
「顔」 ………………………………倫85
価格 ……………………………経177
価格機構(メカニズム) ………経177
価格先導者 ……………………経179
「科学的思考」 …………………倫104
価格の下方硬直性 ……………経179
価格の自動調節(調整)機能(作用)
　…………………………経178,180
下級裁判所 ……………………政141
核拡散防止条約 ………………政163
核家族 ……………………………倫98
閣議の主宰 ……………………政137
学習権 …………………………政125
確定拠出年金 …………………経217
革命権 ……………………………倫70
学問の自由 ……………………政119
「隠れて生きよ」 ………………倫23
家計 ……………………………経175
「かけがえのない地球」 ………経235
駆けつけ警護 …………………政130
影の内閣 ………………………政114
仮言命法 …………………………倫72

囲い込み運動 …………………経170
加工組立型産業 ………………経198
加持祈禱 …………………………倫43
「貸し渋り」 ……………………経197
カシミール紛争 ………………政166
可処分所得 ……………………経175
過疎化 …………………………経206
家族 ………………………………倫73
家族機能の外部化 ……………倫98
荷田春満 …………………………倫49
片山潜 ……………………………倫57
「語り得ないことについては沈黙し
なければならない」 …………倫85
カタルシス ……………………倫22
価値の貯蔵手段 ………………経180
葛藤 …………………………倫11,12
「活動」 ……………………………倫88
合併 ……………………………経178
家電リサイクル法 ……………経205
加藤弘之 …………………………倫54
過度の一般化 …………………倫104
カドミウム ……………………倫95
下部構造 …………………………倫80
株式 ………………………経178,179
株式会社 ………………………経176
株主 ……………………………経176
株主総会 ………………………経176
過放牧 …………………………経235
過疎化 …………………………経206
神 ………………………………倫50,68
神の愛 ……………………………倫25
神の国 ………………………倫25,27
神谷美恵子 ……………………倫14
漢意 ………………………………倫49
カリスマ的支配 ………………政110
カリフ ……………………………倫28
ガリレイ …………………………倫65
カルチャーショック …………倫105
カルテル ………………………経178
カルマ ……………………………倫29
枯山水 ……………………………倫46
河上肇 ……………………………倫57
「考える葦」 ……………………倫65
環境アセスメント制度 ………政126
環境アセスメント法 …………政127
環境影響評価制度 ……………政126
環境影響評価法 ………………政127
環境基本法 ……………………経204
環境省 …………………………経204
環境税 …………………………経204
環境庁 …………………………経204
環境ホルモン …………………倫95
還元者 ……………………………倫95
慣習国際法 ……………………政157
慣習法 …………………………政110

索引　241

鑑真 倫42
感性 倫72
関税 政226
寛政異学の禁 倫49
関税同盟 政226,227
関税と貿易に関する一般協定〔GATT〕 政195,225
間接金融 政196
間接差別の禁止 政212
間接税 政185,187
間接選挙 政115
間接投資 政222
間接民主制 倫70
完全失業率 政197,212
観想的生活 倫22
環太平洋パートナーシップに関する包括的および先進的な協定〔TPP11協定,CPTPP〕 政229
惟神の道 倫50
看話禅 倫45
観念 倫79
管理価格 政179
管理通貨制 政180
官僚制 倫87

き

気 倫35
義 倫34
議員規則の制定権 政135
議員提出法案 政137
気概 倫21
機械打ちこわし運動 政207
機械制大工業 政170,207
議会制民主主義 倫70
機会費用 政169
機械論的自然観 倫66,67
幾何学の精神 倫65
企業 政175
企業集団 政196
企業所得 政188
企業物価 政189
企業別(労働)組合 政207,210
疑似イベント 倫101
疑似環境 倫101
基軸通貨 政224
気質 倫13
気質の性 倫35
基準割引率および基準貸付利率 政102
希少性 政169
貴族院 政119
基礎的財政収支 政186
基礎的集団 倫98
基礎年金 政215
基礎年金制度 政217

北アイルランド紛争 政166
北一輝 倫55
北大西洋条約機構(NATO) 政161
北朝鮮核実験 政163
キチンの波 政189
機能(的)集団 倫98
帰納法 倫66
「義の神」 倫24
気晴らし 倫65
希望 倫26
規模の経済(利益) 政179
基本的人権の尊重 政120
義務 倫72
義務教育の無償化 政125
逆進的な税 政185
キャリア 倫11
牛肉・オレンジの輸入自由化 政201
キューバ危機 政161
『旧約聖書』 倫25
教育勅語 倫54
教育を受ける権利 政125
『饗宴』 倫20
共感の原理 倫74
行基 倫42
『狂気の歴史』 倫84
共済保険 政215
教書 政114
行政委員会 政138,144
行政改革 政138
行政裁判 政140
矯正(匡正)的正義 倫22
行政手続法 政137
協調介入 政224
共通善 倫89
協定 政178
共同体主義 倫89
京都議定書 政234
教派神道 倫55
教父 倫26
業務分野の自由化 政183
「共有地の悲劇」 倫96
狂乱物価 政196
共和制 倫22
共和党 政115
清き明き心 倫41
居敬窮理 倫35
拒否権 政114,145,159
ギリシャ財政危機 政228
キリスト教的人道主義 倫57
キリスト教道徳 倫81
緊急輸入制限措置 政226
キングストン合意 政225
均衡価格 政178
銀行の銀行 政182

欽定憲法 政119
金本位制 政180
金融政策 政197
金融の空洞化 政183
金融の自由化 政182
金融引き締め政策 政197
(預金)金利の自由化 政182
勤労権 政125
勤労の権利の保障 政125

く

空虚 倫19
空想的社会主義 倫80
空の思想 倫32
クーリング・オフ制度 政202
クオータ制度 政122
クオリティー・オブ・ライフ 倫92
久遠実成 倫46
口称念仏 倫44
クズネッツの波 政189
「ク・セ・ジュ」 倫65
苦諦 倫30
クック 政111
求不得苦 倫30
グラスノスチ 政162
グリーン購入法 政205
グリーンコンシューマー 倫95
グリーン税制 政204
グリーンツーリズム 政201
クルアーン 倫28
グループホーム 倫106
クルド人 政166
グレーゾーン金利 政203
クローン 倫91
グロティウス 政157
軍事的強制措置 政159
軍事的制裁 政158
『君主論』 倫63

け

ケ 倫58
経営者団体 政152
計画経済 政169,173
景気の調整 政184
景気の調節弁(安全弁,調整弁) 政199
経験 倫66
軽減税率 政185
経験論 倫72
経済安定9原則 政194
経済協力開発機構(OECD) 政195
経済社会理事会 政159
経済成長率 政188
経済相互援助会議(COMECON) 政161

経済特区〔経済特別区〕……経173	孝……倫33,48	国債依存度……経184,186
経済のサービス化……経198	業……倫29	国際開発協会（IDA）……経230
経済のソフト化……経198	合意……倫89	国際慣習法……政157
経済の二重構造……経199	合意形成型民主主義……政112	国債残高……経186
経済連携協定（EPA）……経229	交易条件……経230	「国際収支の天井」……経195
警察予備隊……政128	公害対策基本法……経204	国際人権規約……倫107 政113
形式的平等……政121	後期高齢者医療制度……経217	国際人口開発会議……経236
刑事裁判……政140	公共財……経183	国際通貨基金（IMF）……経195,232
刑事事件……政143	公共投資……経184,233	国債費……経184
形而上学的段階……倫76	公共の福祉……政112,124,126	国際復興開発銀行（IBRD）……経230
刑事免責……経208	合計特殊出生率……経216	国際平和機構……倫158
傾斜生産方式……経194	公債依存度……経184	国際流動性のジレンマ……経224
経世済民……倫49	工作人……倫10	国際連合教育科学文化機関憲章
形相……倫21	公衆衛生……経215	……倫107
契沖……倫49	硬性憲法……政121	国際労働機関（ILO）……経207,214
軽薄短小型産業……経198	公正としての正義……倫89	国事行為……政120,134
ケイパビリティ……倫89	公正取引委員会……経179	国粋（保存）主義……倫54
契約自由の原則……経207	厚生年金……経215	国政選挙……政145
系列企業……経199	交戦権の否認……政128	国政選挙権……政123
ケインズ……倫171	浩然の気……倫34	国政調査権……政135,139
劇場のイドラ……倫66	構造改革……経197	国籍条項……政123
ケネディ・ラウンド……経226	構造改革特区……政138	「国対政治」……政134
ケノン……倫19	構造主義……倫84	国内総生産（GDP）……経187
ケプラー……倫65	拘束名簿式……政150	国富……経187
兼愛交利……倫35	公聴会……政134	国民……経187
権威主義的パーソナリティ	孝悌……倫33	国民皆保険・皆年金制度……経216
（権威主義的性格）……倫88	公定歩合……経182	国民健康保険……経215
検閲……政123	公的資金（資本）の投入……経183	国民主義……倫54
限界集落……政147	公的扶助……経214	国民主権……政120
限界状況……倫82	合同会社……経176	国民純福祉（NNW）……経188
兼業農家……経200	幸徳秋水……倫56	国民審査……政111
現金通貨……経180	公判前整理手続……政143	国民生活センター……経202
健康保険……経215	幸福追求権……政126,127	国民総所得（GNI）……経187
健康保険法……経215,217	公法……政110	国民総生産（GNP）……経187
言語ゲーム……倫85	後方支援……政130	国民道徳……倫54
言語体系……倫84	合法的支配……政110	国民投票……政111,121
検察官……政140	高邁の精神……倫67	国民年金……経215
検察審査会……政140	公明党……政149	国民負担率……経218
原子……倫18	小売業……経199	国務院……政115
原始キリスト教……倫26	功利性の原理……倫74	国連環境開発会議……経235
現象界……倫20	合理的解決……倫13	国連環境計画（UNEP）……経235
原子力規制委員会……経205	合理論……倫72	国連軍……政160
原子論……倫23	高齢化社会……経216	国連中心主義……政167
建設国債……経186	高齢社会……経216	国連難民高等弁務官事務所
現存在……倫82	高齢社会対策基本法……経217	（UNHCR）……政166
減反政策……経200	五蘊盛苦……倫30	国連平和維持活動（PKO）……政160
憲法改正……政126	コーク……政111	国連平和維持活動（PKO）協力法
憲法審査会……政121	コーポレート・ガバナンス……経177	……政129
憲法問題調査委員会……政120	コーラン……倫28	国連平和維持軍（PKF）……政160
倹約……倫51	五戒……倫31	国連貿易開発会議（UNCTAD）
減量経営……経196	枯渇性資源……経205	……経230
権力分立……倫71	古義学……倫49	コジェネレーション……経206
	「コギト・エルゴ・スム」……倫67	55年体制……政148
こ	五経……倫34	個人株主……経176
五・一五事件……政120	五行……倫28	個人主義……倫56

個人情報保護関連法 政127
コスモポリテース 倫23
悟性 倫72
コソボ紛争 政166
国家 倫73
国家安全保障会議 政129
国会の召集 政120
「国家からの自由」 政112
国家公務員倫理法 政138
国家主席 政116
国家神道 倫55
国家戦略特区 政138
国家賠償請求権 政142
「国権の最高機関」 政133
国庫支出金 政146
固定資本減耗 政187
固定(為替)相場制 政223,224,225
「子ども」の誕生 倫10
小林秀雄 倫59
古文辞学 倫49
戸別訪問の禁止 政151
コマーシャリズム 政152
コミュニケーション的合理性 倫88
コミュニタリアニズム 倫89
コメコン(COMECON) 政161
雇用者報酬 政188
ゴルギアス 倫19
ゴルバチョフ 政162
欣求浄土 倫44
コングロマリット 政177
混合経済 政171
コンツェルン 政178,179
コンディショナリティー 政232
コンドラチェフの波 政189
コンパクトシティ 政146
(コンピュータ)ネットワークシステム 倫101
コンピュータリテラシー 倫103
コンプライアンス 政177
コンフリクト 倫11,12

さ
サービス業 政199
サービス残業 政211
サービス貿易 政227
西行 倫46
最恵国待遇 政226
罪刑法定主義 政124
最高裁判所裁判官の国民審査 政126
最高裁判所長官 政140
最高善 倫22
最高法規 政121
最後の審判 倫28
財産権の保障 政124

財産所得 政188
最終消費支出 政188
「最小国家」 倫89
再審の請求 政124
財政 政175
再生可能エネルギー 政205
財政再生団体 政147
財政投融資計画 政184
財政の硬直化 政186
「最大多数の最大幸福」 倫74
最低資本金制度 政176
最低賃金法 政209
最低輸入量 政201
財投債 政185
『差異と反復』 倫85
「栽培の思考」 倫104
財閥 政194
裁判員制度 政143
裁判外紛争解決手続(ADR) 政141
裁判官 政124
裁判の公開 政140
裁判を受ける権利 政126
歳費特権 政135
債務者利得 政190
裁量労働制 政211
作業所閉鎖 政209
雑種 倫59
佐藤直方 倫48
「裁きの神」 倫24
砂漠化 政235
サブカルチャー 倫12
サブプライム・ローン 政232
三六協定 政210
サミット 政232
参議院の緊急集会 政133
産業型社会 倫76
『三経義疏』 倫41
産業公害 政204
産業社会(産業体制) 倫80
産業的段階 倫76
産業の空洞化 政198
三権分立 政114
三権分立論 倫71
『三教指帰』 倫42
三審制 政140
参政権 政122
暫定道徳 倫67
三毒 倫30
疝気術 倫20
サンフランシスコ会議 政159
サンフランシスコ平和条約 政166
三宝 倫41
三位一体説 倫27
三密 倫43
三面等価の原則 政187

し
慈 倫31
自衛隊 政128
ジェンダー 倫99
自我 倫13,67
四箇格言 倫46
資格争訟 政134
只管打坐 倫45
私擬憲法 政119
資金吸収オペレーション 政182
資金供給オペレーション 政182
死刑廃止条約 政113
資源ナショナリズム 政231
資源配分 政183
自己決定権 政128
自己実現の欲求 倫12
自己資本 政181
自己資本比率(BIS)規制 政183
自己情報コントロール(管理)権 政127
仕事と生活の調和 倫100
自己破産 政202
自己保存の権利 倫69
四書 倫34
時・処・位 倫48
市場機構(メカニズム) 政177
市場経済 政169,173
市場の寡占化・独占化 政179
辞譲の心 倫34
市場の失敗(市場の限界) 政179
システム合理性 倫88
自然世 倫52
「自然に帰れ」 倫70
「自然に従って生きよ」 倫23
自然の生存権 倫97
自然法 倫27,69 政157
思想・良心の自由 政119
持続可能な開発 政235
「持続可能な開発目標(SDGs)」 政160
自尊(承認)の欲求 倫12
四諦 倫30
下請け企業 政199
四端説 倫34
自治事務 政145
市町村合併 政146
十戒 倫24
実学 倫53
失業給付 政216
執行権 倫70 政111
実質経済成長率 政188,189
実質GDP 政188,189
実質的平等 政121
実証主義 倫76
実証的段階 倫76

実践理性 ……………………………… 倫72
『実践理性批判』 ………………… 倫71
実存的交わり ……………………… 倫82
「実存は本質に先立つ」 ………… 倫82
集諦 …………………………………… 倫30
質的功利主義 ……………………… 倫75
疾風怒濤 …………………………… 倫11
質料 …………………………………… 倫21
私的所有制度 ……………… 倫70,80
史的唯物論 ………………………… 倫80
士道 …………………………………… 倫48
(景気)自動安定(化)装置 …… 政184
児童虐待防止法 …………………… 倫99
「死にいたる存在(死への存在,死に
臨む存在)」 ……………………… 倫82
自然法爾 …………………………… 倫44
ジハード …………………………… 倫28
地場産業 …………………………… 政199
慈悲 …………………………………… 倫31
自文化中心主義 ………………… 倫104
私法 …………………………………… 政110
司法権の独立 …………… 政136,139
資本 …………………………………… 政169
資本集約型産業 ………………… 政198
資本主義経済 …………………… 政169
資本装備率 ……………………… 政199
資本と経営の分離 ……………… 政176
資本輸出 …………………………… 政225
『資本論』 ………………………… 政173
市民革命 …………………………… 政110
市民社会 …………………………… 倫73
『市民政府二論』 ………………… 倫69
自民族中心主義 ………………… 倫104
ジャイナ教 ………………………… 倫29
シャウプ勧告 …………………… 政185
社会契約説 ……………………… 政110
『社会契約論』 …………………… 倫69
社会権 ……………………………… 政112
社会権規約(A規約) …………… 政113
社会主義経済 …………………… 政169
社会主義市場経済 ……………… 政173
社会進化論 ………………………… 倫76
社会福祉 …………………………… 政215
社会法 ……………………………… 政110
社会保険 …………………………… 政214
社会保障関係費 ………………… 政184
社会保障制度 …………………… 政184
社会保障費 ……………………… 政214
社会民主主義 …………………… 倫81
社会有機体説 …………………… 倫76
シャドー・キャビネット ……… 政114
社内留保 ……………………… 政175,181
シャリーア ………………………… 倫28
自由意志 …………………………… 倫63
自由主義 …………………………… 倫89

自由至上主義 …………………… 倫89
羞悪の心 …………………………… 倫34
集会・結社の自由 ……………… 政123
『自由からの逃走』 ……………… 倫88
衆議院 ……………………………… 政119
衆議院議員総選挙 ……………… 政139
衆議院議員定数不均衡違憲判決
………………………………………… 政142
衆議院選挙 ……………………… 政151
衆議院の解散 …………… 政120,136
宗教 …………………………………… 倫63
宗教的寛容 ……………… 倫70,71
宗教的実存 ……………………… 倫81
自由権規約(B規約) …………… 政113
重厚長大型産業 ………………… 政198
集合的無意識 …………………… 倫13
私有財産制度 …………………… 倫70
自由至上主義 …………………… 倫89
自由思想家 ……………………… 倫29
十七条憲法 ……………………… 倫41
柔弱謙下 …………………………… 倫36
『十住心論』 ……………………… 倫42
重商主義 …………………………… 政170
終審 …………………………………… 政139
終身雇用制 ……………………… 政210
習性的徳 …………………………… 倫21
集団安全保障方式 ……………… 政158
集団殺害 …………………………… 政160
集団的自衛権 …………………… 政130
周辺事態法 ……………………… 政129
自由貿易協定(FTA) ……… 政226,229
自由放任主義 …………………… 政170
住民自治 …………………………… 政144
住民投票 ………… 政111,133,145,146
主観的確信 ……………………… 倫66
ジュグラーの波 ………………… 政189
主権 ……………………………… 倫69 政157
修験道 ……………………………… 倫43
修証一等(修証一如,修証不二)
………………………………………… 倫45
種族のイドラ …………………… 倫66
主体的真理 ……………………… 倫81
出エジプト ……………………… 倫24
恤救規則 …………………………… 政215
出生前診断 ……………………… 倫91
ジュネーブ4巨頭会談 ………… 政161
主要国首脳会議 ………………… 政232
循環気質 …………………………… 倫13
純粋経験 …………………………… 倫57
『純粋理性批判』 ………………… 倫71
春闘 …………………………………… 政207
恕 ……………………………………… 倫33
序 ……………………………………… 倫34
攘夷 …………………………………… 倫53

上院 …………………………………… 政114
常会 …………………………………… 政133
生涯学習 …………………………… 倫106
障害者雇用促進法 ……………… 政125
障害者差別解消法 ……………… 政122
上下定分の理 …………………… 倫47
正見 …………………………………… 倫31
証券投資 …………………………… 政222
小国寡民 …………………………… 倫36
少産少死型 ……………………… 倫236
正思 …………………………………… 倫31
少子化社会対策基本法 ……… 政218
正直 …………………………………… 倫51
常設国際司法裁判所 ………… 政158
常設仲裁裁判所 ………………… 政158
小選挙区制 ………… 政112,114,150
小選挙区比例代表並立制 …… 政150
「上善は水のごとし」 ………… 倫36
聖諦門 ……………………………… 倫44
浄土教(浄土信仰) ……………… 倫43
浄土門 ……………………………… 倫44
消費者 ……………………………… 倫95
消費者基本法 …………………… 政203
消費者契約法 …………………… 政202
消費者主権 ……………………… 政202
消費者団体訴訟制度 ………… 政202
消費者庁 …………………………… 政203
消費者物価 ……………………… 政189
消費者保護基本法 ……………… 政202
消費税 ……………………………… 政185
商品 …………………………………… 政169
上部構造 …………………………… 倫80
ショーペンハウアー …………… 倫14
情報格差 …………………………… 倫103
『正法眼蔵随聞記』 …………… 倫45
情報公開制度 …………………… 政127
情報公開法 ……………………… 政137
情報社会 …………………………… 倫101
情報通信技術革命 ……………… 倫102
情報の非対称性 ………………… 政180
情報リテラシー ………………… 倫103
称名念仏 …………………………… 倫44
常民 …………………………………… 倫58
条約 …………………………………… 政157
条約の承認 ……………………… 政135
条約の締結 ……………………… 政137
条約の締結権 …………………… 政135
逍遙遊 ……………………………… 倫36
条例制定権 ……………………… 政144
条例の執行 ……………………… 政145
条例の制定・改廃 ……………… 政144
ショートステイ ………………… 政216
諸行無常 …………………………… 倫30
職業召命観 ……………………… 倫36
職業選択の自由 ……… 政124,142

索引 245

贖罪 ……… 倫26
食品安全委員会 ……… 政203
食品安全基本法 ……… 政203
植物状態 ……… 倫93
植民地独立付与宣言 ……… 政162
食物連鎖 ……… 倫95
贖宥状 ……… 倫64
食料〔食糧〕安全保障 ……… 政201
食料自給率 ……… 政201
食糧需給価格安定法 ……… 政200
食料・農業・農村基本法 ……… 政200
食糧法 ……… 政200
助産術 ……… 倫20
諸子百家 ……… 倫32
女性差別撤廃条約
　……… 倫100 政113 政212
所属と愛情の欲求 ……… 倫12
所得の再配分 ……… 政184
(国民)所得倍増計画 ……… 政195
諸法無我 ……… 倫30
所有権 ……… 倫69
所有と経営の分離 ……… 政176
白樺派 ……… 倫56
シリア内戦 ……… 政163
自利行 ……… 倫31
自立経営農家 ……… 政200
親 ……… 倫34
信 ……… 倫34
仁 ……… 倫33
仁愛 ……… 倫49
新エネルギー ……… 政205
新ガイドライン ……… 政129
心学 ……… 倫51
人格 ……… 倫72
神学的段階 ……… 倫76
人格の徳 ……… 倫21
進化論 ……… 倫76
仁義 ……… 倫36
信仰 ……… 倫26,27,31
新興株式市場 ……… 政200
信仰義認 ……… 倫26
信仰義認説 ……… 倫64
新興工業経済地域（NIES）……… 政231
人口爆発 ……… 政236
新国際経済秩序（NIEO）……… 政231
真言宗 ……… 倫42
心斎坐忘 ……… 倫36
人事委員会 ……… 政125
人事院 ……… 政125
新自由主義 ……… 政171
人種差別撤廃条約 ……… 政122
真人〔至人,神人〕……… 倫36
身心脱落 ……… 倫45
神政〔神権〕政治 ……… 倫64

新戦略兵器削減条約〔新START〕
　……… 政164
心臓死 ……… 倫93
心即理 ……… 倫35
信託 ……… 倫70
信託統治理事会 ……… 政159
心的外傷後ストレス障害（PTSD）
　……… 倫99
人道 ……… 倫52
人道に対する犯罪 ……… 政160
シンボルを操る動物 ……… 倫10
人民主権論 ……… 倫71
神武景気 ……… 政195
『新約聖書』 ……… 倫25
深夜労働規制 ……… 政210,212
信用創造 ……… 政181
心理的離乳 ……… 倫11
人倫 ……… 倫73
神話 ……… 倫18

す

垂加神道 ……… 倫47
水銀に関する水俣条約 ……… 政236
水質汚濁 ……… 政203
推論 ……… 倫52
垂直的公平 ……… 政185
垂直(的)分業 ……… 政222
水平社宣言 ……… 倫57
水平的公平 ……… 政185
水平(的)分業 ……… 政222
水墨画 ……… 倫46
スーパーエゴ ……… 倫13
枢密院 ……… 政120
隙間産業 ……… 政199
鈴木大拙 ……… 倫58
スタグフレーション ……… 政190,196
ステップ・ファミリー ……… 倫99
ステレオタイプ ……… 倫101
ストック ……… 政187
スピノザ ……… 倫68
スプロール現象 ……… 政206
スマートグリッド ……… 政206
スミソニアン協定 ……… 政225
『スモール・イズ・ビューティフル』
　……… 倫95
スリーマイル島原子力発電所事故
　……… 政205

せ

世阿弥 ……… 倫47
性悪説 ……… 倫33
性格 ……… 倫13
成果主義 ……… 政210
生活の質 ……… 倫92
生活保護法 ……… 政215

正義 ……… 倫21,27
政教分離の原則 ……… 政123
政権公約 ……… 政149
制限選挙 ……… 政150
生産手段の私的所有 ……… 政169
生産手段の社会的所有 ……… 政173
生産力 ……… 倫80
政治資金規正法 ……… 政149
政治的寛容 ……… 倫71
聖書中心主義 ……… 倫64
精神 ……… 倫67
聖人 ……… 倫33
精神の自由 ……… 政123
聖戦 ……… 倫28
性即理 ……… 倫35
生存権 ……… 政125 政215
生態系 ……… 倫95
『成長の限界』 ……… 倫96
制定法 ……… 政110
政党助成法 ……… 政149
政府 ……… 政175
政府委員制度 ……… 政138
生物多様性条約 ……… 政235
生物(生体)濃縮 ……… 倫95
政府の銀行 ……… 政182
清明心 ……… 倫41
生命の質 ……… 倫92
生命の尊厳 ……… 倫92
生命の跳躍 ……… 倫76
「生命への畏敬」 ……… 倫88
勢力均衡方式 ……… 政158
政令制定権 ……… 政133
政令の制定 ……… 政137
セーフガード ……… 政226
世界恐慌 ……… 政171
世界市民 ……… 倫23
世界宗教 ……… 倫28
世界食糧サミット ……… 政236
世界人権宣言 ……… 政112
世界-内-存在 ……… 倫82
世界貿易機関（WTO）……… 政174,227
石油代替エネルギー ……… 政205
セクシャル・ハラスメント ……… 政213
「世間虚仮,唯仏是真」 ……… 倫41
「世人」 ……… 倫82
世代間倫理 ……… 倫97
積極的差別是正措置 ……… 倫105 政122
節制 ……… 倫21,27
絶対精神 ……… 倫73
絶対他力 ……… 倫44
設備投資 ……… 政195
絶望 ……… 倫81
節用 ……… 倫36
ゼノン ……… 倫23
是非の心 ……… 倫34

ゼロ・エミッション ……… 政205
ゼロ金利政策 ……… 政183
世論操作 ……… 政152
全欧安全保障協力会議〔CSCE〕
……… 政162
全会一致制 ……… 政158
尖閣諸島問題 ……… 政167
選挙監視団 ……… 政160
選挙管理委員会 ……… 政145
選挙区制 ……… 政150
選挙権 ……… 政122
全国人民代表大会 ……… 政115
全国水平社 ……… 倫57政122
潜在能力 ……… 倫89
繊細の精神 ……… 倫65
先住民（族） ……… 倫105
専修念仏 ……… 倫44
先進5か国財務相・中央銀行総裁
会議〔G5〕 ……… 政196
全人代 ……… 政115
センセーショナリズム ……… 政152
戦争犯罪 ……… 政160
全体意志 ……… 倫71
「全体性」 ……… 倫84
全体論 ……… 倫86
善のイデア ……… 倫20
千利休 ……… 倫47
選良思想 ……… 倫24
戦略兵器削減条約〔START Ⅰ,
START Ⅱ〕 ……… 政164
戦略兵器制限交渉〔SALT〕 ……… 政164
戦略防衛構想〔SDI〕
……… 政164
戦力の不保持 ……… 政128

そ

躁鬱気質 ……… 倫13
騒音 ……… 政203
争議行為 ……… 政125
想起説 ……… 倫21
臓器売買 ……… 倫93
想世界 ……… 倫56
創造神 ……… 倫40
相対主義 ……… 倫19,79
総攬 ……… 政119
総量規制 ……… 政203,204
ソーシャル・ネットワーキング・サービス〔SNS〕 ……… 政152
ソーシャル・ビジネス ……… 政234
ソーシャル・メディア ……… 倫102
SOHO ……… 政213
疎外 ……… 倫80
遡及処罰の禁止 ……… 政124
惻隠の心 ……… 倫34
族議員 ……… 政148

即身成仏 ……… 倫43
則天去私 ……… 倫56
ソクラテス ……… 倫75
『ソクラテスの弁明』 ……… 倫20
素材型産業 ……… 政198
租税 ……… 政175
租税回避地 ……… 政232
措置方式 ……… 政215
訴追委員会 ……… 政135
ソフィスト ……… 倫19
ソマリア内戦 ……… 政165
尊厳死 ……… 倫92
『存在と時間』 ……… 倫82
「存在忘却」 ……… 倫82
存心持敬 ……… 倫47
尊王 ……… 倫53

た

第一次オイルショック ……… 政231
第一次集団 ……… 倫98
第一次所得収支 ……… 政223
第一次石油危機 ……… 政231
ダイオキシン類対策特別措置法
……… 政204
対外直接投資 ……… 政225
大偽 ……… 倫36
大気汚染 ……… 政203
大規模小売店舗立地法 ……… 政233
大恐慌 ……… 政171
大憲章 ……… 政111
第三次産業 ……… 政187
大衆 ……… 倫59
大衆迎合主義 ……… 政112
大衆政党 ……… 政148
大衆操作 ……… 政152
『大衆の反逆』 ……… 倫87
大衆民主主義 ……… 政112
大乗仏教 ……… 倫31
対人地雷全面禁止条約 ……… 政164
大選挙区制 ……… 政150
代替エネルギー ……… 政205
大店立地法 ……… 政233
第二次集団 ……… 倫98
第二次所得収支 ……… 政223
第二次性徴 ……… 倫11
大日如来 ……… 倫43
「第二の誕生」 ……… 倫10
第二反抗期 ……… 倫11
第四次中東戦争 ……… 政196
代理出産 ……… 倫91
対話的理性 ……… 倫89
対話法 ……… 倫20
タウンミーティング ……… 政111
高く直き心 ……… 倫50
高野長英 ……… 倫52

高天原 ……… 倫40
兌換紙幣〔兌換銀行券〕 ……… 政180
竹島問題 ……… 政167
多国籍企業 ……… 政177,231
多国籍軍 ……… 政160
多産少死型 ……… 政236
多産多死型 ……… 政236
多数派支配型民主主義 ……… 政112
「ダス・マン」 ……… 倫82
祟り ……… 倫40
脱亜論 ……… 倫54
タックスヘイブン ……… 政232
脱構築 ……… 倫85
多党制 ……… 政112,148
タナトス ……… 倫13
ダニエル・ベル ……… 倫101
他人指向〔志向〕型 ……… 倫87
他人資本 ……… 政181
多文化主義 ……… 倫105
魂の平安 ……… 倫23
「魂への配慮〔魂の世話〕」 ……… 倫19
ダルフール紛争 ……… 政165
たをやめぶり ……… 倫50
単一欧州議定書 ……… 政227
弾劾裁判 ……… 政114,139
単子 ……… 倫68
断食 ……… 倫28
男女共同参画社会基本法 ……… 倫100
男女雇用機会均等法 ……… 政122
男女同一賃金の原則 ……… 政209
団体交渉権 ……… 政125
団体自治 ……… 政144
ダンテ ……… 倫63
単独者 ……… 倫81
単独世帯 ……… 倫98

ち

治安維持法 ……… 政207
治安警察法 ……… 政207
地域包括ケアシステム ……… 政218
地域保健法 ……… 政215
「小さな政府」 ……… 政171
知恵 ……… 倫21,27
チェチェン紛争 ……… 政165
チェルノブイリ原子力発電所事故
……… 政205
「知覚の束」 ……… 倫66
近松門左衛門 ……… 倫51
「地球規模で考え,足元から行動を」
……… 倫95
地球の有限性 ……… 倫97
知行合一 ……… 倫19,35,48
地産地消 ……… 政201
知識・技術集約型産業 ……… 政198
地上の国 ……… 倫27

ち

知性的徳 …………………… 倫21
窒素酸化物 ………………… 政235
知的愛 ……………………… 倫68
知的財産権 …… 倫102 政143 政227
地動説 ……………………… 倫65
知徳合一 …………………… 倫19
「知は力なり（知識と力とは合一する）」……………………… 倫66
地方交付税 ………………… 政146
地方交付税制度 …………… 政146
地方自治の本旨 …………… 政144
地方特別法 ………………… 政133
地方特別法の住民投票 …… 政126
地方分権一括法 …………… 政145
チャーティスト運動 …… 政111,150
着床前診断 ………………… 倫91
忠 …………………………… 倫33
中距離核戦力（INF）全廃条約
………………………………… 政164
仲裁 ………………………… 政209
忠恕 ………………………… 倫33
中小企業基本法 …………… 政199
中道 ………………………… 倫30
中東戦争 …………………… 政165
中庸 ………………………… 倫22
長 ……………………… 政144,145
超越者 ……………………… 倫82
超越神 ……………………… 倫40
超過需要 …………………… 政177
超自我 ……………………… 倫13
超人 ………………………… 倫81
調整的正義 ………………… 倫22
朝鮮戦争 ……… 政161 政194
調停 ………………………… 政209
重複立候補制 ……………… 政151
直接税 ……………………… 政185
直接投資 …………………… 政222
直接民主制 ………………… 倫71
貯蓄 ………………………… 政175
貯蓄率 ……………………… 政195
致良知 ……………………… 倫35
鎮護国家 …………………… 倫41

つ

通過儀礼 …………………… 倫10
通常国会 …………………… 政133
通信傍受法 ………………… 政123
罪 …………………………… 倫41
積立方式 …………………… 政217
「罪の文化」………………… 倫59

て

悌 …………………………… 倫33
DV防止法 ………………… 政99
定言命法 …………………… 倫72

抵抗権 ……………………… 政70
帝国主義 …………………… 政170
デイサービス ……………… 政216
ディスクロージャー ……… 政177
定足数 ……………………… 政134
諦念 ………………………… 倫56
ディンクス（DINKS）…… 政99
「テーラーメイド」………… 倫91
テオーリア ………………… 倫18
適法性 ……………………… 倫72
デザイナー・チャイルド（デザイナー・ベビー）………………… 倫92
デジタル・デバイド ……… 倫103
テネシー川流域開発公社（TVA）
………………………………… 政171
デフォルト ………………… 政231
デフレーション …………… 政189
デフレ・スパイラル …… 政190,197
デモンストレーション効果 … 政202
デュークス（DEWKS）…… 政99
デルフォイの神託 ………… 倫19
テレワーク ………………… 政213
テロ対策特別措置法 ……… 政130
テロ（テロリズム）に対する戦争
………………………………… 政162
電子商取引（eコマース，EC）
………………………………… 政102
電子投票システム ………… 政152
天台宗 ……………………… 倫42
天道 ………………………… 倫52
天動説 ……………………… 倫65
伝統的支配 ………………… 政110
天然資源恒久主権 ………… 政231
天皇機関説 ………………… 政57
天皇大権 …………………… 政119
天賦人権論 ………………… 倫53
天命 ………………………… 倫32

と

ドイモイ …………………… 政173
「同一労働同一賃金」……… 政212
党議拘束 …………………… 政134
動機説 ……………………… 倫72
東京ラウンド ……………… 政226
道具主義 …………………… 倫79
洞窟のイドラ ……………… 倫66
洞窟の比喩 ………………… 倫20
道具的理性 ………………… 倫84
同時多発テロ ……………… 政162
党首討論制 ………………… 政138
当初予算 …………………… 政184
統帥権 ……………………… 政119
道諦 ………………………… 倫30
統治行為論 …………… 政128,141
『統治二論』………………… 倫69

道徳 ……………… 倫63,73 政110
『道徳および立法の諸原理序説』
………………………………… 倫74
道徳性 ……………………… 倫72
道徳法則 …………………… 倫72
東南アジア非核地帯条約 … 政164
「東洋道徳，西洋芸術」…… 倫53
同和対策審議会 …………… 政122
ドーナツ化現象 …………… 政206
ドーハ・ラウンド（ドーハ開発アジェンダ）……………………… 政227
トーラー ………………… 倫24,25
独占 ………………………… 政179
独占禁止法 …… 政170,179,194,233
独占資本主義 ……………… 政170
徳治主義 …………………… 倫33
特定技能 …………………… 政213
特定非営利活動促進法（NPO法）
………………………………… 倫106
特定フロン ………………… 政235
特定枠 ……………………… 政151
特別会 ………………… 政133,137
特別会計予算 ……………… 政184
特別国会 ……………… 政133,137
特別裁判所 ………………… 政139
特別総会 …………………… 政159
特別引出権（SDR）………… 政225
独立行政法人化 …………… 政138
独立国家共同体（CIS）…… 政162
特例国債 …………………… 政186
「閉じた（閉じられた）社会」…… 倫76
「土地倫理」………………… 倫96
特恵関税 …………………… 政226
（一般）特恵関税 …………… 政230
ドッジ・ライン …………… 政194
トマス・モア ……………… 倫63
富永仲基 …………………… 倫51
トラスト …………………… 政178
取締役 ………………… 政176,177
取り調べの可視化 ………… 政124
トルーマン・ドクトリン … 政161
ドル売り …………………… 政224
ドル・ショック …………… 政225
ドル高是正 ………………… 政196
ドル安 ……………………… 政223
トレーサビリティ ………… 政201
トレードオフ ……………… 政169

な

内閣人事局 ………………… 政130
内閣総辞職 ………………… 政114
内閣総理大臣 …… 政129,134,137
内閣総理大臣の指名 ……… 政135
内閣提出法案 ……………… 政137
内閣の助言と承認 ………… 政120

内閣府	政138
内閣不信任決議権	政114
内向型	倫14
内国民待遇	経226
内需主導型経済	経196
内心の自由	政123
内的制裁	倫75
内発的開化	倫56
内部金融	経181
内部留保	経175,181
内分泌かく乱物質	倫96
中村正直	倫54
名古屋議定書	経235
ナショナリズム	倫105
ナショナルセンター	経207
ナショナル・トラスト	倫95
ナチス	政112
「南無妙法蓮華経」	倫46
奈良仏教	倫42
なる神(成る神)	倫40
軟性憲法	政114
南伝仏教	倫32
南都六宗	倫42
南南問題	経231
南米南部共同市場(MERCOSUR)	経228
南北問題	経230
難民条約	政166

に

新島襄	倫55
ニート	倫11 経211
ニクソン	経225
ニクソン・ショック	経225
二酸化炭素(CO_2)	経234
西周	倫54
二次的欲求	倫12
二大政党制	政112,148,150
日米安全保障条約	政128,166
日米共同防衛義務	政128
日米構造協議	経233
日米貿易協定	経229
日米包括経済協議	経233
日韓基本条約	政167
日ソ共同宣言	政166
ニッチ産業	経199
日中共同声明	政167
日中平和友好条約	政167
日本銀行	経182,186
『二人比丘尼』	倫51
ニヒリズム	倫81
日本労働組合総連合会	経208
ニューディール政策	経171
ニューハーモニー村	倫80
人間疎外	倫81

人間の安全保障	政160
『人間の学としての倫理学』	倫58

ね

「ねじれ国会」	政149
ネチケット	倫103
熱帯林の破壊	経235
涅槃寂静	倫30
年金	経218
年功序列型賃金	経210
年次有給休暇	経210
年中行事	倫10
粘着気質	倫13

の

脳死	倫93
納税の義務	政126
農地改革	経194
農地法	経194,201
濃度規制	経204
能力	倫13
ノーマライゼーション	経218

は

バークリー	倫66
バーゼル条約	経236
パートタイム・有期雇用労働法	経211
排出権(排出量)取引	経234
排他的経済水域	政157
配当(金)	経176
配分的正義	倫22
ハヴィガースト	倫12
『葉隠』	倫47
パグウォッシュ会議	倫107
派遣労働者	経211
「恥の文化」	倫59
バスク独立問題	政166
パターナリズム	政93
発券銀行	経182
発達課題	倫11
発話	倫84
覇道政治	倫34
鳩山内閣	政149
派閥	政149
バビロン捕囚	倫24
パブリック・アクセス	政102
バブル経済	経197
林羅山	倫47
ハライ(ハラエ, 祓)	倫41
パラサイト・シングル	倫11
パラダイム(理論の枠組み)	倫86
バラモン	倫29
バリアフリー	経218
ハリーファ	倫28

パリ協定	経235
パリサイ派	倫24
パルメニデス	倫18
ハレ	倫58
パレスチナ解放機構	政165
パレスチナ暫定自治協定	政165
パロール	倫84
パワー・ハラスメント	経213
晩婚化	倫99
万人直耕	倫52
ハンス・ヨナス	倫96
判断停止(判断中止)	倫86
『判断力批判』	倫71
バンドン会議	政162
ハンナ・アーレント	倫88
万人司祭説	倫64
「万人の万人に対する戦い」	倫69
万物斉同説	倫36
万有引力の法則	倫66
反論権	政126,127

ひ

(永遠に生きる)火	倫18
悲	倫31
B規約	政113
PKO(国連平和維持活動)協力法	政129
ピーターパン・シンドローム	倫11
被害者参加制度	政141
非価格競争	経179
非核三原則	政129
比較生産費説	経222
比較優位	経222
東アジア地域包括的経済連携(RCEP)	経229
非関税障壁	経226
被疑者	政124
非拘束名簿式	政151
非攻論(非攻説)	倫35
非婚化	倫99
非正規従業員	経210
非政府組織(NGO)	倫106 経234
被選挙権	政122
非戦論	倫55
美的実存	倫81
「ひと」	倫82
ヒトクローン技術規制法	倫91
ヒトゲノム計画	倫91
一人暮らし世帯	倫98
非暴力	倫87,88
非暴力・不服従の抵抗	倫88
秘密会	政134
秘密選挙	政150
罷免権	政126
『百科全書』	倫71

索引

249

ヒューマニズム …………… 倫63
ヒュレー …………………… 倫21
表現の自由 ………………… 政127
「開いた(開かれた)社会」 … 倫76
ビルト・イン・スタビライザー
………………………………… 政184
比例代表制 ……… 政112,143,150
比例代表選挙 ……………… 政151
ヒンドゥー教 ……………… 倫29

ふ
ファシズム ………………… 倫88
ファランジュ ……………… 倫80
フィランソロピー ………… 政177
フィリア …………………… 倫22
夫婦別姓制度 ……………… 倫100
フェアトレード …………… 政234
フェビアン協会 …………… 倫81
フェミニズム ……………… 倫99
賦課方式 …………………… 政217
不換紙幣(不換銀行券) …… 政181
副業的農家 ………………… 政200
複合企業 …………………… 政177
福祉元年 …………………… 政217
福田(景山)英子 …………… 倫57
福徳一致 …………………… 倫19
不敬事件 …………………… 倫55
『武士道』 ………………… 倫55
藤原惺窩 …………………… 倫47
不信任決議 ………………… 政145
不信任決議権 ……… 政114,135
不正アクセス禁止法 ……… 倫102
不殺生 ……………………… 倫87
不逮捕特権 ………………… 政135
双子の赤字 ………………… 政196
普通選挙 …………………… 政150
普通選挙制度 ……… 倫87 政120
復興金融金庫(復金) ……… 政194
復古神道 …………………… 倫50
物心二元論 ………………… 倫67
ブッダ(仏陀) ……………… 倫29
物体 ………………………… 倫67
不動心 ……………………… 倫23
不当労働行為 ……………… 政208
不文憲法 …………………… 政114
部分的核実験禁止条約 …… 政163
普通人(万能人) …………… 倫63
普遍的無意識 ……………… 倫13
普遍的立法の原理 ………… 倫77
父母両系血統主義 ………… 倫100
プライスリーダー ………… 政179
プライマリー・バランス … 政186
プラトン …………………… 政111
プラザ合意 ………… 政196,224
フラストレーション ……… 倫12

プラハの春 ………………… 政161
ブラフマン ………………… 倫29
フランクル ………………… 倫14
フランス人権宣言 ………… 政111
フリーター ………………… 政211
フリードマン ……………… 政171
不良債権 …………………… 政197
武力攻撃事態法 …………… 政130
武力制裁 …………………… 政158
ふるさと納税 ……………… 政146
フレックスタイム制 ……… 政211
ブレトン・ウッズ協定 …… 政224
プレビッシュ報告 ………… 政230
プロイセン(プロシア)憲法 … 政119
フロー ……………………… 政187
プログラム規定説 ………… 政125
ブロック経済 ……………… 政224
フロン(ガス) ……………… 政235
フロンティア精神 ………… 倫79
分解者 ……………………… 倫95
文化相対主義 ……………… 倫104
文化の重層性 ……………… 倫58
文化摩擦 …………………… 倫104
文芸復興運動 ……………… 倫63
分度 ………………………… 倫52
文民 ………………………… 政136
文民統制 …………………… 政129
『文明の衝突』 …………… 倫104
分裂気質 …………………… 倫13

へ
ペイオフ …………………… 政183
平均余命(平均寿命) ……… 倫106
ヘイトスピーチ解消(対策)法 … 政123
平民主義 …………………… 倫54
平和10原則 ………………… 政162
(恒久)平和主義 …………… 政120
「平和のための結集」決議 … 政159
別 …………………………… 倫34
ヘッジファンド …………… 政232
ペティ・クラークの法則 … 政198
ベトナム戦争 ……………… 政161
ペトラルカ ………………… 倫63
ベバリッジ報告 …………… 政214
ペレストロイカ …… 政162 倫173
ヘレニズム ………………… 倫23
変形労働時間制 …………… 政211
弁護士 ……………………… 政140
弁証法 ……………………… 倫73
ベンチャー・ビジネス(ベンチャー企業) ……………………… 政200
変動(為替)相場制 …… 政223,225
弁論術 ……………………… 倫19

ほ
保安隊 ……………………… 政128
法 …………………………… 倫73
法案提出権 ………………… 政114
防衛機制 …………………… 倫13
防衛装備移転三原則 ……… 政129
防衛大臣 …………………… 政129
包括者 ……………………… 倫82
包括的核実験禁止条約(CTBT)
………………………………… 政164
法人株主 …………………… 政176
法人企業 …………………… 政175
法人資本主義 ……………… 政176
法世 ………………………… 倫53
法治主義 ………… 倫33,34 政111
法定労働時間 ……………… 政209
法的拘束力 ………………… 政146
報道の自由 ………………… 政127
報徳思想 …………………… 倫52
法然 ………………………… 倫44
法の下の平等 ……………… 政121
方法的懐疑 ………………… 倫67
法律案の再議決 …………… 政134
法律(政治)的制裁 ………… 倫75
法律の委任 ………………… 政137
「法律の範囲内」 …… 政119,144
法律の留保 ………………… 政119
ボーヴォワール …………… 倫99
ボーダン …………………… 政110
ボードリヤール …………… 倫87
ホームヘルプサービス …… 政216
ホーリズム ………………… 倫86
北伝仏教 …………………… 倫32
法華経 …………………… 倫42,46
保険料 ……………………… 政214
菩薩 ………………………… 倫32
菩薩戒 ……………………… 倫42
ポジティブ・アクション
…………………………… 倫105 政122
保守党 ……………………… 政114
補助金 ……………………… 政187
ボスニア・ヘルツェゴビナ紛争
………………………………… 政165
ホスピス・ケア …………… 倫92
母性保護論争 ……………… 倫100
補正予算 …………………… 政184
細川連立内閣 ……………… 政149
ボッカチオ ………………… 倫63
ポツダム宣言 ……………… 政120
ホットライン ……………… 政161
北方領土問題 ……………… 政167
輔弼 ………………………… 政119
ポピュリズム ……………… 政112
ホモ・サピエンス ………… 倫10
ホモ・ファーベル ………… 倫10

ホモ・ルーデンス 倫10	明恵 倫44	黙秘権 政124
ボランティア 倫106	ミレニアム開発目標(MDGs) 政160	持株会社 政179
ポリス 倫20,23	民営化 政138	モナド 倫68
ポリス(社会)的動物 倫10,22	民間最終消費支出 政188	モノカルチャー経済 政230
梵 倫29	民芸運動 倫59	もののあはれ 倫50
梵我一如 倫29	民事裁判 政140	モノのインターネット(IoT) 倫102
ボン・サンス 倫67	民事免責 政208	モラトリアム 倫11
本地垂迹説 倫43	民主集中制 政115	モラリスト 倫65
本然の性 倫35	民主主義 倫79	森有礼 倫53
本予算 政184	「民主主義の学校」 政144	モンスーン型 倫58
	民主的権力集中制 政115	問題発見(問題解決) 倫80
ま	民主党 政115,149	モンテスキュー 政111
マージナル・マン 倫10	民族宗教 倫24	問答法 倫20
マーシャル・プラン 政161	民法 政142	
マーストリヒト条約 政227	民本主義 倫57	**や**
マイクロクレジット(マイクロファイナンス) 政234		八百万神 倫40
マイナンバー制度 政127	**む**	『野生の思考』 倫104
マグナ・カルタ 政111	無(無名) 倫36	柳田国男 倫58
マクルーハン 倫101	無為自然 倫36	「やまあらしのジレンマ」 倫12
マクロ経済スライド 政217	無過失責任制度 政202,204	山片蟠桃 倫51
真心 倫50	無教会主義 倫55	
誠 倫48,49,53	無限責任 政176	**ゆ**
マザー・テレサ 倫88	無罪の推定 政124	唯識説 倫32
ますらをぶり 倫50	無念無想 倫23	唯物史観 倫80
マタニティ・ハラスメント 政213	無責任 倫59	友愛 倫22
松尾芭蕉 倫47	無担保コール翌日物金利 政182	勇気 倫21,27
マックス・ウェーバー 倫64	無知の知 倫19	遊戯人 倫10
末法思想 倫43,45	無党派層 政119	有機水銀 倫95
松本案 政120	ムハンマド 倫27	有機体論的社会観 倫76
マツリ 倫40	無明 倫30	有給休暇 政211
マニフェスト 政149	無欲恬淡 倫36	有限会社 政176
マホメット 倫27		有限責任 政176
マルタ会談 政162	**め**	有効求人倍率 政212
マルチカルチュラリズム 倫105	明証性(明晰)の規則 倫67	有効需要 政171
まれびと(客人) 倫59	名望家政党 政148	有事法制 政129
曼荼羅 倫43	名目経済成長率 政188,189	優生思想 倫92
	名目GDP 政188,189	郵政の民営化 政138,政197
み	名誉革命 政110	有用性 倫79
三浦梅園 倫51	メセナ 政177	ユーロ 政228
「見えざる手」 倫74,政170	メソテース 倫22	輸出志向型工業化政策 政231
ミソギ(禊) 倫41	メッカ 倫28	ユニバーサル・デザイン 政218
道 倫33	滅諦 倫30	ユニラテラリズム 政163
密教 倫43	メディアリテラシー 倫103	ユネスコ憲章 倫107
三菱樹脂訴訟 政123	メルロ-ポンティ 倫86	ユビキタス 倫102
水戸学 倫53	免罪符 倫64	
南方熊楠 倫60	免責特権 政135	**よ**
水俣条約 政236		幼稚産業 政222
水俣病 政203	**も**	預金通貨 政180
南オセチア紛争 政165	毛沢東 倫80	欲望 倫85
南シナ海の領有権 政163	モーセ 倫25	預言者 倫24,28
南太平洋非核地帯条約 政164	黙照禅 倫45	予算の議決 政135,144
ミニマム・アクセス 政201	目的の王国(目的の国) 倫73	予算の先議権 政135
宮沢賢治 倫60	目的論的・有機体論的自然観 倫66	予算の調整(作成)とその執行 政145
ミュトス 倫18		吉本隆明 倫59

四日市ぜんそく ……………………… 現203
予定説 ……………………………………… 倫64
予定調和 ………………………………… 倫68
ヨハネスブルグ宣言 ……………… 現236
黄泉国 ……………………………………… 倫40
四元素説 ………………………………… 倫18

ら

ラッセル・アインシュタイン宣言
………………………………………………… 倫107
ラッダイト運動 ……………………… 現207
ラテンアメリカおよびカリブ非核地
帯条約 …………………………………… 政164
ラムサール条約 ……………………… 現236
蘭学 ………………………………………… 倫52
ラング ……………………………………… 倫84

り

理 ……………………………………………… 倫35
リーマン・ショック(リーマン・ブ
ラザーズの経営破綻) ……………… 現197
『リヴァイアサン』 …………………… 倫69
理気二元論 ……………………………… 倫35
リコール制度 ………………………… 現202
リサイクル …………………………… 現205
利潤 ………………………………… 現169,175
リスボン条約 ………………………… 現228
理性 …………………………… 倫20,27,67
『立正安国論』 ………………………… 倫46
律法 ………………………………… 倫24,25
立法権 …………………… 倫70 政111,141
リデュース …………………………… 現205
リバタリアニズム …………………… 倫89
リビドー ………………………………… 倫13
リプロダクティブ・ヘルス／ライツ
………………………………………………… 倫100
リベラリズム ………………………… 倫89
リユース ………………………………… 現205
リュケイオン ………………………… 倫21
領域 ………………………………………… 政157
両院協議会 …………………………… 政136
良識 ………………………………………… 倫67
利用者契約方式 ……………………… 現215
良知 ………………………………………… 倫35
量的(金融)緩和政策 ……………… 現183
量的・質的金融緩和政策 ………… 現183
理論型 ……………………………………… 倫14
臨時会 ……………………………… 政133,137
臨時国会 ………………………… 政133,137
隣人愛 …………………………………… 倫25,75
輪廻転生 ………………………… 倫18,29
倫理的実存 ……………………………… 倫81
倫理的徳 ………………………………… 倫21

る

累進課税制度 ………………………… 現184
累積債務問題 ………………………… 現231
類的存在からの疎外 ……………… 倫80
ルーブル合意 ………………………… 現232
ルサンチマン ………………………… 倫81
ルワンダ内戦 ………………………… 政165

れ

礼 ……………………………………………… 倫33
礼楽 ………………………………………… 倫32
レイチェル・カーソン …………… 倫96
礼治主義 ………………………………… 倫33
レーニン ………………………………… 倫80
レジグナチオン ……………………… 倫56
連合 ………………………………………… 現208
連座制 …………………………………… 政151
連帯責任 ………………………………… 政113
連立政権 ………………………………… 政149
連立内閣 ………………………………… 政149

ろ

労災保険 ………………………… 現212,216
老人保健法 …………………………… 現217
労働委員会 …………………………… 現209
労働関係調整法 ……………… 現194,208
労働基準監督署 ……………………… 現209
労働基準法 …………………… 現194,208
労働協約 ………………………………… 現208
労働組合 ………………………………… 現194
労働組合期成会 ……………………… 現207
労働組合法 …………………… 現194,208
労働契約法 …………………………… 現210
労働三権 ………………………………… 政125
労働者災害補償保険 ……… 現212,216
労働者派遣(事業)法 ……………… 現211
労働条件 ………………………………… 政125
労働審判制度 ………………………… 現210
労働党 …………………………………… 現114
ローズベルト ………………………… 現171
六次産業化 …………………………… 現201
六信 ………………………………………… 倫28
六波羅蜜 ………………………………… 倫32
ロゴス ……………………………………… 倫18
ロシア革命 …………………………… 現173
ロックアウト ………………………… 現209
ロビイスト …………………………… 政152
ロマン主義 …………………………… 倫56

わ

ワーキングプア ……………………… 現211
ワークシェアリング ……………… 現212
ワーク・ライフ・バランス …… 倫100
和解 ………………………………………… 政141
ワシントン条約 ……………………… 現236

「私は何を知るか」 ………………… 倫65
割当制 …………………………………… 政122
ワルシャワ条約機構 ……… 政161,162
「われ思う，故にわれあり」 …… 倫67

欧文略語

ADR（裁判外紛争解決手続）…政 141
AEC（ASEAN経済共同体）…経 228
AIIB（アジアインフラ投資銀行）
…………………………………経 233
APEC（アジア太平洋経済協力会議）
…………………………………経 228
ARF（ASEAN地域フォーラム）
……………………………………政 162
BRICS………………………経 173,232
CIS（独立国家共同体）………政 162
COMECON（経済相互援助会議）
……………………………………政 161
CPTPP（環太平洋パートナーシップ
に関する包括的および先進的な協
定，TPP11協定）………………経 229
CSCE（全欧安全保障協力会議）
……………………………………政 162
CTBT（包括的核実験禁止条約）
……………………………………政 164
DAC（開発援助委員会）………経 230
DINKS（ディンクス）…………倫 99
DEWKS（デュークス）…………倫 99
DV防止法………………………倫 99
EC（電子商取引，eコマース）
……………………………………倫 102
EC（欧州共同体）………………経 227
ECB（欧州中央銀行）…………経 228
EEC（欧州経済共同体）………経 227
EFTA（欧州自由貿易連合）……経 228
EPA（経済連携協定）…………経 229
ES細胞…………………………倫 91
EU（欧州連合）…………………政 162
EURATOM（欧州原子力共同体）
……………………………………経 227
FTA（自由貿易協定）………経 226,229
G5（先進5か国財務相・中央銀行
総裁会議）………………………経 196
GATT（関税と貿易に関する一般協
定）………………………………経 195,225
GDP（国内総生産）……………経 187
GNI（国民総所得）……………経 187
GNP（国民総生産）……………経 187
IBRD（国際復興開発銀行）……経 230
ICT革命…………………………倫 102
IDA（国際開発協会）…………経 230
ILO（国際労働機関）………経 207,214
IMF（国際通貨基金）………経 195,232
INF全廃条約（中距離核戦力全廃条
約）………………………………政 164
IoT（モノのインターネット）…倫 102
iPS細胞…………………………倫 91
IT（情報通信技術）革命………倫 102
MDGs（ミレニアム開発目標）
……………………………………政 160

MERCOSUR（南米南部共同市場）
……………………………………経 228
NATO（北大西洋条約機構）…政 161
NGO（非政府組織）……倫 106 経 234
NIEO（新国際経済秩序）………経 231
NIES（新興工業経済地域）……経 231
NNW（国民純福祉）……………経 188
NPO法（特定非営利活動促進法）
……………………………倫 106 政 153
OECD（経済協力開発機構）…経 195
PKF（国連平和維持軍）………政 160
PKO（国連平和維持活動）……政 160
PKO（国連平和維持活動）協力法
……………………………………政 129
PPP（汚染者負担の原則）……経 204
PTSD（心的外傷後ストレス障害）
……………………………………倫 99
RCEP（東アジア地域包括的経済連
携）………………………………経 229
SALT（戦略兵器制限交渉）……政 164
SDGs（持続可能な開発目標）
……………………………………政 160
SDI（戦略防衛構想）…………政 164
SDR（特別引出権）……………経 225
SNS（ソーシャル・ネットワーキン
グ・サービス）…………………経 152
SOHO……………………………経 213
START I，START II（戦略兵器削減
条約）……………………………政 164
TPP11協定（環太平洋パートナー
シップに関する包括的および先進
的な協定，CPTPP）……………経 229
TVA（テネシー川流域開発公社）
……………………………………経 171
UNCTAD（国連貿易開発会議）
……………………………………経 230
UNEP（国連環境計画）………経 235
UNHCR（国連難民高等弁務官事務
所）………………………………経 166
USMCA（アメリカ，メキシコ，カナ
ダ協定）…………………………経 228
WTO（世界貿易機関）……経 174,227

MEMO

〔一問一答 倫理, 政治・経済ターゲット 3000 改訂版〕 　　　　　S1e093